Entwicklungen im Energieregulierungs- und Wirtschaftsrecht

Veröffentlichungen des Instituts für Energie-
und Regulierungsrecht Berlin
Herausgegeben von Franz Jürgen Säcker und Jochen Mohr

Band 71

Jochen Mohr / Hartmut Weyer (Hrsg.)

Entwicklungen im Energieregulierungs- und Wirtschaftsrecht

Beiträge zum 80. Geburtstag von
Prof. Dr. Gunther Kühne, LL.M.

Bibliografische Information der Deutschen Nationalbibliothek
Die Deutsche Nationalbibliothek verzeichnet diese Publikation
in der Deutschen Nationalbibliografie; detaillierte bibliografische
Daten sind im Internet über http://dnb.d-nb.de abrufbar.

ISSN 2363-684X
ISBN 978-3-631-82375-0 (Print)
E-ISBN 978-3-631-83307-0 (E-PDF)
E-ISBN 978-3-631-83308-7 (EPUB)
E-ISBN 978-3-631-83309-4 (MOBI)
DOI 10.3726/b17467

© Peter Lang GmbH
Internationaler Verlag der Wissenschaften
Berlin 2020
Alle Rechte vorbehalten.

Peter Lang – Berlin · Bern · Bruxelles · New York ·
Oxford · Warszawa · Wien

Das Werk einschließlich aller seiner Teile ist urheberrechtlich
geschützt. Jede Verwertung außerhalb der engen Grenzen des
Urheberrechtsgesetzes ist ohne Zustimmung des Verlages
unzulässig und strafbar. Das gilt insbesondere für
Vervielfältigungen, Übersetzungen, Mikroverfilmungen und die
Einspeicherung und Verarbeitung in elektronischen Systemen.

Diese Publikation wurde begutachtet.

www.peterlang.com

Inhaltsübersicht

Inhaltsverzeichnis 7

Vorwort 13

Rechtsanwalt Dr. Boris Scholtka
Begrüßung und Einführung in den Veranstaltungstag 15

Prof. Dr. Matthias Schmidt-Preuß
Technologieumsteuerung und Eigentumsschutz (national/
international) – zwischen Ordnungsrecht und Selbstregulierung . 25

Prof. Dr. Ulrich Büdenbender
Stellungnahme zu dem Gesetzentwurf der Bundesregierung
zur Reduzierung und zur Beendigung der Kohleverstromung
und zur Änderung weiterer Gesetze (Kohleausstiegsgesetz) vom
29.01.2020 47

Prof. Dr. Jörg Gundel
Zur Zulässigkeit normativer Vorgaben der Mitgliedstaaten für die
nationalen Energie-Regulierungsbehörden 67

Prof. Dr. Markus Ludwigs
Die Bedeutung des Beihilfenrechts für das europäische
Energierecht nach der Entscheidung des EuGH vom 28.3.2019
zum deutschen EEG 2012 85

Prof. Dr. Claas Friedrich Germelmann
Die Zukunft der internationalen Schiedsgerichtsbarkeit im Lichte
der jüngsten EuGH-Rechtsprechung 105

Prof. Dr. Gunther Kühne, LL.M.
Dankes- und Schlussworte 135

Prof. Dr. Matthias Schmidt-Preuß
Gunther Kühne 80 Jahre – eine Laudatio 139

Verzeichnis der Schriften 145

Inhaltsverzeichnis

Inhaltsübersicht 5

Vorwort 13

Rechtsanwalt Dr. Boris Scholtka, Berlin
Begrüßung und Einführung in den Veranstaltungstag 15
    I.   Begrüßung und Anlass der Festveranstaltung 15
    II. Zu Gunther Kühne 16
    III. Zu den Themen des heutigen Tages 19
    IV. Gunther Kühne als Institutsdirektor und als mein
         akademischer Lehrer 22

Prof. Dr. Matthias Schmidt-Preuß, Bonn
Technologieumsteuerung und Eigentumsschutz
(national/international) – zwischen Ordnungsrecht
und Selbstregulierung 25
    I.   Prolog 25
    II. Technologie – immanente Entwicklung oder Objekt der Steuerung? . 25
        1. Evolutiver Technologiewandel 26
        2. Dirigierende Technologieumsteuerung 26
            a) Command and control 26
            b) Alternativen und Technologieneutralität 27
        3. Gesteuerte Selbstregulierung 28
        4. Das neue zweiaktige Stufenmodell im Rahmen gesteuerter
           Selbstregulierung 29
            a) Erste Stufe: Selbstregulativer Kommunikationsprozess 30
            b) Zweite Stufe: Staatlicher Letztentscheidungsakt 30

III.	Verifizierung des neuen zweiaktigen Entscheidungsprozesses im Sinne selbstregulativer Steuerung	31
	1. Ausstieg aus der friedlichen Nutzung der Kernenergie	31
	a) Die Beendigung des Betriebs von Kernkraftwerken	31
	b) Entsorgung	33
	aa) Endlagerstandortsuche	33
	bb) Die Finanzierung des Ausstiegs	34
	2. Ausstieg aus der Stein- und Braunkohle	36
	a) Grundlinien	36
	b) Steinkohle-Ausstieg	37
	c) Braunkohle-Ausstieg	39
	3. Verfassungsrechtliche Aspekte	40
IV.	Technologieumsteuerung in international-rechtlicher Perspektive (Eigentum und Energiecharta-Vertrag)	42
	1. Enteignung und Entschädigung	42
	2. Achmea und das Vattenfall-Verfahren vor dem ICSID-Schiedsgericht	44
V.	Ausblick	45

Prof. Dr. Ulrich Büdenbender, Dresden/ Essen
Stellungnahme zu dem Gesetzentwurf der Bundesregierung zur Reduzierung und zur Beendigung der Kohleverstromung und zur Änderung weiterer Gesetze (Kohleausstiegsgesetz) vom 29.01.2020 ... 47

I.	Gesamtwürdigung	48
II.	Abhängigkeit des Umfangs der Stilllegung von Steinkohlekraftwerken von der vertraglichen Verständigung über den Umfang der Stilllegung von Braunkohlekraftwerken	48
III.	Gesetzliche Konzepte zur Stilllegung von Kraftwerken	50
	1. Auktionsverfahren	50
	a) Verfehlte zeitliche Begrenzung der Auktionsverfahren	51
	b) Verfehlte Anreize zur vorzeitigen Stilllegung moderner Kraftwerke	52

c) Inakzeptable Regelungen im Rahmen der Auktionsverfahren 52
d) Problematische Höchstpreise für Gebote 53
2. Gesetzliche Reduktion 53
a) Rechtspolitische Mängel der gesetzlichen Reduktion 53
b) Vernachlässigung der Belange Dritter 54
3. Ordnungspolitisch fragwürdige Pflichten zur Umrüstung 56
IV. Verfassungswidrige Regelung der Entschädigung für Stilllegungen 56
1. Verfehlte Ungleichbehandlung von Braun- und Steinkohlekraftwerken 56
2. Verfehlte Ungleichbehandlung von Steinkohlekraftwerken in Auktionsverfahren und in der gesetzlichen Reduktion 58
a) Keine Rechtfertigung wegen des Ziels möglichst zügiger Stilllegung 58
b) Negative Auswirkungen für die bezüglich der Versorgungssicherheit systemrelevanten Kraftwerke 59
3. Missachtung des Vertrauensschutzes der Kraftwerksbetreiber auf die Entschädigungsregelung in § 21 Abs. 4 BImSchG 60
4. Keine Übertragbarkeit der Rechtsprechung des Bundesverfassungsgerichts zum Ausstieg aus der Kernenergie 62
5. Weitere Aspekte, abgeleitet unmittelbar aus Art. 14 GG 63
6. Ergebnis zur Entschädigungslosigkeit 64
V. Einschätzung der weiteren Entwicklung 65

Prof. Dr. Jörg Gundel, Bayreuth
Zur Zulässigkeit normativer Vorgaben der Mitgliedstaaten für die nationalen Energie-Regulierungsbehörden 67
I. Die Fragestellung: Zweifel an der Unionsrechtskonformität des deutschen Konzepts der normativen Regulierung der Energiemärkte 67
II. Europäische Vorgaben für die Unabhängigkeit der Regulierungsbehörden 69
1. Die Entwicklung der sekundärrechtlichen Vorgaben 69
2. Defizitäre Umsetzung in Deutschland durch die Zulassung von Weisungen in § 61 EnWG 71
3. Normative Regelungen als verbotene Weisungen? 73

III. Europäische Vorgaben für die Zuständigkeiten der
 Regulierungsbehörden 74
 1. Zuständigkeitszuweisungen im Sekundärrecht 74
 2. Der konkrete Gehalt der Zuständigkeitszuweisung 75
 3. Notwendigkeit von Ermessensspielräumen der
  Regulierungsbehörde in ihrem Zuständigkeitsbereich? 79
IV. Ausblick: Die Neufassung der Vorgaben durch die RL (EU) 2019/944 81
V. Ergebnisse 82

Prof. Dr. Markus Ludwigs, Würzburg
Die Bedeutung des Beihilfenrechts für das europäische Energierecht nach der Entscheidung des EuGH vom 28.3.2019 zum deutschen EEG 2012 85
I. Einleitung 85
II. Vorgeschichte und Kernaussagen des EuGH-Urteils 86
 1. Vorgeschichte 86
 2. Kernaussagen 88
III. Kritische Würdigung des EuGH-Urteils 89
IV. Folgefragen des EuGH-Urteils 91
 1. Übertragbarkeit auf das EEG 2017 und andere Umlagesysteme 91
  a) EEG 2017 91
  b) Andere Umlagesysteme des Energierechts 94
 2. Folgen der Beihilfefreiheit für die Gültigkeit des nationalen Rechts 96
 3. Bedeutungsverlust des Beihilferechts im europäischen Energierecht 97
  a) Auswirkungen auf das deutsche Energierecht 98
  b) Konsequenzen für die Gesamtheit der EU-Mitgliedstaaten 98
  c) Rollentausch zwischen Beihilferecht und EU-Sekundärrecht ... 101
  d) Verstärkte Rolle der Warenverkehrsfreiheit 102
V. Resümee 104

Prof. Dr. Claas Friedrich Germelmann, Hannover
Die Zukunft der internationalen Schiedsgerichtsbarkeit im Lichte der jüngsten EuGH-Rechtsprechung 105

I. Einführung 105

II. Schiedsgerichtsbarkeit und EuGH-Rechtsprechung 107
   1. Formen von Schiedsgerichtsbarkeit und Schiedsabreden 107
   2. Die Rechtsprechung zur Handelsschiedsgerichtsbarkeit 108
   3. Die Zuständigkeitsverteilung bezüglich der Investitionsschutzschiedsgerichtsbarkeit 108
   4. Der Kern des Konflikts: Vereinbarkeit einer Investitionsschutzschiedsgerichtsbarkeit mit EU-Recht 109
      a) Die Rechtssache Achmea: Autonomie des Rechtssystems der Union 111
      b) Das CETA-Gutachten: Anerkennung des Fortbestandes der Schiedsgerichtsbarkeit 112

III. Konsequenzen der europarechtlichen Entwicklungen für die Schiedsgerichtsbarkeit 114
   1. Die Reaktionen von Kommission und Mitgliedstaaten auf die Rechtsprechung des EuGH 114
      a) Die Ablehnung von Intra-EU-Schiedsverfahren durch die Kommission 114
      b) Die Reaktion der Mitgliedstaaten 119
   2. Die Zukunft des Investitionsschutzes in der EU 121
      a) Der Ersatz von Intra-EU-BITs durch alternative Streitbeilegungsmechanismen 121
      b) Kompetenzverteilung bei künftigen Investitionsschutzverträgen und die Schaffung eines Multilateralen Investitionsgerichts 122
   3. Insbesondere die Auswirkungen auf den Energiecharta-Vertrag ... 123
      a) Der Unterschied zwischen Intra-EU-BITs und dem Energiecharta-Vertrag 124
      b) Die Beachtung der Achmea-Kriterien im Einzelfall 125
      c) Strukturelle Erfordernisse der CETA-Kriterien 128

IV. Fazit 130

Prof. Dr. Gunther Kühne, LL.M., Clausthal/ Göttingen
Dankes- und Schlussworte 135

Prof. Dr. Matthias Schmidt-Preuß, Bonn
Gunther Kühne 80 Jahre – eine Laudatio 139

Verzeichnis der Schriften von Professor Dr. Gunther Kühne 145

A. Selbständige Veröffentlichungen, Handbücher (Beiträge),
   Kommentare 145

B. Abhandlungen in Fachzeitschriften, Festschriften, Sammelwerken 147

C. Anmerkungen zu Gerichtsentscheidungen 160

D. Buchbesprechungen 163

E. Berichte 167

F. Kleinere Beiträge und Veröffentlichungen zu sonstigen Themen 168

G. (Mit-)Herausgabe von Festschriften und Einzelschriften 170

Vorwort

Am 25. August 2019 vollendete Prof. Dr. Gunther Kühne sein 80. Lebensjahr. Veröffentlichungen und Vorträge bringen, zur Freude der ihm verbundenen Kollegen und Kolleginnen, Wegbegleiter und Freunde, weiterhin seine große Schaffenskraft zum Ausdruck. Aus diesem Anlass richteten das Institut für Energie- und Regulierungsrecht Berlin e.V. und das Institut für deutsches und internationales Berg- und Energierecht der Technischen Universität Clausthal am 12.9.2019 eine Festveranstaltung zu Ehren von Prof. Dr. Gunther Kühne aus. Im Anschluss an die Begrüßung der Teilnehmerinnen und Teilnehmer durch die Institutsdirektoren Prof. Dr. Jochen Mohr und Prof. Dr. Hartmut Weyer führte Dr. Boris Scholtka, heute Ernst & Young Law GmbH, aus der Sicht des akademischen Schülers in den Werdegang Gunther Kühnes ein. Im Rahmen der wissenschaftlichen Fachvorträge wurden sodann zentrale Forschungsgebiete Gunther Kühnes anhand aktueller Fragestellungen beleuchtet und mit den Teilnehmenden unter Leitung der beiden Institutsdirektoren diskutiert. Zunächst widmete sich Prof. Dr. Matthias Schmidt-Preuß, Universität Bonn, am Beispiel des geplanten Kohleausstiegs dem Thema „Technologieumsteuerung und Eigentumsschutz (national/international): Zwischen Ordnungsrecht und Selbstregulierung". Hiernach ging Prof. Dr. Ulrich Büdenbender, TU Dresden/Essen, auf die konkreten rechtlichen Rahmenbedingungen für den Ausstieg aus der Kohleverstromung ein. Beide Vorträge wurden zum Zwecke der Veröffentlichung an die aktuelle Rechtslage angepasst (Stand 1.3.2020). Anlässlich des anhängigen Vertragsverletzungsverfahrens der EU-Kommission gegen die Bundesrepublik Deutschland erörterte Prof. Dr. Jörg Gundel, Universität Bayreuth, die Zulässigkeit normativer Vorgaben der Mitgliedstaaten für die nationalen Energie-Regulierungsbehörden. Ebenfalls eine zentrale unionsrechtliche Fragestellung behandelte Prof. Dr. Markus Ludwigs, Universität Würzburg, der auf die Bedeutung des Beihilfenrechts für das europäische Energierecht nach der Entscheidung des EuGH vom 28.3.2019 zum deutschen EEG 2012 einging. Last but not least erläuterte Prof. Dr. Claas Friedrich Germelmann, Universität Hannover, die Zukunft der internationalen Schiedsgerichtsbarkeit im Lichte der jüngsten EuGH-Rechtsprechung. Im Anschluss an die Vorträge entwickelten sich unter Leitung der veranstaltenden Institutsdirektoren lebhafte Diskussionen, die die Aktualität der Themen bestätigten. Die tiefgreifenden Umbrüche des deutschen und europäischen Energierechts betreffen nicht nur das institutionelle Verhältnis der handelnden Akteure, sondern auch zentrale materiell-rechtliche

Weichenstellungen. Jubilar, Veranstalter und Vortragende hoffen, die Diskussion mit diesem Tagungsband zu vertiefen.

Ein besonderer Dank der Veranstalter gilt Herrn Dr. Boris Scholtka und der PricewaterhouseCoopers Legal AG Rechtsanwaltsgesellschaft für die Zurverfügungstellung der Tagungsräumlichkeiten und die Sorge für das leibliche Wohl der Teilnehmenden.

Berlin/Clausthal-Zellerfeld, den 1.4.2020
Prof. Dr. Jochen Mohr und Prof. Dr. Hartmut Weyer

Begrüßung und Einführung in den Veranstaltungstag

am 12. September 2019
von Rechtsanwalt Dr. Boris Scholtka, Berlin

I. Begrüßung und Anlass der Festveranstaltung

Der heutigen Tagung ging am 25. August ein ganz besonderer Anlass voraus, nämlich der 80. Geburtstag *Gunther Kühnes*, meines Doktorvaters. Während meiner Assistentenzeit in den Jahren 1996 bis 1998 war er Direktor des *Instituts für deutsches und internationales Berg- und Energierecht der Technischen Universität Clausthal* und Honorarprofessor an der Georg-August-Universität Göttingen.

Auch wenn es inzwischen eine Vielzahl von wissenschaftlichen Veranstaltungen zum Energierecht gibt, ist diese gemeinsame Veranstaltung zweier der führenden energierechtlichen Institute in Deutschland etwas Besonderes. Beide Institute erweisen mit der Veranstaltung Gunther Kühne ihre Reverenz mit einem anspruchsvollen und ambitionierten Tagungsprogramm. Dieses weist in vielerlei Hinsicht große Bezüge zu Kühnes eigenen Forschungsthemen auf.

Den Direktoren der beiden Institute gebührt dafür großer Dank.

Zum einen Professor *Hartmut Weyer*, Direktor des *Instituts für deutsches und internationales Berg- und Energierecht der TU Clausthal*.

Zum anderen Professor *Jochen Mohr*, Direktor des *Instituts für Bürgerliches Recht, Wettbewerbsrecht, Energierecht, Regulierungsrecht und Arbeitsrecht der Universität Leipzig* und Direktor des *Instituts für Energie- und Regulierungsrecht Berlin*.

Mit beiden Instituten ist das Wirken Gunther Kühnes eng verbunden. Mit dem Clausthaler Institut ganz offensichtlich schon durch seine Zeit als dessen Direktor, aber auch weiterhin durch seine Tätigkeit als Emeritus, der nach wie vor fast täglich an „seinem" Institut ist.

Mit dem Berliner Institut verbinden Gunther Kühne der langjährige wissenschaftliche Austausch, der Dialog und kritische Diskussionen. Lange Jahre führte er diese mit den Kollegen Professor *Helmut Lecheler*, Professor *Kurt Markert* und Professor *Franz Jürgen Säcker*. So war und ist Gunther Kühne bei vielen unterjährigen Vortragsveranstaltungen des Berliner Instituts anwesend und bringt sich gerne dann ein, wenn er etwas zu sagen hat.

Allerdings ist an dieser Stelle auch anzumerken, dass Gunther Kühne auch zu den übrigen Energierechtsinstituten stets ein sehr gutes Verhältnis pflegte, insbesondere natürlich auch zu Professor *Jürgen Baur* am seinerzeitigen *Institut für Energierecht an der Universität Köln*, dem *Institut für Berg- und Energierecht der Ruhr-Universität Bochum* von Professor *Johann-Christian Pielow* und in letzter Zeit natürlich auch dem Institut von Professorin *Charlotte Kreuter-Kirchhof* in Düsseldorf.

Da Gunther Kühne auch Berlin in vielerlei Hinsicht als seine Heimat ansieht,[1] war für den heutigen Tag die Wahl der Stadt weitgehend vorgezeichnet.

II. Zu Gunther Kühne

Gunther Kühne ist zurückhaltend, was die Hervorhebung seiner Person und seiner Arbeit betrifft. Statur, physische Präsenz und stimmliches Volumen ließen dabei anderes vermuten, gehörte er doch zu den wenigen, die den großen Hörsaal der Bergbaufakultät in Clausthal auch ohne Mikrofon beschallen konnten.

Gunther Kühne wurde vor 80 Jahren in Gelsenkirchen als Kind Berliner Eltern geboren und wuchs im Ruhrgebiet auf. Dabei zeigte sich früh, dass er gelegentlich auch einmal Grenzen austestet. So überschritt er schon früh die Stadtgrenzen und wurde ein Anhänger der Dortmunder Borussia. Ein schwieriges Thema sicherlich in „Sichtweite" von Schalke 04. Aber schwieriger Themen hat sich Kühne stets gerne und mit großer Leidenschaft und Intensität angenommen.

Später verschlug es ihn in Ausbildung und im Beruf unter anderem nach New York, Paris, Tel Aviv, und ins ferne Nanjing. Diese Aufzählung ist hier nicht erschöpfend. Noch viele Auslandsstationen wären durch gutachterliche Tätigkeiten oder aufgrund einer beratenden Funktion zu nennen.

Ich war stets beeindruckt, wenn ich so nebenbei die Stationen aus seinem Leben mitbekam, zumal er auch mündliche Prüfungen im Berg- oder Energierecht fließend in englischer oder französischer Sprache abnahm.

Diese Karriere hatte mit dem Studium von 1959 bis 1963 in Köln begonnen.

Dort hatte vor allem Professor *Gerhard Kegel*, der große IPR-Rechtler, prägenden Einfluss auf ihn. Nach Studium und Referendariat war er Assistent am Lehrstuhl von Professor *Otto Sandrock* in Bochum und promovierte bei ihm im IPR zum Thema: *„Die Parteiautonomie im internationalen Erbrecht"*.

Anschließend ging er nach New York an die Columbia-Universität.

Persönlich beeindruckte mich immer, wenn er aus dieser Zeit erzählte. So weiß ich noch, dass er – gerade in New York angekommen – sofort an die Columbia-Universität eilte, um sich zu orientieren. Er schaute auf das Schwarze Brett

---

1 Vgl. hierzu *Sandrock*, in: FS für Gunther Kühne zum 70. Geburtstag, 2009, S. 19.

und stellte fest, dass er schon zum ersten Tag ein halbes Lehrbuch durcharbeiten musste, was er dann auch noch in derselben Nacht tat. Dieses Interesse für das eigene Fachgebiet, dieses Engagement sieht er natürlich gerne bei Studenten und seinen Mitarbeitern, was die Zeit an seinem Institut doch sehr produktiv machte.

So befasste er sich zu meiner Zeit unter anderem mit der Frage der kartellrechtlichen Wirksamkeit langfristiger Lieferverträge, der Zulässigkeit des Braunkohleabbaus Garzweiler II, Fragen der Sozialbindung von unterschiedlichen Energiepreisen, differenziert nach Stadt und Land, Fragen des Bergschadensrechts, Fragen von Netzzugangsverweigerungen, der Endlagerung radioaktiver Abfälle und vieles mehr.

Es folgten Stationen im Bundeswirtschaftsministerium unter *Karl Schiller* von 1971 bis 1973, einschließlich einer Abordnung zur Deutschen Vertretung bei der OECD nach Paris, gefolgt von einer Zeit im Bundesjustizministerium unter *Hans-Jochen Vogel*. In dieser Zeit entstand der weithin sogenannte und auch in Buchform veröffentlichte „Kühne-Entwurf" zum neuen IPR von 1986. Auch dem IPR als Rechtsgebiet blieb Kühne sein ganzes akademisches Leben treu, wovon unter anderem eine große Zahl von Veröffentlichungen zeugt.

Das akademische Leben als Hochschullehrer begann 1978, als er den Ruf auf den Lehrstuhl für Berg- und Energierecht in Clausthal annahm. Heute würde man sagen, das war eine Win-Win-Story. Denn die Universität profitierte ungemein von Kühne und er wiederum von der Universität, hatte er doch im Grunde vollständige wissenschaftliche Freiheit, nutzte diese auch und konnte so forschen und veröffentlichen wie an einem reinen Forschungsinstitut.

Störend war allein – aus seiner Sicht – die nachteilige Lage im Oberharz, mit nebligen Herbsttagen und – selbstredend vor dem Klimawandel – schneereichen Wintern. An solchen Tagen pflegte er am Institut den Fernseher einzuschalten und sich etwas Gutes zu Essen aus der örtlichen Schlachterei zu kaufen. Die Leidenschaft für gutes Essen hat sich bis heute gehalten, und dies glücklicherweise nicht nur an nebligen Herbsttagen, wovon auch ich erfreulicherweise gelegentlich profitieren darf.

An solchen Tagen hatten wir lange Diskussionen, zu fachlichen Fragen, wie auch zu allen aktuellen Entwicklungen „around the world", wie es seiner kosmopolitischen Neigung entsprach. Häufig stand das deutsch-amerikanische Verhältnis wie auch die Situation im Nahen Osten im Zentrum der Diskussion. Diese intensiven und von hoher Sachkenntnis geprägten Diskussionen haben auch mich geformt und ich vermisse sie.

Zurück zum Institut, das 1978 noch einen Dornröschenschlaf führte, der von Gunther Kühne beendet wurde. Wie Professor *Jürgen Baur* schrieb, löste Kühne dabei die enge Fokussierung des Bergrechts auf sich selbst, erkannte es als Teil des Wirtschaftsrechts in engem Zusammenhang mit den Nachbarrechtsgebieten Umweltrecht und Planungsrecht und stellte die Bedeutung des Verfassungsrechts in der Konkurrenz zwischen Grundstückseigentümer und Bergbauberechtigten heraus.[2]

Zu ergänzen ist, dass es Kühne zudem gelang, nicht nur dem Energierecht, sondern vielmehr auch dem Zivilrecht und dem Kartellrecht eine große Bedeutung an dem Institut zu geben. Das macht auch den Reiz aus: die umfassende Durchdringung des Berg- und Energierechts mit allen wesentlichen Facetten des öffentlichen wie des privaten Wirtschaftsrechts.

Das findet nicht nur einen Ausdruck in einer Vielzahl von Veröffentlichungen, sondern auch in bemerkenswerten wissenschaftlich-praktischen Erfolgen. Dabei ist natürlich an vorderster Stelle die Veröffentlichung zur Verfassungswidrigkeit der Konzessionsabgabenanordnung KAE zu nennen. Kühne hatte die gleichheitssatzwidrige Aufteilung in Gemeinden, die Konzessionsabgaben erheben durften und solchen, denen dies verwehrt war, gerügt. Bekanntermaßen schloss sich das Bundesverwaltungsgericht dieser Auffassung an.[3] Die Folge: Die heutige Konzessionsabgabenverordnung wurde erlassen, über die ich dann wiederum promovierte.[4]

Bester Ausdruck dieser gelungenen Hinwendung des Instituts zum zivilen Energiewirtschaftsrecht und zum Kartellrecht ist auch die Berufung von Professor *Hartmut Weyer* vor nunmehr weit über zehn Jahren zu seinem Nachfolger.

Auch die eine oder andere Dissertation aus diesem Bereich wäre zu nennen. Stellvertretend möchte ich die Dissertation von *Dirk Lerch* zum Thema: „*Strombezugsverpflichtungen und EG-Kartellverbot*" erwähnen.

Nicht unerwähnt bleiben darf natürlich die Honorarprofessur an der Universität Göttingen sowie die Gastprofessuren an den Universitäten Tel Aviv, Freiberg und Nanjing sowie die Mitgliedschaft in der hoch renommierten Braunschweigischen Wissenschaftlichen Gesellschaft.

Da ich Professor *Matthias Schmidt-Preuß* nicht noch mehr vorgreifen möchte,[5] werde ich daher nichts weiter zu den wissenschaftlichen Errungenschaften sagen. Nur so viel:

---

2 Vgl. *J. Baur*, Laudatio zur Festschriftübergabe 2009, in: Ehricke (Hrsg.), Energierecht im Wandel, VEnergR 157, Köln 2010, S. 116.
3 BVerwG, 20.11.1990, 1 C 30/89, BVerwGE 87, 133 ff.
4 *Scholtka*, Das Konzessionsabgabenrecht in der Strom- und Gaswirtschaft, VEnergR 92, Köln 1999.
5 Vgl. hierzu *Schmidt-Preuß*, Technologieumsteuerung und Eigentumsschutz (national/international): Zwischen Ordnungsrecht und Selbstregulierung, in diesem Buch, S. 25.

Die Auswahl der Themen des heutigen Tages haben alle auch mit seiner Arbeit und seinen Interessen zu tun, auch wenn – der Zufall will es so – ein Großteil der Vortragenden aus dem öffentlichen Recht stammt. Aber die Verbindung von öffentlichem Recht, Zivilrecht und Kartellrecht war und ist wohl noch heute die Besonderheit des Clausthaler Instituts.

Gunther Kühne war also nicht nur im IPR und im Bergrecht zu Hause, sondern selbstverständlich auch im Energierecht, im Kartellrecht und nicht zuletzt im Verfassungsrecht. Ich kann sagen, dass ich in meiner Zeit in allen diesen Rechtsgebieten gefordert und gefördert wurde.

III. Zu den Themen des heutigen Tages

Zu den Themen des Tages: Der erste Vortrag wird von Professor *Matthias Schmidt-Preuß* von der Universität Bonn gehalten.

Der Vortrag lautet: *„Technologieumsteuerung und Eigentumsschutz (national/international): Zwischen Ordnungsrecht und Selbstregulierung"*.

Dem Jubilar zu Ehren hat Professor *Matthias Schmidt-Preuß* offensichtlich ein Thema gewählt, dass in hervorragendem Maße Themen aufgreift, derer Gunther Kühne sich auch sicherlich selbst gerne angenommen hätte. Hat sich Gunther Kühne doch vielfach zum Eigentumsschutz – nicht nur im Bergrecht oder anlässlich des Kernenergieausstiegs – sondern auch im Zivilrecht geäußert. Gerade auch die Frage des Spannungsverhältnisses zwischen staatlicher Lenkung und Eingriffsbefugnissen einerseits im Verhältnis zu individuellen Freiheitsrechten andererseits hat ihn vielfach beschäftigt. Exemplarisch möchte ich an dieser Stelle ein paar seiner Veröffentlichungen zitieren:

- *„Bestandsschutz alten Bergwerkseigentums unter besonderer Berücksichtigung des Art. 14 GG"*, Bd. 89 der Veröffentlichungen des Instituts für Energierecht an der Universität zu Köln, Nomos, Baden-Baden, 1998,
- *„Bergbauberechtigungen und Bestandsschutz"*, in: Festschrift für Bodo Börner zum 70. Geburtstag, Heymanns, Köln u.a. 1992, S. 565–581,
- *„Verfassungsrechtliche Fragen der bergrechtlichen Enteignung – Zum Garzweiler-Urteil des BVerfG vom 17.12.2013"*, in NVwZ 2014, S. 321–326.

Dabei muss man bei der Thematik nicht nur an Art. 14 GG denken, sondern die Frage stellt sich auch bei der Reichweite von Rechtsstaats- und Sozialstaatsprinzip und sich daraus ergebenden Konsequenzen für die Energieversorgung – wenn man an die Frage von Sozialtarifen denkt, eine hochaktuelle Frage.

Auf der einfachgesetzlichen Ebene ist damit unter anderem die Frage regulierungsrechtlicher Preiskontrolle im Verhältnis zu § 315 BGB angesprochen.

Viele von Ihnen wissen, dass Gunther Kühne in den letzten Jahren gerade auch in diesem Bereich veröffentlicht und dem BGH doch Möglichkeiten aufgezeigt hat, eine überbordende Billigkeitskontrolle zu vermeiden. Hier sei der Beitrag

– *„Funktionen der richterlichen Preis- und Preisanpassungskontrolle im Energiebereich"* aus dem Jahr 2013 erwähnt. Hinzu kommen Aufsätze und Rechtsprechungskritik zum Thema in der NJW und anderen Zeitschriften.

Der nächste Vortrag von Professor *Ulrich Büdenbender* ist natürlich – wie es der Zufall so will – von höchster tagespolitischer Aktualität.

Nicht nur, dass am 27. August ein Referentenentwurf mit dem Titel *„Entwurf eines Strukturstärkungsgesetzes Kohleregionen"* veröffentlicht wurde.[6] Vor wenigen Tagen konnte man der Presse entnehmen, dass nun bereits seitens des Bundeswirtschaftsministers über ein Stiftungs- oder Fondsmodell zur Finanzierung nachgedacht wird. Auch in der Generaldebatte des Bundestages gestern spielte der Klimaschutz wieder eine zentrale Rolle.

Der Vortragstitel Professor *Ulrich Büdenbenders* lautet: *„Rechtliche Rahmenbedingungen für den Ausstieg aus der Kohleverstromung"*.

Gestatten Sie mir an dieser Stelle, wenn ich allein aufgrund des Stichwortes „Kohle" ein paar überwiegend bergrechtliche Veröffentlichungen Kühnes erwähne, die sich mit „Kohle" auseinandersetzen, die aber vielen der Anwesenden nicht so geläufig sein mögen. Denn der Vortrag weist nun einmal die größten bergbaulichen Bezüge auf. Zu nennen sind:

– *„Bergrechtlicher Rahmenbetriebsplan, Anlagengenehmigungsrecht und Umweltverträglichkeitsprüfung – Fragen der Bindungswirkung und Planfeststellungspflichtigkeit von Rahmenbetriebsplanzulassungen am Beispiel des Erkundungsbergwerks Gorleben"*, Bd. 68 der Reihe „Recht – Technik – Wirtschaft", Heymanns, Köln u.a. 1993,
– *„Braunkohlenplanung und bergrechtliche Zulassungsverfahren – Rechtliche Bindungswirkungen des Braunkohlenplans Garzweiler II und eventueller Änderungen für das Betriebsplanverfahren"*, Bd. 81 der Reihe „Recht – Technik – Wirtschaft", Heymanns, Köln u.a. 1999,
– *„Öffentlichkeitsbeteiligung und Eigentumsschutz im Bergrecht"*, Bd. 118 der Veröffentlichungen des Instituts für Energierecht an der Universität zu Köln, Nomos, Baden-Baden, 2005.

---

6 Inzwischen gibt es den Regierungsentwurf vom 23.09.2019 (BT-Drs. 19/13398).

Nicht zuletzt sei hier der große Klassiker „Boldt/Weller" unter den Bergrechtskommentaren hervorgehoben. In völlig neu bearbeiteter Form hat Professor Kühne diesen Kommentar zusammen mit Rechtsanwalt Hans-Ulrich von Mäßenhausen 2016 in 2. Auflage herausgegeben.

Auch der folgende Vortrag Professor *Jörg Gundels*, eines Schülers seines Freundes Professor *Helmut Lecheler*, passt in diese Reihe. Er lautet: *„Zur Zulässigkeit normativer Vorgaben der Mitgliedstaaten für die nationalen Energie-Regulierungsbehörden".*

Im vergangenen Sommer, also im Jahr 2018, schreckte eine Klage der *Europäischen Kommission* die Branche auf. Der Vorwurf: Die Bundesnetzagentur („*BNetzA"*) sei nicht unabhängig genug. Als Regulierungsrechtler glaubte man zunächst an einen Scherz:

Ausgerechnet die BNetzA, die nach landläufiger Meinung, sei es berechtigt oder auch nicht, im Zweifel doch die Gesetze und Verordnungen selbst zu schreiben schien, sollte nicht unabhängig genug sein?

Nun hatte zwar der dritte Kartellsenat des OLG Düsseldorf unter *Wiegand Laubenstein*, VROLG, in der Vergangenheit die eine oder andere Entscheidung getroffen, bei der für eine Entscheidung der BNetzA selbst eine ausreichende gesetzliche Grundlage fehlte.[7] Die Rüge der Kommission setzte aber anders an. Sie hält die Umsetzung der Strom- und GasRL aus dem Dritten Energiepaket des Jahres 2009 in Deutschland für nicht ausreichend und scheint größere normative Freiheiten für die BNetzA zu fordern. Insbesondere könne die BNetzA nicht in ausreichendem Ausmaß die Vertragsbedingungen und Tarife für Ausgleichsleistungen und Netzzugang festlegen. Eine spannende Frage, deren Lösung möglicherweise die Hochzonung von Verordnungen in das EnWG zur Folge haben könnte. Professor *Jörg Gundel* wird dies erhellen.

Auch das umweltbezogene Energierecht gehört traditionell zu den Forschungsgegenständen des Clausthaler Instituts, wie z. B. die Dissertation von Christian Brodowski über den Belastungsausgleich im EEG und KWKG aus dem Jahre 2006 zeigt. Regelungen dieser Gesetze, zuvörderst die sogenannte Besondere Ausgleichsregelung des EEG, liegen dem Vortrag von Professor *Markus Ludwigs* zu Grunde. Sie sind Ausgangspunkt komplexer beihilferechtlicher Fragen.

Nun wäre es für viele der Anwesenden überraschend, wenn ich sagen würde, Gunther Kühne hätte sich auch vertieft dem Beihilfenrecht gewidmet.

---

7 Vgl. OLG Düsseldorf, 10.07.2019, 3 Kart 721/18 (Xgen-Entscheidung).

Was aber hier von hoher Brisanz ist, ist die Frage, wie weit muss oder darf staatliche oder behördliche Kontrolle des Handelns Privater gehen. Gerade in Berlin fragt man sich in letzter Zeit in ganz anderen Rechtsgebieten doch zunehmend, ob der eine oder andere geplante staatliche Eingriff nicht überzogen ist und ob der eine oder andere der Handelnden noch erkennt, dass gesetzliche Rahmenbedingungen – jedenfalls nach meinem Staats- und Demokratieverständnis – eine Leitplankenfunktion haben, um überhaupt freiheitliche Entfaltung zu ermöglichen und zu gewährleisten und nicht um diese zu unterdrücken. Wo werden also die Grenzen gezogen? Wo liegen die Grenzen beihilferechtlich sinnvoller Kontrollen? Wann beginnt die Entmachtung nationaler Gesetzgebung?

Auch hierzu werden wir von Professor *Markus Ludwigs* sicherlich etwas hören und wenn nicht, bleibt ja noch die Diskussion. Ich freue mich schon sehr auf seinen Vortrag zum Thema: *„Die Bedeutung des Beihilfenrechts für das europäische Energierecht nach der Entscheidung des EuGH vom 28.3.2019 zum deutschen EEG 2012".*

Der letzte Vortrag des heutigen Tages wird von Professor *Claas Friedrich Germelmann* aus Hannover zum Thema *„Die Zukunft der internationalen Schiedsgerichtsbarkeit im Lichte der jüngsten EuGH-Rechtsprechung"* gehalten. Dabei widmet sich der Vortrag einem Thema, das in den letzten Monaten und Jahren die energierechtliche Community doch mehrfach umgetrieben hat. *„Achmea"* und *„Ceta"* sind die Stichworte.

Gunther Kühne selbst war in den letzten Jahren vielfach als Schiedsrichter tätig und hat diese Tätigkeit nach meinem Eindruck, vor allem auch im Zusammenwirken mit dem früheren Vorsitzenden des I. Zivilsenats des Bundesgerichtshofs, Professor Willi Erdmann, sehr genossen. Ich erinnere mich gerne an so manches Gespräch zum Thema Schiedsrecht mit beiden.

IV. Gunther Kühne als Institutsdirektor und als mein akademischer Lehrer

Unabhängig von der Themenstellung meiner kurzen Einführung möchte ich doch gerne noch ein paar persönliche Sätze anschließen:

Ich hatte das große Vergnügen und die große Freude, Gunther Kühne als meinen Chef, Institutsdirektor und auch Mentor über viele Jahre erleben zu können. Zunächst als Assistent, aber später auch als Rechtsanwalt in engem Austausch über viele Fachfragen.

Für mich eine rundherum erfreuliche und mein weiteres Berufsleben prägende Erfahrung.

Ich kann gar nicht sagen, wie sehr ich von Gunther Kühne profitiert habe. Er hat zwar selten direkte Hinweise oder Hilfe gegeben, aber ich konnte mir unendlich viel von ihm abschauen. Die gesamte Herangehensweise an die wissenschaftliche Arbeit, viel Geschick im administrativen Bereich, bei der Veröffentlichung von Beiträgen, aber vor allem auch und nicht zuletzt die Durchdringung von komplexen Fragen und die Lösung unlösbar scheinender Widersprüche. Gerade bei Anwälten soll es ja vorkommen, dass der eine oder andere Kunstgriff dieser Art benötigt wird. Stets beeindruckend fand ich das schier unerschöpfliche Wissen Kühnes und die Kunst zur Falllösung, auch unter der Aufzeigung von Parallelen zu ganz anderen Rechtsgebieten. Gerne suchte er Anregungen für die Lösung auch außerhalb des unmittelbar betroffenen Rechtsgebietes. Übrigens: Vorträge wurden bei Gunther Kühne stets sorgfältig vorbereitet, und dann vom Manuskript abgelesen. Erkennbar habe ich mich heute dieser Tradition gefügt.

Ich kann nur sagen, er war ein hervorragender Institutsdirektor, der Beste für mich, und die drei Jahre, die ich in Clausthal war, waren in der Rückschau viel zu kurz. Sie haben mir, der ich ja eigentlich Europa- und Völkerrechtler war, den Weg zum Energie- und Kartellrecht mit meiner ersten Anstellung bei Pünder, Volhard, Weber & Axster, inzwischen unter dem Namen Clifford Chance bekannt, geebnet. Damit konnte ich persönlich einen Weg einschlagen, an den ich vor meinem Assessorexamen auch nicht in entferntester Weise gedacht hätte.

Vor allem aber – bei allem Fachlichen – bin ich Euch, *lieber Gunther und liebe Elvira*, dankbar für eure langjährige Freundschaft, mit der ihr mich so reich beschenkt habt.

Lieber Gunther, zum 70. Geburtstag gab es eine Festschrift, die Maßstäbe gesetzt hat.

Zum 80. wollen wir dich mit dieser Veranstaltung ein wenig feiern und ich hoffe und wünsche es Dir, dass dieser Tag Deine Erwartungen erfüllt und Du ihn genießen kannst.

Alles Gute und …
ad multos annos!

Technologieumsteuerung und Eigentumsschutz (national/international) – zwischen Ordnungsrecht und Selbstregulierung

von Prof. Dr. Matthias Schmidt-Preuß, Bonn

I. Prolog

Gunther Kühne, dem die folgenden Zeilen gewidmet sind, ist von Hause aus Zivilrechtler. Er hat dieser Disziplin immer die Treue gehalten und dabei namhafte Beiträge vorgelegt. Von dort lag es nicht fern, Verbindungslinien zum Energierecht und im Zusammenhang damit zum Kartellrecht zu ziehen. Grenzgänge, aber auch Neuentdeckungen sind sein Markenzeichen. Früh und unvermindert bis heute hat ihn die internationale Dimension des Zivilrechts gefesselt. So hat er das Internationale Privatrecht bereits frühzeitig bereichert und mit dem sog. „*Kühne*-Entwurf" für ein neues IPR-Gesetz seine „footprints" hinterlassen, indem er für die Parteiautonomie gestritten hat – mit durchschlagendem Erfolg. In besonderer Weise aber war und ist *Gunther Kühne* dem Energierecht verbunden, dessen Faszinosum ihn von Anbeginn erfasst und bis heute nicht nur nicht losgelassen, sondern in seiner atemberaubenden Entwicklung zunehmend mitgerissen hat. Zugleich ist sein Wirken untrennbar mit dem Bergrecht verbunden, das ihm über Jahrzehnte grundlegende Beiträge und Einsichten verdankt und dessen *Doyen* er heute ist.

Aber noch eines zeichnet ihn aus: Über alle weit gezogenen Grenzen rechtswissenschaftlicher, erfüllender Arbeit hinaus hat sich *Gunther Kühne* auch mit anderen – grundsätzlichen Fragen – beschäftigt. So hat er vielfältig über das Schicksal jüdischer Juristen in den Jahren zwischen 1933 und 1945 publiziert. Das war ihm immer ein Anliegen.

II. Technologie – immanente Entwicklung oder Objekt der Steuerung?

Das Thema dieses Beitrags ist grundsätzlicher Art, aber auch hochaktuell und spannend, es ist rechtlicher Natur und zugleich interdisziplinär, es ist öffentlich-rechtlich geprägt, weist aber auch in das Zivilrecht – dem Spezifikum des Energierechts entsprechend. Nicht zuletzt hat das Thema auch eine internationale Dimension und spiegelt damit die Passion von *Gunther Kühne* auf diesem Felde wider.

1. Evolutiver Technologiewandel

Will man diesen Kernbegriff der Technologieumsteuerung klären, empfiehlt es sich, zunächst von seinem Kontrapunkt auszugehen, nämlich dem **technologischen Wandel**, der sozusagen die **Normallage** darstellt.[1] Es handelt sich um einen immanenten, aus sich heraus fortschreitenden, den naturwissenschaftlich-technischen Gesetzmäßigkeiten folgenden evolutiven[2] Entwicklungsprozess, der auch starke und stärkste Schübe umschließen kann. Technologiewandel findet – das ist fast ein Gemeinplatz – praktisch immer statt: Immer wenn der Genius eines Forschers oder Erfinders eine neue Theorie formuliert oder auf ein neues Verfahren stößt. **Technologiewandel passiert.** Er ist unaufhaltsam und von elementarer Wirkung, nur der Falsifikation durch ein Experiment unterworfen. Die Quelle: rastlose Neugier, Wahrheitssuche und das Streben nach Beherrschung und Erkenntnis dessen, was die Welt im Innersten zusammenhält. Die Liste der Namen derer, die auf diese Weise die Welt verändert haben, reicht – beispielhaft – von *Wilhelm Konrad Röntgen* über die Brüder *Wright, Alexander Graham Bell* und *James Watson* bis zu *Bill Gates*.

2. Dirigierende Technologieumsteuerung

a) Command and control

Davon streng zu unterscheiden ist die **Technologieumsteuerung**. Lässt man diesen Begriff auf sich wirken, wird schnell deutlich: Schon sprach-ethymologisch schwingt mit „Technologie-um-steuerung" ein aktives, willentlich-gestaltendes und durchaus anordnendes, dirigierendes Element mit.[3] Das ist ein wichtiges Indiz, denn in der Tat meint das Thema staatlich veranlasste Umkehrungen einer im äußersten Fall verbotenen **Technologie x**, die durch eine andere (vom Staat präferierte und daher oftmals geförderte) **Technologie y** substituiert werden soll. Instrumentell ist für den Verbotsakt das probate Mittel wegen der Relevanz eines derart gravierenden Belastungseffekts das **Gesetz**. In diesem Falle bewirkt der Legislativakt selbst und unmittelbar – *self-executing* – mit dem **Verbot** als Mittel des traditionellen sog. **Ordnungsrechts** die Umsteuerung. Es gilt per se

---

1 Hierzu und zum Folgenden *Schmidt-Preuß*, in: Kloepfer (Hrsg.), Kommunikation – Technik – Recht, 2002, S. 175 ff.
2 Vgl. speziell für den Fall des Glasfaserausbaus *Offenbächer*, Die Regulierung des Vectoring, 2019, S. 340.
3 *Schmidt-Preuß*, in Kloepfer (Hrsg.), Technikumsteuerung als Rechtsproblem, 2002, S. 119 (120 ff., 137).

und sanktioniert Verstöße. Damit ist der Handlungsmodus des *command and control*[4] angesprochen. Beispiele sind etwa die Befristung bzw. die Beendigung einer unbefristet erteilten Genehmigung, das direkte Verbot eines Wirkstoffs bzw. eines technischen Verfahrens oder die Untersagung des Inverkehrbringens eines Endprodukts. Alternativ kann die Umsteuerung im **imperativen Gestaltungsmodus** auch durch **Administrativakt** der Verwaltung erfolgen, die auf der Grundlage eines Gesetzes den Eingriffsakt erlässt.[5]

b) Alternativen und Technologieneutralität

Zur Abrundung sei vermerkt, dass es selbstverständlich auch Umsteuerung durch finanzielle Anreize gibt, bei der Unternehmen Fördermittel aus dem öffentlichen Haushalt erhalten oder durch Steuerbefreiungen finanziell verschont werden. In diesem Fall gilt die EU-rechtliche Beihilfenkontrolle. Schließlich ist auch der ganz andere Ansatz denkbar, bei dem privaten Unternehmen ein **Kontrahierungszwang** samt **Entgeltpflichten** auferlegt wird, wobei die finanziellen Lasten auf den Endverbraucher weitergewälzt werden können. Paradebeispiel hierfür ist die Förderung nach dem Erneuerbaren-Energien-Gesetz und dem Kraft-Wärme-Kopplungs-Gesetz, die beide nicht dem Beihilfenregime unterliegen.[6]

Umgekehrt – auch dies muss betont werden – kann sich der Staat auch **Technologieneutralität** verordnen. Damit überlässt er es dem **ökonomischen oder technischen Entdeckungsverfahren** selbst, die beste Lösung zu finden. Hierzu hat sich der Gesetzgeber z.B. im Telekommunikationsrecht (§§ 1, 3 Nr. 27 TKG) – aus guten Gründen – entschlossen.[7] Bemerkens- und bedenkenswerter Weise definiert die Begründungserwägung Ziff. 2 der EU-Verordnung zum offenen Netzzugang[8] den Grundsatz der Technologieneutralität dahin, dass eine Regelung „den Einsatz einer bestimmten Technologie weder vorschreiben noch begünstigen" darf. Insofern sollte das Recht „ein Maximum an

---

4 *Schmidt-Preuß*, in: Dolde (Hrsg.), Umweltrecht im Wandel, 2001, S. 309 (312).
5 S.u. II.3 mit der Definition staatlicher Steuerung i.e.S. bei Fn. 20.
6 Dazu *Schmidt-Preuß*, Kraft-Wärme-Kopplung und Beihilfe, 2020, S. 40 ff., 45 ff.; ders., EurUP 2016, 251 (252 ff.); *ders.*, UTR 61 (2002), S. 27 (43 ff.).
7 Hierzu *Offenbächer*, Die Regulierung des Vectoring, 2019, S. 152 (340 f., 426); *Körber*, ZWeR 2008, S. 146 (149 ff.).
8 Verordnung (EU) 2015/2120 des Europäischen Parlaments und des Rates v. 25.11.2015 über Maßnahmen zum Zugang zum offenen Internet und zur Änderung der Richtlinie 2002/22/EG über den Universaldienst und Nutzerrechte bei elektronischen Kommunikationsnetzen und -diensten sowie der Verordnung (EU) Nr. 531/2012 über das Roaming in öffentlichen Mobilfunknetzen in der Union, ABl. L Nr. 310 (vom 26.11.2015), S. 1.

Technologieoffenheit" bieten, um „die Potentiale des technischen Fortschritts weitest möglich zur Entfaltung zu bringen".[9] In diesem Sinne sieht Art. 73 Abs. 2 lit. c) Kodex[10] „das Erfordernis, für Technologieneutralität zu sorgen", als ein Kriterium bei der Auferlegung von Verpflichtungen („*remedies*") im EU-Telekommunikationsrecht vor.

3. Gesteuerte Selbstregulierung

In der Theorie der gesteuerten Selbstregulierung sind zwei Pole zu unterscheiden.[11] Auf der einen Seite steht die **gesellschaftliche Selbstregulierung**, die durch Eckpunkte wie **Privatautonomie, Risikoübernahme und Initiative** gekennzeichnet ist. Instrumentell haben **Verträge** hier ihren Platz. In der Perspektive des technologischen Fortschritts steht insoweit die evolutive Fortentwicklung im Vordergrund. Auf der anderen Seite und im Kontrast dazu präsentiert sich der **imperative Gestaltungsmodus**. Hier bedient sich der Staat des sog. Ordnungsrechts, also des Ge- und Verbots oder abgeschwächt – des Genehmigungserfordernisses (**command and control**).

Unter gesellschaftlicher Selbstregulierung ist „**die individuelle oder kollektive Verfolgung von Privatinteressen in Wahrnehmung grundrechtlicher Freiheiten zum legitimen Eigennutz**"[12] zu verstehen. Demgegenüber ist die **staatliche Steuerung** im weiteren Sinn zu bestimmen als jede Gestaltung der Lebensverhältnisse durch einen Träger hoheitlicher Gewalt. Staatliche Steuerung im engeren Sinn ist die „**operative – regelmäßig administrative, bisweilen gouvernementale – Beeinflussung des Verhaltens Privater zur Durchsetzung von Gemeinwohlzielen**".[13] Zwischen diesen beiden Polen spielt sich die Fülle von vielfach verflochtenen Formen politischer Gestaltung ab. Neu ist die Erkenntnis, dass sich der Staat immer stärker selbstregulativer Beiträge Privater bedient, um das Gemeinwohl zu fördern. In diesem Sinne aktiviert er das **Potential an Initiative, Flexibilität, Effizienz und Know-How**, über das private Akteure

---

9 *Schmidt-Preuß*, in: Kloepfer (Hrsg.), Kommunikation – Technik – Recht, 2002, S. 175 (176).
10 Richtlinie (EU) 2018/1972 des Europäischen Parlaments und des Rates v. 11.12.2018 über den europäischen Kodex für die elektronische Kommunikation, ABl. L Nr. 321 (vom 17.12.2018), S. 36; s. auch die Erwägungsgründe Ziff. 14, 171.
11 Zum Folgenden *Schmidt-Preuß*, VVDStRL 56 (1997), S. 160 ff.; zur Entwicklungsgeschichte *Voßkuhle*, Die Verwaltung. Beiheft 4/2001, S. 197 (198) mit Fn. 6.
12 *Schmidt-Preuß*, VVDStRL 56 (1997), S. 160 (162 f.), Hervorhebung i.O.
13 *Schmidt-Preuß*, VVDStRL 56 (1997), S. 160 (163 f.), Hervorhebung i.O.

verfügen, und nutzt dies für die Mehrung der Wohlfahrt. Dabei „**induziert**"[14] der Staat gemeinwohlförderndes Verhalten privater Akteure durch ein filigranes Instrumentarium **kontextbasierter Steuerung**, das sich im Erfolgsfall mit den Vorteilen der Selbstregulierung verbindet. Die Grenze liegt dort, wo gesellschaftliche Selbstregulierung Gemeinwohlziele *in concreto* verfehlt. Für diesen Fall der „Schlechterfüllung"[15] muss sich der Staat die „**Zugriffsoption**"[16] vorbehalten. Stellt er im Rahmen seiner Beobachtungpflicht ein signifikantes Defizit fest, muss er von ihr Gebrauch machen. Dies ist dann der Fall, wenn sonst die grundrechtliche Schutzpflicht Schaden nähme.[17] In diesem Fall tritt das **staatliche Letztentscheidungsmandat**[18] hervor.

Diese – hier knapp skizzierten – Eckpfeiler der Theorie gesteuerter Selbstregulierung erweisen sich als geeignet, um Möglichkeiten und Grenzen der technologischen Umsteuerung abbilden und bewerten zu können.

4. Das neue zweiaktige Stufenmodell im Rahmen gesteuerter Selbstregulierung

Auch bei der Technologieumsteuerung liegt es nahe, Know-How, Initiative und Effizienz der Privaten zu mobilisieren und ihre Gemeinwohlbeiträge zu nutzen. Das bedeutet nicht Aufgabe und Kapitulation des Gesetzgebers vor privater Macht. Vielmehr behält sich der Staat die – oben[19] eingeführte – **Zugriffsoption** vor. Zweifel an der verfassungsrechtlich verbürgten souveränen Ausübung des Gestaltungsmandats des demokratisch legitimierten Gesetzgebers sind daher nicht angebracht. Das heißt: Sein **Steuerungsmandat** lebt im Falle der Zielverfehlung der Privaten wieder auf. Mit dieser Maßgabe empfiehlt es sich, insbesondere bei **gravierenden und ggf. auch kontroversen Technologieumsteuerungen zweiaktig** vorzugehen.

---

14 *Schmidt-Preuß*, VVDStRL 56 (1997), S. 160 (165), Hervorhebung i.O.; ebenso *Wegmann*, in: Ludwigs (Hrsg.), FS für Schmidt-Preuß, 2019, S. 477 (479).
15 *Schmidt-Preuß*, VVDStRL 56 (1997), S. 160 (174); s. bereits *Schmidt-Aßmann*, EuGRZ 1988, 577 (585).
16 *Schmidt-Preuß*, VVDStRL 56 (1997), S. 160 (174), Hervorhebung i.O.
17 *Schmidt-Preuß*, VVDStRL 56 (1997), S. 160 (174).
18 *Schmidt-Preuß*, VVDStRL 56 (1997), S. 160 (175, 181 ff.).
19 II.3 mit Fn. 15.

a) Erste Stufe: Selbstregulativer Kommunikationsprozess

Auf der **ersten Stufe** findet ein Kommunikations- und Klärungsprozess statt unter Einbeziehung der *stakeholder*, d.h. vor allem der Betroffenen, der Träger privater und öffentlicher Interessen, der Öffentlichkeit und der Wissenschaft. Typischerweise steht am Ende eine Empfehlung an den Gesetzgeber. Deren rechtliche Form kann ein *gentleman's agreement*, ein formeller Vertrag – hier zumeist ein öffentlich-rechtlicher – oder auch nur eine einseitige Erklärung sein. Kernpunkte sind weiterhin Einsetzung und Teilnehmer. Hauptfunktion des **Kommunikationsprozesses** auf der ersten Stufe sind gesellschaftliche Sachaufklärung und Effizienzsteigerung, aber auch Akzeptanz und Befriedung.

b) Zweite Stufe: Staatlicher Letztentscheidungsakt

Auf der **zweiten Stufe** manifestiert sich die staatliche Entscheidung, also die Steuerung durch das verbindliche Gesetz. Hier macht der **demokratisch legitimierte Gesetzgeber** von seinem – ihm in Wahlen verliehenen – **konfliktschlichtenden Steuerungsmandat** Gebrauch. Das gilt auch, wenn das Ergebnis des **selbstregulativen Kommunikationsprozesses auf der ersten Stufe** im nachfolgenden **Gesetz auf der zweiten Stufe** praktisch übernommen wird. Maßgeblich ist die freie Entscheidung des Gesetzgebers. Dies gilt grundsätzlich auch dann, wenn er sich die Konzeption oder auch die Detailregelung einer Kommissionsempfehlung – wie dies nachfolgend darzulegen ist – zu eigen macht. Es ist grundsätzlich Ausdruck der Klugheit, wenn sich der Gesetzgeber Sachverstand, Erfahrungswissen sowie ökonomisches bzw. technisches Know-How privater Akteure im Interesse der Gemeinwohlmehrung zu Nutze macht. Gleichermaßen kann er auf den Beitrag zu Akzeptanz und gesellschaftlicher Befriedigung durch Kommunikationsprozesse auf der ersten Stufe setzen. Das **freie – Bindungen jeder Art verbietende – Mandat des Abgeordneten**[20] befähigt ihn ohne weiteres dazu, einen auf selbstregulativen Empfehlungen basierenden Gesetzentwurf abzulehnen. Mit einer korporatistischen Entleerung der Entscheidungskompetenz des Gesetzgebers[21] haben diese nichts zu tun. Eine unaufgebbare **Grenze** wäre erst dann überschritten, wenn es zu förmlichen Normverzichts- oder -erlasspakten zwischen Regierung bzw. Gesetzgeber und Partikularinteressen käme. Gegen

---

20 Vgl. *Pieroth*, in: Jarass/Pieroth, GG, 2018, Art. 38 Rn. 84 f.; *Morlok*, in: Dreier, GG, Bd. II, 2015, Art. 38 Rn. 149 ff.

21 Zur politikwissenschaftlicher Diskussion dieser Thematik vgl. hier nur *von Blumenthal*, Auswanderung aus den Verfassungsinstitutionen, APuZ 2003 (= http://www.bpb.de/apuz/27339/auswanderung-aus-den-verfassungsinstitutionen, abgerufen am 1.3.2020).

politische „Absprachen" – unterhalb dieser Ebene – kann dagegen aus den vorgenannten Gründen nichts eingewandt werden.[22]

Ein explizites verfassungsrechtliches – womöglich vollstreckbares – Gebot, ein solches zweiaktiges Verfahren durchzuführen, gibt es allerdings nicht. Das **Postulat des Vorrangs selbstregulativer Gemeinwohlbeiträge**[23] kann eine solche Vorgehensweise allerdings nahe legen: Je gravierender, einschneidender und kontroverser die Technologieumsteuerung ist, desto eher kommt das beschriebene zweiaktige Verfahren im Sinne gesteuerter Selbstregulierung in Betracht. Eine Besonderheit dieses gestuften Kommunikations- und Entscheidungsprozesses sei hervorgehoben. So kann der Gesetzgeber durchaus zur weiteren Konkretisierung wiederum eine **selbstregulative Rückverweisung** vorsehen.

III. Verifizierung des neuen zweiaktigen Entscheidungsprozesses im Sinne selbstregulativer Steuerung

Diese Überlegungen der gesteuerten Selbstregulierung sind im Folgenden zu verifizieren.

1. Ausstieg aus der friedlichen Nutzung der Kernenergie

a) Die Beendigung des Betriebs von Kernkraftwerken

Das erste Beispiel betrifft den Ausstieg aus der friedlichen Nutzung der Kernenergie. Insofern ist auf den sog. **Ausstiegskonsens** aus dem Jahr 2000 zu verweisen, der nach monatelangen Verhandlungen[24] in eine „Vereinbarung"[25] mündete und im Jahre 2001 von den vier Kernkraftwerke betreibenden Energieunternehmen und der Bundesregierung unterzeichnet wurde. Ein Jahr später trat das **Ausstiegsgesetz**[26] in Kraft. Die sog. „Ausstiegs-Vereinbarung" war kein formeller, rechtsverbindlicher Vertrag. Den Beteiligten fehlte der Rechtsbindungswille.

---

22 Dazu *Schmidt-Preuß*, VVDStRL 56 (1997), S. 160 (218 f.).

23 *Schmidt-Preuß*, VVDStRL 56 (1997), S. 160 (171): „Postulat größtmöglicher Aktivierung selbstregulativer Beiträge".

24 Dazu zur Vorgeschichte *Hohlefelder*, trend, IV. Quartal 1993, 26 ff.; *Schmidt-Preuß*, NJW 1993, 985 ff.

25 „Vereinbarung zwischen der Bundesregierung und den Energieversorgungsunternehmen" vom 14. Juni 2000; abgedruckt bei Posser/Schmans/Müller-Dehn (Hrsg.), Atomgesetz. Kommentar zur Novelle 2002.

26 Gesetz zur geordneten Beendigung der Kernenergienutzung zur gewerblichen Erzeugung von Elektrizität vom 22.4.2002, S. 1351.

Es handelte sich vielmehr um ein *gentlemen's agreement*.[27] Praktisch war dieses allerdings überaus effektvoll. In der Sache machte sich der Gesetzgeber das zu eigen, was die „Verständigung" formuliert hatte.
Wie bekannt, war es zu Beginn der 2009 begonnenen 17. Legislaturperiode durch die 11. AtG-Novelle zunächst zur Verlängerung der Laufzeiten von Kernkraftwerken um durchschnittlich weitere 12 Jahre gekommen.[28] Zwar gingen auch dieser AtG-Novelle Atomkonsensgespräche voraus, die aber im Vergleich mit dem Ringen um den Ausstiegskonsens vor 2002 weniger spektakulär waren und daher in geringerem Maße wahrgenommen wurden.[29] Diese Abmilderung des ursprünglichen Atomausstiegs war gerade ein ¾ Jahr alt, als die Katastrophe von Fukushima am 11.3.2011 die Welt veränderte. Auslöser war ein Erdbeben im Pazifik, das zu dem Tsunami mit seinen verheerenden Folgen für das an der Küste gelegene Kernkraftwerk führte. Innerhalb von zwei Wochen hatte die Bundesregierung die sog. **Ethik-Kommission** eingesetzt und deren 15 Mitglieder aus Politik, Unternehmen und Kirchen sowie zwei Vorsitzende berufen. Nach gut vier weiteren Wochen legte die Kommission ihren Abschlussbericht[30] vor und empfahl mit einem eindeutigen und –stimmigen Votum den baldmöglichsten Ausstieg aus der friedlichen Nutzung der Kernenergie. Dem Votum folgte der Gesetzgeber im **13. AtG-Änderungsgesetz.**[31] Dieses normierte einen sukzessiven Ausstieg (*„phase-out"*) mit einem verbindlichen, verbrauchsmengenunabhängigen Abschalttermin für jedes Kraftwerk. Daraus ergibt sich, dass im Jahr 2022 das Gemeinschaftskernkraftwerk Neckarwestheim II in Baden-Württemberg als letzte Anlage vom Netz geht. Es handelt sich bemerkenswerterweise um ein strengeres Reglement als der Ausstieg von 2002, weil die durchschnittliche Laufzeit kürzer ist und anlagenspezifische (Letzt-)Abschalttermine festgelegt sind. Derzeit sind noch sieben Kernkraftwerke am Netz. Sie tragen per 2019 mit

---

27 *Schmidt-Preuß,* in: Kloepfer (Hrsg.), Technikumsteuerung als Rechtsproblem, 2002, S. 119 (121); a.A. *Kischel,* Der Atomkonsens als rechtsverbindlicher Vertrag, 2017, S. 11 ff.
28 Gesetz zur Änderung des Atomgesetzes vom 8.12.2010, BGBl. I, S. 1814; dazu *Schmidt-Preuß,* RdE 2008, 153 (154 ff.).
29 Vgl. Die Zeit vom 15.9.2010 (http://www.zeit.de/wirtschaft/2010-09/atomkonsens-roettgen, abgerufen am 1.3.2020).
30 Deutschlands Energiewende – Ein Gemeinschaftswerk für die Zukunft, vorgelegt von der Ethik-Kommission Sichere Energieversorgung (Berlin, den 30.5.2011).
31 13. Gesetz zur Änderung des Atomgesetzes vom 31.7.2011, BGBl. I, S. 1704.

75 Mrd. kWh (13%) zur Versorgung mit Elektrizität bei.[32] Bekanntlich hat das BVerfG[33] in seinem Urteil vom 6.12.2016 das Ausstiegsgesetz 2011 im Wesentlichen bestätigt. Drei Kernkraftwerke betreibenden Beschwerdeführerinnen wurde vom BVerfG wegen der – infolge der abrupten Stilllegung – im Vertrauen auf den Fortbestand des AtG 2010 getätigten, nunmehr aber nutzlosen investiven Aufwendungen eine Entschädigung zugesprochen, zwei von ihnen zusätzlich wegen mangelnder Nutzbarkeit von Verstromungsrechten. Insgesamt läuft dies auf eine Entschädigung im höheren dreistelligen Millionenbereich hinaus. Einen signifikanten dogmatischen Akzent hat das BVerfG[34] gesetzt, indem es die Güterbeschaffungstheorie zur Abgrenzung von Enteignung sowie Inhalts- und Schrankenbestimmung festgeschrieben hat. Die Grundsatzfrage der Laufzeit war nicht Streitgegenstand gewesen.

Insgesamt lässt sich im Bereich des Kernenergie-Ausstiegs das zweiaktige selbstregulativ-steuernde Kommunikations- und Entscheidungsverfahren bestätigen.

b) Entsorgung

Ein weiteres verifizierbares Beispiel im Kernenergiesektor ist die 2016/17 vollzogene Komplettierung des Ausstiegs durch einen doppelten Schlussakkord im Bereich der Entsorgung. Wegen der Komplexität wird der Sachbereich in die Endlagerstandortsuche einerseits und die Finanzierung andererseits aufgeteilt.[35]

aa) Endlagerstandortsuche

Der erste Bereich betrifft die Endlagerstandortsuche. Hier wurde durch Bundestag und Bundesrat die „Kommission Lagerung hochradioaktiver Abfallstoffe" – kurz die **Endlagerkommission** – eingerichtet, der neben einem Doppelvorsitz acht Vertreter der Wissenschaft, acht Vertreter gesellschaftlicher Gruppen, acht Mitglieder des Deutschen Bundestages und acht Mitglieder von Landesregierungen angehörten. Hinzu kamen ständige Gäste der Arbeitsgruppe 1 einschließlich zweier Jugendbotschafter sowie als Mitglieder der Arbeitsgruppen

---

32 FAZ vom 26.2.2020 (https://www.faz.net/aktuell/wirtschaft/klima-energie-und-umwelt/warum-erdgas-mittlerweile-wichtiger-ist-als-steinkohle-16651414.html, abgerufen am 1.3.2020).
33 BVerfG, 20.12.2016, 1 BVR 2821/11, BVerfGE 143, 246, Rn. 267 ff., 292 ff., 369 ff. – auch zu den folgenden Ausführungen.
34 BVerfG, 20.12.2016, 1 BvR 2821/11, BVerfGE 143, 246, Rn. 244 ff.
35 Zum Folgenden *Pape*, in: FS für Schmidt-Preuß, 2019, S. 935 ff.

2 bis 4 Repräsentanten der Wissenschaft und der gesellschaftlichen Gruppen (darunter zwei Unternehmensvertreter) sowie Mitglieder des Deutschen Bundestages und der Landesregierungen. In ihrem knapp 600 Seiten umfassenden Abschlussbericht[36] empfahl sie einen Neustart der Endlagerstandortsuche, d.h. auf der weißen Landkarte, der alle Bundesländer und alle relevanten geologischen Verfahren (Ton, Steinsalz und Kristallin) einbezieht. Für diese Suche wurden prozedurale Schritte und materielle Kriterien entwickelt. Die Folge war das neugefasste **Standortauswahlgesetz**[37], das – auch hier – die Empfehlungen einer vorgelagerten Kommission praktisch übernommen hat. Das Ziel des Gesetzgebers ist es, für einen Zeitraum von einer Mio. Jahren die bestmögliche Sicherheit für die Endlagerung insbesondere hochradioaktiver Abfälle zu gewährleisten.[38]

bb) Die Finanzierung des Ausstiegs

Der zweite Bereich der selbstregulativ-steuernden Entscheidungsfindung im Nuklearbereich betraf die **Finanzierung des Ausstiegs**. Hier wurde auf der ersten Stufe – der selbstregulativen Kommunikation – zunächst ein sog. *stresstest* durchgeführt. Dazu stellten die Kernkraftwerksbetreiber in eigener Verantwortung Berechnungen zu **Höhe und Mobilisierbarkeit der notwendigen Rückstellungen** an. Diese Ergebnisse wurden sodann von der Wirtschaftsprüfungsgesellschaft „Warth & Klein Grant Thornton" im Auftrag des BMWi geprüft.[39] Im Anschluss daran – immer noch im selbstregulativ-kommunikativen Bereich – setzte die Bundesregierung die KFK – „**Kommission zur Überprüfung der Finanzierung des Kernenergieausstiegs**" ein. Dazu berief sie 19 Mitglieder, die sich aus Politik, Verwaltung, Anwaltschaft und Wissenschaft rekrutierten. In ihrem Abschlussbericht gab die Kommission die Empfehlung ab, die Einzahlung von etwa 17 Mrd. Euro (Barwert der Rückstellungen für Zwischen- und Endlagerung) sowie von weiteren etwa 7 Mrd. Euro als Risikozuschlag in

---

36 Abschlussbericht der Kommission Lagerung hochradioaktiver Abfallstoffe, K-Drs. 268 = BT-Drs. 18/9100. Zur – im Text wiedergegebenen – Zusammensetzung der Kommission S. 457–463.
37 Gesetz zur Suche und Auswahl eines Standortes für ein Endlager für hochradioaktive Abfälle (Standortauswahlgesetz – StandAG) vom 5.5.2017, BGBl. I, S. 2510.
38 BT-Drs. 18/11398, S. 1.
39 KFK, Verantwortung und Sicherheit – Ein neuer Entsorgungskonsens – Abschlussbericht zur Überprüfung der Finanzierung des Kernenergieausstiegs (25.5.2016), S. 6 Fn. 2.

einen staatlichen Fonds vorzusehen.[40] Dafür würden die Kernkraftwerksbetreiber aus der „Ewigkeitshaftung" entlassen.

Den Empfehlungen der Endlagerkommission folgte – auch hier im Sinne des zweiaktigen, gestuften Verfahrens – der Gesetzgeber im „**Gesetz zur Neuordnung der Verantwortung in der kerntechnischen Entsorgung**".[41] Dieses – am 16.6.2017 in Kraft getretene – Artikelgesetz hat zwei Hauptteile, nämlich das die Finanzierung regelnde **Entsorgungsfondsgesetz**[42] und das die Verlagerung der Verantwortung auf den Bund normierende **Entsorgungsübergangsgesetz**.[43] Auch in diesem Fall wurden die selbstregulativen Empfehlungen auf der ersten Stufe im nachfolgenden Gesetz übernommen. Das schlagwortartige Ergebnis: Stilllegung und Rückbau sind Sache der Unternehmen, Zwischen- und Endlagerung Verantwortung des Staates. Der als Stiftung des Bundes organisierte „**Fonds zur Finanzierung der kerntechnischen Entsorgung**" (KENFO) verfügt über rund 24 Mrd. Euro, der – wie von der KFK empfohlen – aus einem **Grundbetrag** von ca. 17 Mrd. Euro (§ 7 Abs. 2 EntsorgFondsG) und einem freiwilligen, die Enthaftung bewirkenden **Risikozuschlag** von etwa 7 Mrd. Euro (§ 7 Abs. 3 EntsorgFondsG) besteht. So sehr die gesetzlich gebotene **Wirtschaftlichkeit des Fonds** in der Anfangsphase eine optimale Erstanlage der Fondsmittel und allgemein eine zinsbringende Verwaltung des Kapitalstocks verlangt, so muss es längerfristig zu einer optimalen Koordinierung mit der Entsorgungsplanung kommen.[44]

Insgesamt lässt sich damit der zweistufige Kommunikations- und Entscheidungsprozess auch im Bereich des Kernenergiesektors insgesamt verifizieren.

---

40 Ibid. S. 27–30.
41 Vom 27.1.2017, BGBl. I, S. 114, 1222; in Kraft getreten am 16.6.2017.
42 Gesetz zur Errichtung eines Fonds zur Finanzierung der kerntechnischen Entsorgung – EntsorgFondsG – vom 27.1.2017, BGBl. I, S. 114, 1676 (= Art. 1 des Verantwortungs-Neuordnungsgesetzes).
43 Gesetz zur Regelung des Übergangs der Finanzierungs- und Handlungspflichten für die Entsorgung radioaktiver Abfälle der Betreiber von Kernkraftwerken vom 27.1.2017, BGBl. I, S. 120 (= Art. 2 des Verantwortungs-Neuordnungsgesetzes); dazu *Pape*, in: FS für Schmidt-Preuß, 2019, S. 935 (937 ff.).
44 *Pape*, in: FS für Schmidt-Preuß, 2019, S. 935 (939 ff., 948 f.).

2. Ausstieg aus der Stein- und Braunkohle

a) Grundlinien

Das zweite Beispiel zur Verifikation des zweiaktigen Verfahrens im Rahmen gesteuerter Selbstregulierung ist der sog. „Kohleausstieg", der in der klimapolitischen Diskussion im Zentrum steht. Auch hier lässt sich – das sei vorweg festgehalten – das zweiaktige Verfahren bestätigen.

So wurde – dem theoretischen Modell entsprechend (II.) – zunächst ein selbstregulativer Kommunikationsprozess dem steuernden Gesetz vorgeschaltet. Die Kommission „Wachstum, Strukturwandel und Beschäftigung" – die sog. **Kohlekommission** – sollte Vorschläge erarbeiten, welche Schritte zur Erreichung der nationalen, europäischen und internationalen Ziele des Klimaschutzes zu ergreifen sind, insbesondere wie die Stromerzeugung unter Einsatz von Stein- und Braunkohle als Hauptverursacher der klimaschädlichen Schadstoffemissionen beendet werden kann. Der am 6.6.2018 installierten Kommission gehörten, neben den drei Vorsitzenden, 24 Mitglieder aus Politik, Wirtschaft, Verbänden und der Wissenschaft an. Drei weitere Mitglieder mit Rede-, aber ohne Stimmrecht waren aus dem Deutschen Bundestag benannt. Ebenfalls mit Rede-, aber ohne Stimmrecht nahmen Vertreter und Vertreterinnen der sog. Kohleländer an den Sitzungen teil.[45] Die Kohle-Kommission legte am 26.1.2019 ihren Abschlussbericht vor und empfahl den Ausstieg aus der Kohleverstromung spätestens bis zum Jahr 2038. Zwei Themenbereiche werden unterschieden: die Auswirkungen auf die Regionen einerseits, die Unternehmen andererseits. Der Gesetzgeber hat sich zunächst dem **Infrastruktursektor** zugewandt und im Strukturstärkungsgesetz – **den Empfehlungen der Kohlekommission entsprechend** – insgesamt 40 Mrd. Euro für die betroffenen Regionen, insbesondere Arbeitsplätze, Neugründungen etc. vorgesehen.[46]

Anschließend wurden die Auswirkungen des Kohleausstiegs auf die betroffenen **Unternehmen** geregelt. Grundlegend ist die thematische **Zweiteilung des am 29.1.2020 von der Bundesregierung beschlossenen Kohleausstiegsgesetzes (KohleausstiegsG)**.[47] In seinem Teil 3 wird die **Ausschreibung** als ein

---

45 Kommission „Wachstum, Strukturwandel und Beschäftigung", Abschlussbericht (Januar 2019), S. 6 f.
46 Strukturstärkungsgesetz Kohleregionen vom 8.8.2020, BGBl. I, S. 1795; dazu BT-Drs. 19/13398.
47 Gesetz zur Reduzierung und zur Beendigung der Kohleverstromung (Kohleverstromungsbeendigungsgesetz – KVBG) = Art. 1 des Gesetzes zur Reduzierung und zur Beendigung der Kohleverstromung und zur Änderung weiterer Gesetze (Kohleausstiegsgesetz) vom 8.8.2020, BGBl. I, S. 1818 (verkündet am 13.8.2020, in Kraft: 14.8.2020).

Herzstück des Ausstiegs aus der Steinkohle geregelt, in Teil 4 das Pendant einer **qualitativen Auswahl- und Kompensationslösung** im Bereich der Braunkohle. Diese systematische und instrumentelle Unterscheidung trifft das Gesetz, um den unterschiedlichen Sachgegebenheiten Rechnung zu tragen. Das liegt nicht fern, da beim Braunkohleausstieg nicht nur der Kraftwerkspark, sondern auch die mit ihm verbundenen Tagebaue[48] einzubeziehen sind. Auch ist die Unternehmensstruktur sehr unterschiedlich.

Im Folgenden ist zu zeigen, dass sich die These des zweiaktigen Verfahrens bei gravierend einschneidender und kontroverser Technologie-Umsteuerung im Sinne gesteuerter Selbstregulierung auch beim Kohleausstieg verifizieren lässt.

b) Steinkohle-Ausstieg

Das KohleausstiegsG verfolgt das klimapolitische Ziel der Begrenzung der CO_2-Emissionen im Bereich der Steinkohle in einer ersten Phase durch einen doppelten Mechanismus, der das Verhältnis von Selbstregulierung und Steuerung wiederspiegelt. Auf der einen Seite offeriert das Gesetz **Ausschreibungen** als Verteilungs- und Auswahlmodus, um den günstigsten Bieter mit Entschädigungszahlungen zu belohnen und deren Höhe zu bestimmen (§§ 10–26 Kohleverstromungsbeendigungsgesetz (KVBG)). Auf der anderen Seite sieht das Gesetz aber auch die sog. **gesetzliche Reduzierung** vor. Damit soll im Sinne einer Auffangregelung für den Fall, dass sich die Ausschreibung als nicht oder nicht hinreichend wirksam erweist, sichergestellt werden, dass trotzdem die erwünschte Rückführung der klimaschädlichen Schadstoffemissionen realisiert wird.

Die Ausschreibung gilt allgemein als ein probater – **marktwirtschaftlicher** – Weg, um mit dem Mittel des Wettbewerbs, Effizienz – also die geforderte Emissionsminderung zu günstigsten Kosten – anzureizen. So richtig dies im Prinzip ist, so wenig darf man die Augen davor verschließen, dass mit der Auferlegung eines verbindlichen Ausschreibungsverfahrens bereits ein Eingriff verbunden ist. Das **Zwangselement** liegt darin, dass man überhaupt am Ausschreibungsverfahren teilnehmen muss, will man sich nicht von vornherein der Chance begeben, an einer Vergünstigung teilhaben zu können.[49]

Ausgangspunkt ist das sog. **Zielniveau**, das sich zwischen 30 GW (Nettonennleistung Steinkohleanlagen) zum 31.12.2022 und (spätestens) 0 GW zum 31.12.2038 bemisst (§ 4 Abs. 1 KVBG). Die BNetzA ermittelt für jeden

---

48 Dazu *Pielow*, in: FG zum 200-jährigen Jubiläum des OLG Hamm, 2020, insbes. III und IV.
49 Vgl. *Schmidt-Preuß*, in: Dolde (Hrsg.), Umweltrecht im Wandel, 2001, S. 309 (312).

Gebotstermin das **Ausschreibungsvolumen**. Wer den Zuschlag zum jeweiligen Termin bekommt, erhält für die freiwillig erbrachte Stilllegung eine Prämie – den sog. **Steinkohlezuschlag** – in Höhe des Gebotswerts. Auch hinsichtlich dieser finanziellen Kompensation folgt der Gesetzgeber den Empfehlungen der Kohle-Kommission.[50] Die Gebote unterliegen gem. § 19 KohleausstiegsG-E einem **Höchstpreis**, der degressiv ausgestaltet ist. Damit soll eine möglichst zeitnahe Teilnahme an der Ausschreibung angereizt werden. Im Falle der Unterzeichnung werden alle Gebote bedient. Im umgekehrten Fall – der Überzeichnung – wird derjenige Bieter bezuschlagt, der nach einer kombinierten Betrachtung von Kosteneffizienz und Emissionsminderung das „beste" Gebot präsentiert (§ 18 Abs. 3–8 KVBG). Die Rechtsfolge eines Zuschlags ist neben dem erwähnten Steinkohlezuschlag ein Verbot der Kohleverfeuerung in der Steinkohleanlage.

Das Ausschreibungsverfahren ist **limitiert bis 2026**. Mit Beginn des Zieldatums 2027 findet ausschließlich die **gesetzliche Reduzierung** statt. Welche Steinkohleanlage ihr jeweils unterfällt, legt die BNetzA durch Anordnung gem. § 35 KVBG fest (§ 27 Abs. 1 KVBG). Eine finanzielle Kompensation ist ab diesem Zeitpunkt nicht mehr vorgesehen. Offenbar geht der Gesetzgeber davon aus, dass insoweit nach den Grundsätzen der Inhalts- und Schrankenbestimmung die Verhältnismäßigkeit dennoch gewahrt ist. Dafür stützt er sich augenscheinlich auf die These, dass bei Amortisation eines Investments eine finanzielle Entschädigung nicht mehr gefordert sei. In diesem Fall könne die **Verhältnismäßigkeit** auch entschädigungslos gewahrt werden. Gegen einen apodiktischen Ausschluss auf dieser Linie lässt sich aber einwenden, dass die Wirkkraft des Eigentums **nicht *ipso iure* mit der Amortisation endet**. Im Gegenteil: Die Eigentumsgarantie und ihre im Rahmen der **Wirtschaftsverfassung** verbürgte **Anreizfunktion** fangen nach der Amortisation erst richtig an: Nicht das Erreichen des *break-even*, sondern die Erzielung von Gewinnen ist das Wesensmerkmal des Eigentums. Wäre dies nicht so, würden Investitionen nicht mehr getätigt, wenn der Investor befürchten muss, dass nach dem *break-even* keine Gewinne mehr erzielt werden dürften.[51] Dann blieben die für Wirtschaftswachstum und Arbeitsplätze unverzichtbaren Investitionen aus. Das Eigentum verlöre seine eminente Rolle in der **sozialen Marktwirtschaft**[52],

---

50 BT-Drs. 19/17342, S. 81.
51 *Schmidt-Preuß*, RdE 2019, 149 (150); *ders.*, in: Säcker (Hrsg.), Berliner Kommentar zum Energierecht, Band I/1, 4. Aufl., 2019, Einl. C Rn. 111.
52 Dazu *Schmidt-Preuß*, in: FS für Säcker, 2011, S. 969 (970 ff.).

wenn es nicht mehr mit Aussicht auf Gewinn **genutzt**[53] werden dürfte. Die **Logik des Eigentums in der Wirtschaftsverfassung** – die freie Verfügung über den Eigentumsgegenstand im Sinne der **Investitionsfreiheit**[54] – ginge verloren.

§ 39 KVBG sieht zu Recht eine **Härtefallregelung** zugunsten von Steinkohlestromerzeugern vor „wenn eine individuelle und atypische Unzumutbarkeit" vorliegt.[55] Damit wird zu Recht den eigentumsgrundrechtlichen Anforderungen der Verhältnismäßigkeit entsprochen.

c) Braunkohle-Ausstieg

Wie betont, enthält das Kohleausstiegs-Gesetz in wesentlichen Teilen eigenständige Regelungen für die Steinkohle einerseits und die Braunkohle andererseits. So gilt das Ausschreibungsverfahren zur Bestimmung der (befristet gewährten) Entschädigung (bis 2026) **nur** im Bereich des Steinkohleausstiegs.[56] Demgegenüber erfolgt die Fixierung der Entschädigung beim Braunkohleausstieg anhand **qualitativer Entscheidungskriterien**. Ein wesentlicher Grund hierfür liegt darin, dass die Ausschreibung sinnvollerweise eine gewisse Mindestzahl von Bietern voraussetzt, um von einem echten Versteigerungswettbewerb sprechen zu können.

Den Empfehlungen der Kohleausstiegs-Kommission folgend hat sich der Gesetzgeber auch im Braunkohleausstieg für eine – qualitativen Kriterien folgende – primär selbstregulative und hilfsweise steuernde Lösung entschieden. So gibt § 49 KVBG Raum für eine **Verhandlungs- und Vertragslösung**, ohne aber auf das **Steuerungsmandat des Staates** zu verzichten, indem das Gesetz definitive Vorgaben – insbesondere die Finanzbeträge – sowie Auszahlungsmodalitäten fixiert. Danach wird die Bundesregierung ermächtigt, mit den Betreibern von Braunkohleanlagen einen **öffentlich-rechtlichen Vertrag** mit Zustimmung des Bundestages zu schließen, in dem u.a. die endgültige Stilllegung der in Anlage 2 genannten **Braunkohleanlagen** (zu den dort genannten Stilllegungszeitpunkten und ggf. unter Festlegung der Stilllegungsreihenfolge) und die (individuelle) **Entschädigung** für die endgültigen Stilllegungen von Braunkohleanlagen der Anlage 2 mit einer Nettonennleistung von mehr als 150 MW vor dem Jahr 2030 **in Höhe von 2,6 Mrd. Euro für Braunkohle im Rheinland** und **in Höhe von**

---

53 Zur Verfügungs- und Nutzungsfreiheit *Papier/Shirvani*, in: Maunz-Dürig, GG, August 2018, Art. 14 Rn. 122.
54 Zum Ganzen *Schmidt-Preuß*, RdE 2019, 149 (150).
55 BT-Drs. 19/17342, S. 138: „Eine unzumutbare Härte kann dann vorliegen, wenn die Umsetzung des Kohleverfeuerungsverbotes innerhalb der [...] Frist den Anlagenbetreiber besonders hart treffen würde."
56 S.o. III.2.b).

1,7 Mrd. Euro für die Braunkohleanlagen in der Lausitz geregelt werden sollen. Diese Beträge sind in § 44 Abs. 1 Satz 1 KVBG festgelegt. Gleiches gilt für die Details der Auszahlungsmodalitäten. So wird z.B. die Entschädigung gem. § 45 KVBG in 15 gleich großen Jahrestranchen ausgezahlt.

Im Einzelnen sieht § 49 KVBG vor, dass in dem öffentlich-rechtlichen Vertrag „die aus den §§ 40 – 47 KVBG folgenden Rechte und Pflichten zusätzlich vertraglich geregelt werden" sowie bergrechtsrelevante Spezifika, die Verwendung der Entschädigung, Voraussetzungen und Rechtsfolgen von Veränderungen und schließlich Rechtsbehelfsverzichte der Betreiber vertraglich fixiert werden. Wie die Begründung der Beschluss-Empfehlung darlegt, hatte die Bundesregierung „bereits intensive Verhandlungen mit den Betreibern von Braunkohleanlagen und –tagebauen geführt" und das „Bundeskabinett … den mit den Betreibern verhandelten Vertragsentwurf am 24.6.2020 zur Kenntnis genommen und den Bundesminister für Wirtschaft und Energie ermächtigt, sofern der Bundestag das Kohleausstiegsgesetz beschließt und die erforderliche Ermächtigungsgrundlage in § 49 KVBG in Kraft tritt, diesen Vertrag in Vertretung der Bundesrepublik Deutschland zu unterzeichnen".[57] Die gesteuerte Selbstregulierung manifestiert sich hier besonders augenfällig, indem **die zielwertbezogenen Empfehlungen der Kommission explizit zu Tatbestandselementen** der staatlichen Norm erhoben werden.

3. Verfassungsrechtliche Aspekte

Für den Steinkohle- wie den Braunkohle-Ausstieg gilt gleichermaßen, dass die Regelungen sich vor allem am Eigentumsgrundrecht des Art. 14 GG messen lassen müssen. Insofern rückt die zweite Stufe des kombinierten selbstregulativ-steuernden Kommunikations- und Entscheidungsprozesses in den Fokus. Er ist hoheitlicher Natur, weil nunmehr der Staat von seiner Letztentscheidungskompetenz Gebrauch macht. Der Gesetzgeber muss zwingend die Verfassung beachten. Das schließt hier nicht zuletzt auch das Eigentumsgrundrecht des Art. 14 GG ein. Was die Frage der **Grundrechtsträgerschaft** im Energiesektor betrifft, steht sie auch gemischt-wirtschaftlichen Unternehmen zu.[58] Dies gilt – anders nach wie vor das BVerfG[59] – auch dann, wenn sie mehrheitlich im Besitz der

---

57 BT-Drcks. 19/20714 (neu), S. 202.
58 *Schmidt-Preuß*, in: FS für Büdenbender, 2019, S. 187 (191 ff.); a.A. *Peter M. Huber*, in: FS für Schmidt-Preuß, 2019, S. 87 (92 ff.).
59 BVerfG, 18.05.2009, 1 BvR 1731/05, 1. Kammer des 1. Senats, RdE 2009, 252 (253) Rn. 15 ff. – Mainova; BVerfG, 3. Kammer des 1. Senats, NJW 1990, 1783 = JZ 1990, 335 – HEW m. abl. Anm. *Kühne*.

öffentlichen Hand stehen, und ebenso auch im Falle von Eigengesellschaften, also solchen, die sich zu 100% in staatlichem Besitz befinden. Damit steht auch ihnen die Eigentumsgarantie des Art. 14 GG zu Gebote.

Im Rahmen des Art. 14 GG – und unterstellt, dass die nach dem Verdikt des BVerfG[60] maßgebliche Güterbeschaffungstheorie hier zur Inhalts- und Schrankenbestimmung führen würde – seien an dieser Stelle nur einige Punkte hervorgehoben. Zunächst ist im Rahmen der Eigentumsprüfung nach einem **Gemeinwohlziel** zu fragen. Insoweit kann hier in beiden Fällen – beim Stein- wie beim Braunkohle-Ausstiegs-Szenario – auf die klimapolitisch dringliche Reduzierung von Treibhausgas-Emissionen – insbesondere CO_2 – verwiesen werden. An der **Eignung** beider Maßnahmenkomplexe besteht kein Zweifel. Die **Erforderlichkeit** hängt bekanntlich davon ab, ob es geringer einschneidende Alternativen gibt, die mindestens zum gleichen Ergebnis führen. Hier rückt das auf europäischer Ebene verankerte **Emissions Trading System (ETS)** in das Blickfeld. Dieses verlangt von den Stromerzeugern Emissions-Zertifikate. Insofern ist festzustellen, dass in der EU der Ausstoß von Treibhausgasen einheitlich limitiert und verbindlich durch das System des Emissionshandels determiniert wird. So wird der Gesamtausstoß von CO_2 in der EU durch eine einheitliche Obergrenze bestimmt. Heruntergebrochen auf jedes Kraftwerk in den Mitgliedstaaten bedeutet dies, dass es für seine individuellen Emissionen an der Börse gehandelte Zertifikate kaufen (und entwerten lassen) muss. Die in den Zertifikaten erlaubten Emissionen entsprechen in der Summe der Obergrenze (*cap*) des ETS. Diese wird nach einem Reduktionspfad bestimmt, was zur Verknappung bzw. Verteuerung der Emissionsrechte führt. Auf diese Weise wird kontinuierlich eine Verringerung des Ausstoßes der Treibhausgase erreicht. Gegenüber diesem übergeordneten – bei entsprechender Handhabung klimapolitisch effektiven – System wirkt die ETS-Alternative unter dem Aspekt der Eingriffsintensität *prima facie* als weniger einschneidend und möglicherweise mindestens gleich wirksam. Hier wäre allerdings zu bedenken, ob angesichts der vom BVerfG dem Gesetzgeber (auch) bei der Beurteilung der Erforderlichkeit zugestandenen weiten **Einschätzungsprärogative**[61] bereits ein Defizit festgestellt werden kann. Auf der Rechtfertigungsebene kommt es zur notwendigen Abwägung zwischen dem Eigentumsgrundrecht einerseits und dem verfolgten Gemeinwohlziel – dem Klimaschutz – andererseits. Dass es sich hierbei um ein hochrangiges Anliegen handelt, steht außer Frage. Ebenso ist

---

60 BVerfG, 20.12.2016, 1 BvR 2821/11, BVerfGE 143, 246 (251–261) – Atomausstieg.
61 Vgl. allg. BVerfG, 11.7.2006, 11 BvL 4/00, BVerfGE 116, 202 (225); BVerfG, 18.7.2005, 2 BvF 2/01, BVerfGE 113, 167 (252 f.); *Sachs*, in: ders. (Hrsg.), GG, 2018, Art. 20 Rn. 152 f.

auf die fundamentale Bedeutung der Eigentumsgarantie – hier insbesondere in der Ausprägung als Investitionsfreiheit – in der Wirtschaftsverfassung zu verweisen. Die Gewährleistung des Eigentums kann – wie oben ausgeführt – nicht *ipso iure* auf eine bloße Amortisationsgarantie restringiert werden.

IV. Technologieumsteuerung in international-rechtlicher Perspektive (Eigentum und Energiecharta-Vertrag)

Bei einem Weltbürger wie *Gunther Kühne* darf ein Blick auf das Eigentum auch **im internationalen Kontext** nicht fehlen. Daher soll im Folgenden aufgezeigt werden, dass sich Technologieumsteuerung auch auf globaler Ebene als ein immens einschneidender Vorgang darstellt, der in die Wirtschaftspläne der beteiligten Unternehmen eingreift und nach den Regeln des Investitionsschutzrechts bewertet werden muss. Die hier relevanten **Investitionsschutzverträge** können **bilateraler oder multilateraler Natur** sein. Bekanntlich ist Deutschland das Land der Erde, das die bei weitem größte Zahl solcher Abkommen (**BITs**) geschlossen hat. Das verwundert nicht, da Deutschland nicht nur als eine führende Exportnation ein existentielles Interesse am **freien Welthandel** hat. Vielmehr erweist sich seine Präsenz in der offenen Weltwirtschaft auch im Spitzenrang bei **Direktinvestitionen im Ausland**. Ein fundamentales, klassisches Förderinstrument sind Investitionsschutzverträge, mit denen das Engagement deutscher Firmen im Ausland geschützt und damit zugleich angereizt wird.

1. Enteignung und Entschädigung

Der Energiecharta-Vertrag vom 17.12.1994[62] **schützt Investitionen im Energiesektor**. Es handelt sich um einen multilateralen Investitionsschutzvertrag. Aktuell richtet sich das Interesse naturgemäß auf das Verfahren des schwedischen Energiekonzerns Vattenfall gegen die Bundesrepublik Deutschland[63] vor dem bei der Weltbank angesiedelten ICSID-Schiedsgericht in Washington.[64] Die Klage richtet sich auf Verurteilung zu einer Entschädigung in Höhe von 4,7 Mrd.

---

62 In Kraft getreten am 1.4.1998.
63 Schiedsverfahren Vattenfall AB et al. gegen Bundesrepublik Deutschland (ICSID Fall Nr. ARB/12/12); JUVE vom 22.4.2020 (https://www.juve.de/nachrichten/verfahren/2020/04/vattenfall-milliardenprozess-deutschland-greift-erneut-das-schiedsgericht-an, aufgerufen am 20.8.2020).
64 International Centre for Settlement of Investment Disputes.

Euro, weil der Atomausstieg eine Enteignung darstelle und damit gegen den Schutz der Investitionen nach dem Energiecharta-Vertrag verstoße.

Sedes materiae ist **Art. 13 Energiecharta-Vertrag (ECV)**, der das Eigentum vor Enteignungen im Gaststaat schützt. Im Einzelnen heißt es dort, dass „Investitionen von Investoren einer Vertragspartei im Gebiet einer anderen" nicht verstaatlicht werden dürfen. Dabei werden **Enteignungen** definiert als Verstaatlichungen oder Maßnahmen gleicher Wirkung wie Verstaatlichungen oder Enteignungen. Eine Ausnahme gilt nur in dem expliziten Fall, dass die Enteignungen (a) im öffentlichen Interesse liegen, (b) nicht diskriminierend sind, (c) rechtsstaatlichen Grundsätzen entsprechen und (d) mit einer „umgehenden, wertentsprechenden und tatsächlich verwertbaren Entschädigung einhergehen". Auffällig ist auf den ersten Blick die starke Fokussierung auf die Enteignung (und ihre Substitute) im Vergleich mit Art. 14 GG, der neben der Enteignung noch das zweite – eigenständige – Institut der Inhalts- und Schrankenbestimmung kennt. Was zunächst als eine Verengung erscheint, erweist sich aber als durchaus interpretatorische Offenheit des Art. 13 Abs. 1 ECV. Nicht nur erübrigt sich eine schwierige Abgrenzung, vielmehr überzeugt der weit verstandene Enteignungsbegriff, der auch die sog. **de-facto-Enteignung umfasst**.[65] Dies entspricht dem internationalen Investitionsrecht.[66] Unterstrichen wird dies dadurch, dass Art. 13 Abs. 1 ECV auch „Maßnahmen gleicher Wirkung wie Verstaatlichung oder Enteignung" erfasst. Das bietet Schutz auch gegenüber **de-facto-Enteignungen** bzw. indirekten – einschließlich „schleichenden" – Enteignungen.[67] Somit könnten auch **technologieumsteuernde Stilllegungen oder Laufzeitbegrenzungen** in Betracht kommen. Was das vierte Kriterium betrifft, ist eine Entschädigung geboten, die „umgehend" – also nicht mit zeitlicher Verzögerung – erfolgt.

Weiterhin muss die Entschädigung **wertentsprechend und tatsächlich verwertbar** sein, wobei auch vom „angemessenen Marktwert" gesprochen wird (Art 13 Ab. 1 Satz 2 ECV). Dies entspricht weitgehend – ungeachtet des teilweise abweichenden Wortlauts – der im **internationalen Investitionsschutzrecht**

---

65 *Happ*, RdE 2002, 39 (43); Deutscher Bundestag, Wissenschaftliche Dienste Kurzinformation: Möglichkeit von Investor-Staat-Verfahren nach dem Vertrag über die Energiecharta bei Betriebs- und Umweltauflagen für Kohlekraftwerke, 2016, S. 2.
66 *Herdegen*, Principles of International Economic Law, 2013, S. 363 ff.
67 Hierzu *Dolzer/ Schreuer*, Principles of International Investment Law, 2012, S. 101 ff.; vgl. auch zu de-facto-Enteignungen nach Art. 1 Abs. 1 Satz 2 des Zusatzprotokolls zur EMRK *Meyer-Ladewig/von Raumer*, in: Meyer-Ladewig/Nettesheim/von Raumer (Hrsg.), EMRK Europäische Menschenrechtskonvention, 2017, Art. 1 ZP Rn. 31.

nach wie vor bedeutsamen *Hull-Formel*.[68] Diese fordert eine Entschädigung, die „*prompt, adequate and effective*"[69] sein muss. Richtig ist, dass der Gegensatz von voller und (nur) angemessener Entschädigung an Schärfe verloren hat.[70] Auch ist der Hinweis von *Malanczuk*[71] nicht ganz von der Hand zu weisen, dass es nicht so sehr auf einen übergeordneten begrifflichen Standard wie z.B. den Marktwert ankomme, sondern auf die konkrete Berechnung im Einzelnen. Insofern sollten betriebswirtschaftliche Methoden zur Bestimmung des Unternehmenswertes herangezogen werden,[72] wobei sich die Ertragswertmethode anbietet.

2. Achmea und das Vattenfall-Verfahren vor dem ICSID-Schiedsgericht

Schließlich sei noch die Frage angesprochen, ob sich das Unternehmen eines EU-Mitgliedstaates im Falle einer *investor-state*-Streitigkeit gegenüber einem anderen Mitgliedstaat auf einen multilateralen Investitionsschutzvertrag berufen kann, bei dem auch Nicht-EU-Mitgliedstaaten und die EU Vertragspartei sind. Deutschland hatte diesen *Achmea*-Einwand im Vattenfall-Schiedsverfahren erhoben.[73] Das Schiedsgericht hat ihn mit der Begründung zurückgewiesen, dass die EU selbst dem ECV beigetreten sei und mit an ihn gebunden sei. Dann aber könne sie nicht gleichzeitig – in Gestalt des EuGH als ihrem Organ – verbindlich über dessen Regeln befinden. Damit wird reflektiert, dass die EU nicht wie ein Mitgliedstaat behandelt werden kann. Nur bei echten Intra-EU-Investitionsschutzverträgen gilt danach der *Achmea*-Einwand. Wenn der EuGH[74] in solchen Intra-EU-Investitionsschutzabkommen einen Verstoß gegen die „Autonomie der Union und ihrer Rechtsordnung"[75] sieht, ist diese Sichtweise

---

68 Vgl. *Gundel*, in: Säcker (Hrsg.), Berliner Kommentar zum Energierecht, Bd. I/1, 2019, Einl. Rn. 26.
69 *Herdegen*, Principles of International Economic Law, 2013, S. 366 ff.
70 In diesem Sinne *Herdegen*, Internationales Wirtschaftsrecht, 2017, § 20 Rn. 12.
71 *Malanczuk*, in: Dolzer/Herdegen/Vogel (Hrsg.), Auslandsinvestitionen – Ihre Bedeutung für Armutsbekämpfung, Wirtschaftswachstum und Rechtskultur, 2006, S. 75 (124 f.).
72 Vgl. dazu *Marboe*, Die Berechnung von Entschädigung und Schadensersatz in der internationalen Rechtsprechung, S. 189 ff., 211 ff.
73 JUVE vom 4.9.2018 (https://www.juve.de/nachrichten/verfahren/2018/09/Vattenfall-schiedsgericht-weist-einwaende-von-deutschland-und-eu-zurueck, aufgerufen am 29.2.2020).
74 EuGH, C-284/16, 6.3.2018, ECLI:EU:C:2018:158 – Achmea Rn. 31 ff.; dazu *Gundel*, EWS 3/2018, 124 ff.; *Glinski*, ZEuS 2018, 47 (64 f.).
75 EuGH, C-284/16, 6.3.2018, ECLI:EU:C:2018:158 – Achmea Rn. 57.

nachvollziehbar,[76] sofern es tatsächlich zu Überschneidungen der Jurisdiktionen kommt. Dies gilt allerdings nicht für Extra-EU-Investitionsschutzabkommen, denen die EU selbst beigetreten ist. Wie das ICSID-Schiedsgericht in der Sache am Ende entscheiden wird, ist – zumal angesichts der interpretatorischen Bandbreiten der Unternehmensbewertung – naturgemäß eine offene Frage.[77] Dies hat es jedenfalls gemein mit staatlichen Gerichten.

V. Ausblick

Selbstregulierung und Steuerung, Eigentum sowie das internationale Recht – dies sind Herzstücke des wissenschaftlichen Wirkens von *Gunther Kühne*. Sie bilden eine Einheit. So kann staatlich veranlasste Technologieumsteuerung Hand in Hand mit gesellschaftlicher Selbstregulierung gehen, wie das neue zweistufige Kommunikations- und Entscheidungsverfahren belegt. Zugleich kann sich Technologieumsteuerung nur unter Beachtung der Eigentumsgarantie entfalten. Das gilt für das nationale und das EU-Recht, aber in Zeiten der Globalisierung auch auf der Ebene des internationalen Rechts.

---

76 Krit. *Wilske*, in: Ludwigs/Remien (Hrsg.), Investitionsschutz, Schiedsgerichtbarkeit und Rechtsstaat in der EU, 2018, S. 331 (332 ff.).
77 *Bernasconi*, Background paper on Vattenfall v. Germany arbitration (July 2000), S. 4.

Stellungnahme zu dem Gesetzentwurf der Bundesregierung zur Reduzierung und zur Beendigung der Kohleverstromung und zur Änderung weiterer Gesetze (Kohleausstiegsgesetz) vom 29.01.2020

von Prof. Dr. Ulrich Büdenbender, Dresden/ Essen

Die Bundesregierung hat am 29.01.2020 den Entwurf eines Gesetzes zur Reduzierung und zur Beendigung der Kohleverstromung und zur Änderung weiterer Gesetze verabschiedet und das verfassungsrechtlich vorgesehene Gesetzgebungsverfahren eingeleitet (Bundesratsdrucksache 51/20 vom 31.01.2020). Zu diesem Gesetzentwurf wird die nachstehende Stellungnahme vorgelegt. Sie beschränkt sich auf grundlegende konzeptionelle Fragen sowie eine rechtspolitische und verfassungsrechtliche Bewertung. Jenseits dieser Beurteilung liegende Details der einzelnen Rechtsnormen in dem Gesetzentwurf werden aus Raumgründen nicht erörtert, auch wenn insoweit eine Vielzahl von Anmerkungen sachlich veranlasst ist.

Befasst man sich als Wissenschaftler mit dem Thema, steht man vor einer doppelten Aufgabe. Auf der einen Seite geht es um eine Analyse des Gesetzentwurfs in wissenschaftlicher Hinsicht, insbesondere unter dem Aspekt der Verfassungskonformität des Entwurfs. Das Vorgehen ist insoweit „klassisch"; es folgt den generell gültigen Regeln für wissenschaftliche Arbeit. Auf der anderen Seite ist die Aktualität der Thematik zu sehen: Eine Stellungnahme zu einem Gesetzesentwurf, der in konzeptioneller und verfassungsrechtlicher Hinsicht Veranlassung zu erheblichen Bedenken gibt, verfolgt das Ziel, auf das weitere Gesetzgebungsverfahren Einfluss zur Beseitigung der Mängel zu nehmen. Adressat ist insoweit die Politik. Dies bedingt eine Art der Darstellung, die die Politik unter Berücksichtigung des Zeitdrucks für Entscheidungen erreicht. Die hier vorgelegte Stellungnahme trägt diesem Umstand Rechnung, ohne den wissenschaftlichen Anspruch aufzugeben. Auf diese Weise entsteht ein für Festschriften anderes und unübliches Format. Der Verfasser ist zuversichtlich, dass dies jedenfalls bei dem zu ehrenden Jubilar auf Akzeptanz stößt, da er in seinem Berufsleben und in seiner wissenschaftlichen Arbeit dem Praxisbezug stets einen hohen Stellenwert eingeräumt hat.

I. Gesamtwürdigung

Als Ergebnis der Analyse lässt sich feststellen, dass der Gesetzentwurf zahlreiche konzeptionelle Mängel, ohne Begründung erfolgende Ungleichbehandlungen vergleichbarer Themen sowie verfassungsrechtlich nicht haltbare Eingriffe in geschützte Rechtspositionen enthält. Besonders gravierend ist die verfassungswidrige Versagung von Entschädigungen für eine große Zahl betroffener Kraftwerksbetreiber unter Verstoß gegen Art. 3 Abs. 1 GG (Grundsatz der Gleichbehandlung vergleichbarer Sachverhalte), Art. 14 GG (Eigentumsschutz) und Art. 20 Abs. 3 GG (Vertrauensschutz als Konsequenz des Rechtsstaatsprinzips). Werden diese Mängel im Gesetzgebungsverfahren nicht beseitigt, ist mit Schwierigkeiten in der Umsetzung und daraus resultierenden Akzeptanzproblemen für das Gesetz zu rechnen. Darüber hinaus wird es mit hoher Wahrscheinlichkeit zu verfassungsrechtlichen Auseinandersetzungen kommen, da der Gesetzentwurf einige grundlegende Regelungen enthält, die die Frage der Verfassungskonformität geradezu aufdrängen und gegen die schwerwiegende verfassungsrechtliche Einwände bestehen. Daraus folgt zugleich eine langjährige Rechtsunsicherheit, bis eine Entscheidung des Bundesverfassungsgerichts über die Verfassungskonformität ergeht.

Aus diesem Befund folgt zugleich ein wichtiger Widerspruch zu den Empfehlungen der Kommission „Wachstum, Strukturwandel und Beschäftigung", die eine Verständigung mit den Kraftwerksbetreibern einschließlich eines Konsenses über Entschädigungsregelungen empfohlen hatte.

Die Prüfung der Verfassungskonformität der nachstehend behandelten Elemente des Gesetzentwurfs in dessen Begründung ist oberflächlich und behandelt wesentliche Gesichtspunkte nicht. Dies ist in Anbetracht der großen Bedeutung des Gesetzentwurfs in rechtlicher, wirtschaftlicher und ökologischer Hinsicht bedauerlich sowie schwer verständlich. Das Gesetz ist im Juli 2020 mit für die hier vorgenommene Analyse nicht ausschlaggebenden Änderungen in Kraft getreten, so dass die vorgelegte Bewertung ihre Praxisrelevanz nicht verliert. Die Analyse beschränkt sich auf den Gesetzentwurf vom 29.01.2020.

II. Abhängigkeit des Umfangs der Stilllegung von Steinkohlekraftwerken von der vertraglichen Verständigung über den Umfang der Stilllegung von Braunkohlekraftwerken

Der Gesetzentwurf erstrebt einen sukzessiv erfolgenden ständigen Rückgang der Kohleverstromung bis zu deren endgültiger Beendigung im Jahr 2038. Es bedarf keiner besonderen Begründung, dass Braunkohlekraftwerke und Steinkohlekraftwerke hierfür jeweils einen angemessenen Beitrag leisten müssen, der im Vergleich untereinander gerecht ist. Zwar gibt der Gesetzentwurf hierfür für verschiedene Jahre bis zum Jahr 2038 Eckwerte vor, macht aber den Umfang notwendiger Stilllegung von Steinkohlekraftwerken von dem Umfang der vertraglich zu vereinbarenden Stilllegung für Braunkohlekraftwerke abhängig. Dies geschieht, indem das von Jahr zu Jahr zurückgehende gesetzlich akzeptierte Volumen der Kapazität beider Kraftwerksarten sich für Steinkohlekraftwerke aus der Differenz zwischen dem gesetzlich für jedes Jahr vorgegebenen noch akzeptierten Gesamtumfang an Kraftwerkskapazität für Kohlekraftwerke unter Abzug der vertraglich zu findenden Regelung für die Stilllegung der Braunkohlekraftwerke ergibt. Zwar enthält die Anlage zum Gesetz einen auf jeden Kraftwerksblock ausgerichteten Plan für die Stilllegung von Braunkohlekraftwerken. Die Gesetzesbegründung stellt jedoch ausdrücklich klar, dass dieser Plan nicht verbindlich ist, sondern ein verbindlicher Zeitplan erst durch die noch im Verhandlungsstadium befindlichen vertraglichen Vereinbarungen erreicht wird.

Daraus folgt, dass die Stilllegung von Steinkohlekraftwerken und von Braunkohlekraftwerken nicht gleichrangig parallel, insbesondere unter Berücksichtigung des jeweiligen Umfangs an CO_2-Emissionen erfolgt. Die Steinkohlekraftwerke haben zusätzlich das Volumen an Stilllegung zu erbringen, das die bilateral verhandelte Stilllegung von Braunkohlekraftwerken nicht erreicht hat. Je ungünstiger in zeitlicher Hinsicht die Stilllegungstermine für Braunkohlekraftwerke ausfallen, umso umfassender muss die Stilllegung von Steinkohlekraftwerken erfolgen, um die gesetzlich vorgegebenen Höchstgrenzen gemeinsamer Kraftwerkskapazität in den jeweils relevanten Jahren zu erreichen. Dieser Einfluss der Vertragsabsprachen über die Stilllegung von Braunkohlekraftwerken auf das seitens der Betreiber der Steinkohlekraftwerke zu erbringende Stilllegungsvolumen macht letztere bei unzureichenden Ergebnissen für den Sektor Braunkohle zu Ausfallbürgen für die Erreichung des gesetzlich vorgegebenen gesamten Stilllegungsvolumens. Umgekehrt reduziert eine umfangreiche Stilllegung von Braunkohlekraftwerken das verbleibende Stilllegungsvolumen für Steinkohlekraftwerke in den Auktionsverfahren. Dies begründet die Gefahr, hier keinen Zuschlag zu erreichen und dadurch in die Phase der entschädigungslosen Reduktion verwiesen zu werden. Sachgerecht ist hingegen eine Regelung für beide Kraftwerkstypen, die unabhängig voneinander einen angemessenen Beitrag zur Erreichung der Klimaschutzpolitik verlangt und einer Seite nicht zusätzliche Stilllegungen aufbürdet, die sich aus geringen Stilllegungen der anderen Kraftwerkssparte ergeben. Hierbei handelt es sich nicht nur um eine theoretisch mögliche Konsequenz der Gesetzeskonzeption. Vielmehr sind konkrete Auswirkungen bereits deutlich.

III. Gesetzliche Konzepte zur Stilllegung von Kraftwerken

Der Gesetzentwurf sieht grundlegend unterschiedliche Konzepte für die sukzessive Beendigung der Stromerzeugung aus Braunkohlekraftwerken und aus Steinkohlekraftwerken auf der einen Seite sowie auch unterschiedliche Vorgaben für die Stilllegungen innerhalb der Gruppe der Steinkohlekraftwerke auf der anderen Seite vor.

Für Braunkohlekraftwerke werden die Regelungen auf vertraglicher Basis aufgrund einer ausdrücklichen Ermächtigung in dem Gesetzentwurf gefunden. Daraus resultiert bereits ein erheblicher Einfluss der Kraftwerksbetreiber. Für Steinkohlekraftwerke gibt es keine vertraglichen Vereinbarungen, weil sie nach Auffassung der Bundesregierung wegen der Vielzahl der Kraftwerksbetreiber mit unterschiedlichen Interessen nicht praktikabel sind, während für den Sektor Braunkohle bei nur wenigen betroffenen Unternehmen eine solche Regelung aus politischer Sicht leichter erreichbar ist. Auch wenn diese Unterschiede bestehen, ist die daraus resultierende Ungleichbehandlung mit den deutlich geringeren Möglichkeiten der Einflussnahme der Betreiber von Steinkohlekraftwerken auf das Stilllegungsprogramm im Vergleich zur Mitwirkung der Betreiber der Braunkohlekraftwerke erheblich. Dies führt zu Ungleichbehandlungen zwischen beiden Kraftwerkstypen zulasten der Steinkohlekraftwerke, insbesondere im Hinblick auf Entschädigungsleistungen des Staates.

1. Auktionsverfahren

Für den Sektor der Steinkohlekraftwerke gilt bis zum Jahr 2026 ein besonderes Auktionsverfahren. Die Kraftwerksbetreiber haben die Möglichkeit, nicht aber die Verpflichtung, daran teilzunehmen und Gebote unter Berücksichtigung gesetzlich vorgegebener Höchstpreise für die Stilllegung einzelner Kraftwerksblöcke abzugeben. Diesen Gebotspreisen wird der Umfang der aus dem Kraftwerksbetrieb resultierenden CO_2-Emissionen gegenübergestellt, um so zu ermitteln, mit welchen Stilllegungen zu günstigsten Preisen die höchsten Reduzierungen für CO_2-Emissionen erreicht werden. Nach diesen Kriterien erfolgt der Zuschlag. Ab dem Jahr 2027 gilt dieses Verfahren nicht mehr. Es wird durch die gesetzliche Reduzierung der Steinkohleverstromung ersetzt, indem die Bundesnetzagentur nach gesetzlichen Vorgaben die außer Betrieb zu nehmenden Steinkohlekraftwerke durch Erlass belastender Verwaltungsakte verfügt. Die Auswahl zur Erreichung der jährlichen Zielwerte für die still zu legende Kapazität geschieht nach einer Altersreihung. Aufgrund ausdrücklicher gesetzlicher Vorgabe erfolgt diese Stilllegung entschädigungslos.

a) Verfehlte zeitliche Begrenzung der Auktionsverfahren

Konzeptionell wie hinsichtlich der Entschädigungsregelung unterscheiden sich Auktionsverfahren und die behördlich verfügte gesetzliche Reduktion grundlegend. Dies wirft die Frage auf, warum Ausschreibungsverfahren nur bis zum Jahr 2026 praktiziert werden sollen und danach ausschließlich die gesetzliche Reduktion gilt. Der Gesetzentwurf gibt hierfür keine Begründung. Gerade die aufgezeigten grundlegenden Unterschiede zwischen beiden Konzepten erfordern jedoch einen Sachgrund für ein solches Vorgehen. Wenn der Gesetzgeber es für vorteilhaft erachtet, die politisch vorgegebene Reduzierung der Kohleverstromung durch Ausschreibungsverfahren zu regeln, mit wettbewerblichen Elementen aufgrund der Entscheidungsfreiheit der Kraftwerksbetreiber hinsichtlich der Teilnahme und der unter Beachtung der Höchstpreise abgegebenen Gebote, stellt sich die Frage, weshalb diese Vorzüge auf der Zeitachse ab dem Jahr 2027 plötzlich verloren gehen. Hierfür gibt es keine Sachgründe, sodass es nicht verwundert, dass sich der Gesetzentwurf noch nicht einmal um eine Begründung bemüht.

Insoweit lässt sich auch nicht als Sachgrund die Sorge anführen, dass bei einer längerfristigen Geltung der Auktionsverfahren infolge der Freiwilligkeit der Teilnahme die Gefahr bestünde, die gesetzlichen Vorgaben für die Reduktion der Kraftwerkskapazität auf der Zeitachse nicht zu erreichen. Zu einer derartigen Verfehlung des Gesetzeszieles kann es nicht kommen, weil nach der Konzeption des Gesetzes (abgesehen von der Startphase) eine durch die Auktionsverfahren nicht erreichte gesetzlich vorgegebene Reduzierung von Kraftwerkskapazität über die insoweit subsidiär geltende gesetzliche Reduktion durchgesetzt wird. Dadurch sind nach dem vorgelegten Gesetzentwurf etwaige Lücken ausgeschlossen, die die Auktionsverfahren als Ergebnis aufweisen können. Dies würde auch bei einer langfristigen Geltung der Auktionsverfahren jenseits des Jahres 2026 gelten und damit ebenso wie für die Zeit zuvor eine Verfehlung der Gesetzesziele ausschließen. Somit gibt es keine Begründung für den völligen Ausschluss der Auktionsverfahren ab dem Jahr 2027.

Die damit verbundene Zäsur infolge des Konzeptwechsels für den Ausstieg aus der Steinkohleverstromung wirkt auch dadurch besonders schwerwiegend, dass es nur im Rahmen der Auktionsverfahren einen Rechtsanspruch auf Zahlung eines in dem Gesetzentwurf so bezeichneten Steinkohlezuschlages gibt. Demgegenüber schließt das Gesetz für die Geltung der gesetzlichen Reduktion jeden Entschädigungsanspruch aus. Dieser grundlegende wirtschaftlich bedeutende Umstand verhindert Konsequenzen für die Akzeptanz der gesetzlichen Regelung und ihre Verfassungskonformität. Betrachtet man den gesamten Zeitraum für die Umsetzung des Gesetzes in den Jahren 2020–2038, zeigt sich, dass die Auktionsverfahren nur sieben Jahre und die gesetzliche Reduktion zwölf Jahre (subsidiär sogar darüber hinaus auch für die ersten Jahre) gelten, woraus sich die Dominanz der gesetzlichen Reduktion ergibt. Dies ist rechtspolitisch nicht nachvollziehbar und verfassungsrechtlich wegen der unterschiedlichen Entschädigungsregelungen inakzeptabel.

b) *Verfehlte Anreize zur vorzeitigen Stilllegung moderner Kraftwerke*

Im Widerspruch zu dem Aspekt des Klimaschutzes kann sich ein Anreiz für die Betreiber moderner Kraftwerke mit im Vergleich zu älteren Kraftwerken geringeren spezifischen CO_2-Emissionen ergeben, diese zur Erlangung einer angemessenen Entschädigung mittels Auktionsverfahren vorzeitig stillzulegen, anstatt zunächst die älteren Kraftwerke außer Betrieb zu nehmen. Zwar ist nicht zu verkennen, dass ein längerer Betrieb neuer Kohlekraftwerke höhere Betriebsergebnisse als eine vorzeitige Stilllegung ermöglicht. Dies ändert jedoch nichts an dem Umstand, dass eine Entschädigung für die Stilllegung nur in den ersten Jahren des Ausstiegs aus der Kohle und deren Ausschluss für die Zeit danach einen Anreiz gibt, moderne Kraftwerke vorzeitig stillzulegen um das Ergebnis einer entschädigungslosen Stilllegung zu vermeiden. Für die Zielsetzung eines wichtigen Beitrages zum Klimaschutz, der Grundlage des Gesetzes ist, kann ein derartiger Anreiz nur als politisch verfehlt bewertet werden.

c) *Inakzeptable Regelungen im Rahmen der Auktionsverfahren*

Auch inhaltlich weisen die Auktionsverfahren einzelne negativ zu bewertende Konzeptelemente auf. Hierzu zählt die Behandlung der Systemrelevanz. Nehmen Steinkohlekraftwerksbetreiber an Gebotsverfahren teil, die für die Sicherheit der Elektrizitätsversorgung von besonderer Bedeutung sind, wird das Gebot (also der erstrebte staatliche Preis als Gegenleistung für die vorzeitige Stilllegung) um einen Zusatzbetrag (Netzzuschlag) erhöht. Dies hat zur Folge, dass die Erfolgsaussichten für eine Akzeptanz des Gebotes im Vergleich zu den Geboten anderer Kraftwerksbetreiber deutlich sinken, wenn deren Kraftwerke keine Systemrelevanz aufweisen. Im Ergebnis kann dies dazu führen, insbesondere wenn es um die Teilnahme an Gebotsverfahren in zeitlicher Nähe des anschließend geltenden Verfahrens der gesetzlichen Reduktion geht, dass der betroffene Kraftwerksbetreiber eine Stilllegung seines Kraftwerks im Wege einer erfolgreichen Teilnahme am Gebotsverfahren mit Entschädigung nicht erreicht und die Stilllegung des Kraftwerkes daher später entschädigungslos im Rahmen der gesetzlichen Reduktion erfolgt. Ein solches Ergebnis ist aus Sicht der betroffenen Kraftwerksbetreiber völlig inakzeptabel, weil der wichtige Beitrag betroffener Kraftwerke für die Sicherheit der

Elektrizitätsversorgung durch die spätere entschädigungslose Stilllegung im Rahmen der gesetzlichen Reduktion in wirtschaftlicher Hinsicht bestraft wird.

d) Problematische Höchstpreise für Gebote

Eine weitere fragwürdige Regelung für das Auktionsverfahren besteht im Hinblick auf die Höchstpreise. Der Gesetzentwurf sieht vor, dass für die jeweiligen Jahre der Gebotsverfahren unterschiedliche Höchstpreise vorgegeben werden, die die Teilnehmer an den Auktionsverfahren für ihre Gebote einzuhalten haben. Liegen die Gebote höher, werden sie aufgrund gesetzlicher Regelung durch die niedrigeren Höchstpreise ersetzt. Damit soll die Staatskasse vor überhöhten Entschädigungszahlungen geschützt werden. Der Gesetzentwurf gibt keine Hinweise, wie die auf der Zeitachse degressiv gestalteten Höchstpreise gefunden wurden. Die Sachgerechtigkeit der Werte ist nicht nachvollziehbar.

Darüber hinaus fällt negativ ins Gewicht, dass die Höchstpreise nicht etwa auf das Alter der Kraftwerke abstellen, indem sie mit zunehmendem Alter degressiv ausgestaltet sind, sondern allein auf die jeweiligen Gebotsjahre. Aufgrund dieser Vorgabe gelten identische Höchstpreise für Kraftwerke mit sehr unterschiedlichem Alter und altersbedingt unterschiedlichen restlichen Restwerten, wenn sie nur an den Gebotsverfahren für dasselbe Jahr teilnehmen. Orientieren sich mehrere Kraftwerksbetreiber mit ihren Geboten genau an dem Höchstwert, so führt dies dazu, dass Kraftwerke mit unterschiedlichem Alter und mit unterschiedlichem Restwert im Falle erfolgreicher Teilnahme an den Gebotsverfahren eine identische Entschädigung je MW installierte Kraftwerksleistung erhalten. Dieses Ergebnis ist weder ökonomisch noch rechtlich vermittelbar.

An der vorstehenden Bewertung ändert der Umstand nichts, dass sich die Kraftwerksbetreiber in freier Entscheidung an dem Gebotsverfahren beteiligen, da es keine Pflicht zur Beteiligung gibt. Darin liegt kein Verzicht auf mögliche Rügen rechtlicher Defizite. Die Beteiligung an dem Gebotsverfahren ist unter Berücksichtigung des gesamten Regelungskonzeptes des Kohleausstiegsgesetzes nur scheinbar freiwillig, da das Gesetz im Ergebnis zur Stilllegung aller Kohlekraftwerke zwingt. Die Betreiber erfahren einen wirtschaftlichen Druck zur Teilnahme an den Auktionsverfahren, da anderenfalls die entschädigungslose gesetzliche Reduktion droht.

2. Gesetzliche Reduktion

a) Rechtspolitische Mängel der gesetzlichen Reduktion

Im Rahmen der gesetzlichen Reduktion für den Ausstieg aus der Steinkohleverstromung erfolgt eine Altersreihung der Kraftwerke nach dem Datum der

Inbetriebnahme, mit der Folge, dass Kraftwerke nach ihrem Alter vorzeitig stillgelegt werden. Lediglich im Falle von Nachrüstungen, die unter Beachtung der insoweit gesetzlich aufgestellten ökonomischen Kriterien vorgenommen wurden, kann im Wege gesetzlicher Fiktion eine Verschiebung des Inbetriebnahmedatums erfolgen, sodass das betreffende Kraftwerk als später in Betrieb gegangen behandelt wird, verglichen mit dem tatsächlichen Beginn der Inbetriebnahme. Hinter dieser gesetzlichen Konzeption steht die These, dass sich das Alter eines Kraftwerks und der Umfang seiner CO_2-Emissionen in dem Sinne entsprechen, dass ältere Kraftwerke stets einen spezifisch höheren Ausstoß aufweisen. Diese These ist nicht belegbar, da auch andere technische Vorgaben für den Umfang an CO_2-Emission relevant sind.

Im Rahmen der Auktionsverfahren wird für die Auswahl der erfolgreich am Verfahren teilnehmenden Kraftwerke maßgeblich auf die tatsächlichen (gemessenen und belegten) CO_2-Emissionen abgestellt. Dies wirft die Frage auf, weshalb im Rahmen der gesetzlichen Reduktion für die Stilllegung von Steinkohlekraftwerken nicht entsprechend verfahren wird, anstatt die angreifbare pauschale These aufzustellen, dass ältere Kraftwerke stets höhere CO_2-Emissionen aufweisen als jüngere Kraftwerke.

Besonders deutlich wird die Fragwürdigkeit dieses Ansatzes für solche Kraftwerke, die zwar umweltschutzorientierte Nachrüstungs-Investitionen erfahren haben, welche jedoch die gesetzlich vorgegebene quantitative Schwelle für eine Verschiebung des insoweit relevanten Datums der erstmaligen Inbetriebnahme des Kraftwerks nicht erreichen. Führen solche Investitionen zu einer Reduzierung der CO_2-Emission im Vergleich zu Kraftwerken, die zu demselben Zeitpunkt erstmalig ohne entsprechende nachträgliche Investitionen in Betrieb genommen wurden, erfolgt eine sachwidrige Ungleichbehandlung.

b) Vernachlässigung der Belange Dritter

Völlig vernachlässigt wird im Rahmen der gesetzlichen Reduktion der Umstand, in welcher Art und Weise Dritte von einer vorzeitigen Stilllegung der Kraftwerke betroffen werden. Zwar gibt es insoweit auch im Rahmen der Auktionsverfahren keine Sonderregelung. Hier ist jedoch der Kraftwerksbetreiber in der Lage, auf derartige Gegebenheiten bei seiner Entscheidung über das Vorgehen zu achten. Für die gesetzliche Reduktion hingegen stellt sich die aufgeworfene Frage stets, weil sie ohne Einfluss der Kraftwerksbetreiber durch Entscheidung der Bundesnetzagentur auf der Grundlage der Altersreihung erfolgt.

Eine besondere Betroffenheit Dritter kann sich einerseits aus langfristigen Stromlieferungsverträgen ergeben, die infolge vorzeitiger Stilllegung des

Kraftwerks nicht mehr erfüllbar sind, und andererseits bei der gemeinsamen Produktion von Kraft und Wärme im Rahmen der Kraft-Wärme-Kopplung für Prozesswärme und für Raumwärme. Während für den Elektrizitätsbezug bei Ausfall der Lieferung aus einzelnen Kraftwerken regelmäßig Alternativen für die Strombeschaffung bestehen, ist dies für die Wärmeversorgung nicht der Fall. Insoweit gibt es keinen Verbundbetrieb und im näheren räumlichen Umfeld stehen regelmäßig bei Ausfall der Anlage, die bisher die Wärme geliefert hat, keine anderen Anlagen zur Verfügung. Dies kann im Ergebnis dazu führen, dass zahlreiche private und gewerbliche Kunden insbesondere in großflächigen Fernwärmegebieten ihren Wärmebedarf nicht mehr decken können und auf andere Wärmequellen (Gas, Mineralöl) ausweichen müssen. Auf diese Weise greift das Gesetz auch in deren Belange ein.

Zugleich ergibt sich eine Kollision zwischen der vorzeitigen Stilllegung von Kraftwerken mit Kraft-Wärme-Kopplung aus Gründen des Klimaschutzes auf der einen Seite und der Förderung der Kraft-Wärme-Kopplung ebenfalls als Klimaschutzgründen auf der anderen Seite. Dies ist energie- und umweltpolitisch nicht sinnvoll.

Zur Vermeidung derartiger Widersprüche und der Schutzlosigkeit Dritter hinsichtlich der Folgen vorzeitiger Kraftwerksstilllegungen sind im Gesetz bisher nicht vorgesehene Sonderregelungen erforderlich. Zwar gibt es die Möglichkeit einer zeitlichen Verschiebung der Stilllegung von Steinkohlekraftwerken im Rahmen der gesetzlichen Reduktion gegenüber dem Zeitpunkt, der sich aus der Altersreihung ergibt, wenn es sich um besondere Härtefälle mit nicht zumutbaren Folgen für die Kraftwerksbetreiber handelt. Die Gesetzeskonzeption stellt jedoch nur auf unzumutbare Härten für die Betreiber selbst ab, nicht aber auf die Konsequenzen für Dritte. Daher ist es nicht gesichert, dass Kraftwerksbetreiber mit dieser Argumentation eine Verschiebung des Stilllegungstermins erreichen können. Dies ist jedoch nötig, um angemessene Übergangszeiträume für eine Neuregelung der Wärmebedarfsdeckung zu finden und zu vermeiden, dass vorzeitige Kraftwerksstilllegungen über den Eingriff in die betroffenen Anlagen hinaus auch in Anlagen Dritter für die Wärmebedarfsdeckung eingreifen und erhebliche Investitionen erforderlich machen.

Abgesehen von diesem Aspekt ist die in dem Gesetzentwurf vorgelegte Fassung für unzumutbare Härten nicht hinreichend präzise. Sie lässt nicht erkennen, welche Fälle damit erfasst werden sollen. Daraus resultieren eine erhebliche Rechtsunsicherheit, die Gefahr von Ungleichbehandlungen sowie von langwierigen gerichtlichen Auseinandersetzungen.

3. Ordnungspolitisch fragwürdige Pflichten zur Umrüstung

Der Gesetzentwurf sieht die Befugnis der Übertragungsnetzbetreiber vor, bei Systemrelevanz an sich still zu legender Kohlekraftwerke eine Umrüstung zu verlangen. Kraftwerke stehen als Folge der wettbewerblichen Ordnung der Elektrizitätswirtschaft im Wettbewerb zueinander. Anders als im Falle von Investitionen im Monopolsektor, z.B. in Netze nach § 11 Abs. 1 EnWG, bilden staatlich vorgegebene (und hier auf Übertragungsnetzbetreiber delegierte) Befugnisse zur Auferlegung von Investitionspflichten einen ordnungspolitischen Fremdkörper im Wirtschaftsrecht.

IV. Verfassungswidrige Regelung der Entschädigung für Stilllegungen

Die zuvor beschriebenen konzeptionellen Mängel des Gesetzentwurfs sind erheblich. Besonders schwerwiegend sind jedoch Bedenken gegen die bisher vorgelegte Regelung für die Zubilligung oder Versagung von Entschädigungen für vorzeitige Kraftwerksstilllegungen. Sie sind offensichtlich ungerecht und verfassungsrechtlich in verschiedener Hinsicht nicht akzeptabel.

Für Braunkohlekraftwerke sieht der Gesetzentwurf für Stilllegungen bis zum Jahr 2029 eine Gewährung von Entschädigung vor, soweit es sich um Anlagen mit einer Leistung oberhalb von 150 MW handelt. Dies gilt für die gesamte Phase des Ausstiegs aus der Kohleverstromung bis zum Jahr 2038. Kleinere Anlagen bis 150 MW sollen die Möglichkeit erhalten, sich an dem Auktionsverfahren für Steinkohlekraftwerke zu beteiligen, mit der Folge, dass im Falle eines Zuschlages auch hier noch eine Entschädigung erreichbar ist. Entschädigungslos bleiben damit nur die Braunkohlekraftwerke mit einer Leistung bis 150 MW, soweit sie nicht oder ohne Erfolg an den Auktionsverfahren für Steinkohlekraftwerke teilnehmen.

1. Verfehlte Ungleichbehandlung von Braun- und Steinkohlekraftwerken

Die gänzlich unterschiedlichen Stilllegungskonzepte für Steinkohlekraftwerke mit Auktionsverfahren bis zum Jahr 2026 einschließlich einer Entschädigung auf der einen Seite und der entschädigungslosen gesetzlichen Reduktion ab dem Jahr 2027 für die gesamte restliche Laufzeit bis zum Jahr 2038 auf der anderen Seite gilt für Braunkohlekraftwerke nicht. Aus dieser bisherigen Gesetzeskonzeption resultiert eine Ungleichbehandlung mit einer generellen Besserstellung still gelegter Braunkohlekraftwerke im Vergleich zu still gelegten Steinkohlekraftwerken. Eine solche Ungleichbehandlung erfordert sachgerechte Gründe, die im Lichte des Art. 3 Abs. 1 GG eine hinreichende Rechtfertigung für die Ungleichbehandlung bilden. Solche Gründe liegen nicht vor.

Zwar gibt es zwischen Braunkohlekraftwerken und Steinkohlekraftwerken eine Reihe nicht zu übersehender grundlegender Unterschiede. Braunkohle ist eine heimische Energie, während Steinkohle nach Beendigung der heimischen Steinkohlegewinnung in der Bundesrepublik Deutschland ausschließlich aus dem Ausland beschafft wird. Der Betrieb von Braunkohlekraftwerken ist untrennbar mit dem Braunkohletagebau verbunden. Beides bildet technisch und wirtschaftlich eine Einheit. Die Nutzung der Braunkohle jenseits der Verstromung in Braunkohlekraftwerken ist von vernachlässigbarer wirtschaftlicher Bedeutung. Eine parallele Verklammerung der Steinkohlegewinnung mit der Steinkohleverstromung gibt es nicht. Sie ist infolge der Beendigung der heimischen Steinkohlegewinnung ohnehin ausgeschlossen. Infolge deutlich geringeren Energiegehaltes der Braunkohle gegenüber der Steinkohle sind die spezifischen CO_2-Emissionen von Braunkohlekraftwerken im Vergleich zu Steinkohlekraftwerken bei identischen Volumina der Stromgewinnung deutlich höher. Schon dieser Umstand spricht gegen eine Schlechterstellung von Steinkohlekraftwerken gegenüber Braunkohlekraftwerken in einem Klimaschutzgesetz.

Schließlich haben viele Betreiber von Steinkohlekraftwerken unterschiedliche Interessen und Rahmenbedingungen für ihre Tätigkeit, während im Bereich der Braunkohle wenige Braunkohle-Tagebaue bestehen und die Zahl der Kraftwerksbetreiber entsprechend begrenzt ist.

Auch wenn diese Unterschiede deutlich sind, resultieren daraus keine Sachgründe für eine Ungleichbehandlung, indem Betreiber von Steinkohlekraftwerken hinsichtlich der Entschädigung schlechter behandelt werden dürfen als Betreiber von Braunkohlekraftwerken. Die geringere Zahl der Betreiber von Braunkohlekraftwerken ermöglicht vertragliche Vereinbarungen, während diese Möglichkeit nach Auffassung der Politik für die Vielzahl der Betreiber von Steinkohlekraftwerken nicht besteht. Dies rechtfertigt eine unterschiedliche Handhabung in der Vorgehensweise, nicht aber in der Frage der Zubilligung von Entschädigung. Der Umstand, dass mit einem Eingriff in den Betrieb von Braunkohlekraftwerken wegen der nahezu ausschließlichen Nutzung der Braunkohle in Kraftwerken zugleich ein Eingriff in den Braunkohletagebau verbunden ist, bildet einen wichtigen Gesichtspunkt für den Umfang der Entschädigungsleistungen an die betroffenen Unternehmen, jedoch keinen Sachgrund, den Eingriff in den Betrieb von Steinkohlekraftwerken im Rahmen der gesetzlichen Reduktion entschädigungslos zu gestalten.

Somit erweist sich die Ungleichbehandlung der Betreiber von Steinkohlekraftwerken im Sinne einer Schlechterstellung gegenüber der Behandlung der

Betreiber von Braunkohlekraftwerken als verfassungsrechtlich nicht haltbar. Sie ist mit Art. 3 Abs. 1 GG nicht vereinbar und lässt sich trotz der unterschiedlichen Vorgehensweisen (Vertrag; Gesetz) nicht rechtfertigen, da in beiden Fällen der Staat den Ausstieg aus der Kohleverstromung vorgibt. Die einzige Möglichkeit für eine Beseitigung der Ungleichbehandlung ist eine Anpassung der Entschädigung für die Stilllegung von Steinkohlekraftwerken an die Regelung für die Stilllegung von Braunkohlekraftwerken. Nicht deren Entschädigung, sondern der weitgehende Ausschluss der Entschädigung für stillgelegte Steinkohlekraftwerke ist sachwidrig.

2. Verfehlte Ungleichbehandlung von Steinkohlekraftwerken in Auktionsverfahren und in der gesetzlichen Reduktion

Auch die Ungleichbehandlung von Steinkohlekraftwerken in Konsequenz der Teilnahme an den Auktionsverfahren und an der gesetzlichen Reduktion erfordert einen verfassungsrechtlich tragfähigen Grund, um nach Art. 3 Abs. 1 GG haltbar zu sein. Der Gesetzentwurf hebt darauf ab, dass über das Auktionsverfahren eine Prämie für die Bereitschaft zur frühzeitigen Stilllegung gezahlt wird, während die gesetzliche Reduktion (abgesehen von der subsidiären Geltung bei nicht hinreichenden Stilllegungen mittels der Auktionsverfahren zur Erreichung des gesetzlich insgesamt vorgegebenen jährlichen Stilllegungsvolumens) erst spätere Stilllegungen erfasst.

a) Keine Rechtfertigung wegen des Ziels möglichst zügiger Stilllegung

Wäre es das ausschließliche Gesetzesziel, den Ausstieg aus der Steinkohleverstromung so zügig wie möglich zu erreichen und hierfür Anreize zu geben, könnte dies einen Sachgrund für die Entschädigungslosigkeit erst später erfolgender Stilllegungen von Steinkohlekraftwerken bilden, soweit die Entscheidung über den Zeitpunkt der Stilllegung allein in der Kompetenz der Kraftwerksbetreiber liegt. Ein so einseitiges Ziel möglichst frühzeitiger Stilllegung der Steinkohlekraftwerke verfolgt das Gesetz jedoch aus gutem Grunde nicht, da es mit dem Ziel der Versorgungssicherheit kollidieren würde.

Der Gesetzentwurf erkennt an, dass die Verbesserung des Klimaschutzes durch deutliche Reduzierung der CO_2-Emissionen und die Versorgungssicherheit miteinander harmonisiert werden müssen. Dies wird bereits daraus deutlich, dass im Rahmen der Auktionsverfahren Obergrenzen für die jährlich zu erreichende Stilllegung von Steinkohlekraftwerken gelten. Geht die Gesamtzahl der Gebote darüber hinaus, werden nicht alle Gebote durch Zuschlag berücksichtigt, sondern nur diejenigen, bei denen die Kosten für die CO_2-Reduzierung günstig sind. Auch im Rahmen der gesetzlichen Reduktion werden die für jedes Jahr bestehenden Richtwerte für die Stilllegung der insgesamt zu erreichenden Reduzierung der Kapazität an Steinkohlekraftwerken als Obergrenzen berücksichtigt. Dies geschieht im Rahmen der Altersreihung. Daneben gibt es eine Reihe weiterer im Gesetzentwurf vorgesehener Instrumente zur Gewährleistung der Versorgungssicherheit, woraus Grenzen für Kraftwerksstilllegungen und damit Grenzen für den Umfang der durch den Ausstieg aus der Kohleverstromung erreichbaren Reduzierung von CO_2-Emissionen bestehen. Dieser Abgleich der gesetzlichen Ziele ist vor dem Hintergrund des hohen Stellenwertes der Versorgungssicherheit für das Gemeinwohl sinnvoll.

Insgesamt wird damit deutlich, dass das Kohleausstiegsgesetz aus gutem Grund gerade nicht das Prinzip verfolgt, möglichst viel Steinkohlekraftwerkskapazität in kürzester Zeit stilllegen zu lassen und hierfür wirtschaftliche Anreize zu geben. Folglich ist es kein Rechtfertigungsgrund nach Art. 3 Abs. 1 GG, die Entschädigungslosigkeit der gesetzlichen Reduktion mit dem Argument zu begründen, dass es dem Gesetz auf eine möglichst frühzeitige Stilllegung von möglichst viel Steinkohlekraftwerkskapazität ankomme, was nur über das Gebotsverfahren erreicht werde. Spricht dies schon generell gegen die Verfassungskonformität ausnahmslos entschädigungsloser gesetzlicher Reduktion, so gilt dies erst recht, soweit die subsidiäre gesetzliche Reduktion betroffen ist, die bei Unterschreiten der in dem Gesetzentwurf vorgegebenen jährlichen Gesamtwerte für die stillzulegende Kraftwerkskapazität im Rahmen der Auktionsverfahren eingreift.

Im Übrigen kann eine sachliche Rechtfertigung der Begrenzung von Entschädigungen auf die Auktionsverfahren und der Ausschluss für die gesetzliche Reduktion schon deshalb nicht erfolgen, weil es für die enge zeitliche Begrenzung der Geltung des Auktionsverfahren keine sachliche Rechtfertigung gibt, wie zuvor dargestellt.

b) Negative Auswirkungen für die bezüglich der Versorgungssicherheit systemrelevanten Kraftwerke

Ein besonderes Problem verfassungsrechtlich nicht haltbarer Ungleichbehandlung ergibt sich für den Sonderfall, dass Steinkohlekraftwerke mit Systemrelevanz infolge des Netzzuschlages einen Zuschlag auf den Gebotswert im Gebotsverfahren erhalten, wenn der kraft gesetzlicher Fiktion erhöhte Gebotswert eine Berücksichtigung und damit einen Erfolg im Gebotsverfahren verhindert, weil andere Gebote ohne einen derartigen Netzzuschlag einen Zuschlag erhalten. Führt diese Regelung dazu, dass ein solches Kraftwerk wegen Auslaufens des

Gebotsverfahrens nach dem Jahr 2026 nur noch entschädigungslos im Wege gesetzlicher Reduktion stillgelegt werden kann, wird die Systemrelevanz des Kraftwerks und damit dessen Beitrag für die Sicherheit der Elektrizitätsversorgung wirtschaftlich mit der Rechtsfolge der Entschädigungslosigkeit bestraft. Ironisch gesprochen ist der Ausschluss einer Entschädigung der normative Dank des Gesetzgebers für den Beitrag des betroffenen Kraftwerkes zur Sicherheit der Elektrizitätsversorgung. Es ist offensichtlich, dass eine so begründete Ungleichbehandlung hinsichtlich der Gewährung der Entschädigung für die vorzeitige Stilllegung weit davon entfernt ist, mit dem Grundsatz der Gleichbehandlung nach Art. 3 Abs. 1 GG vereinbar zu sein. Zwar tritt die beschriebene Wirkung nicht in jedem Falle ein, wenn infolge Systemrelevanz der Gebotswert durch einen Netzzuschlag erhöht wird. Vielmehr hängt dies maßgeblich davon ab, wie hoch die Gebotswerte anderer Betreiber von Steinkohlekraftwerken sind und ob für das betroffene Kraftwerk noch die Möglichkeit besteht, sich in einem späteren Auktionsverfahren erfolgreich zu beteiligen. Erweisen sich jedoch Steinkohlekraftwerke zu einem bestimmten Termin als sicherheitsrelevant mit der Folge, dass der Netzzuschlag eine Erhöhung des Gebotswertes auslöst, so ist bereits wegen der zeitlich ohnehin begrenzten Geltung der Auktionsverfahren bis zum Jahr 2026 realistischerweise damit zu rechnen, dass die Systemrelevanz für die gesamte Geltung des Auktionsverfahrens besteht und sich die Chance für ein erfolgreiches Gebot infolge des Netzzuschlags umfassend verschlechtert.

3. Missachtung des Vertrauensschutzes der Kraftwerksbetreiber auf die Entschädigungsregelung in § 21 Abs. 4 BImSchG

Die schwerwiegenden Bedenken gegen den Ausschluss von Entschädigungsleistungen bei Anwendung der gesetzlichen Reduktion beschränken sich nicht auf den Grundsatz der Gleichbehandlung nach Art. 3 Abs. 1 GG und der aus der Rechtsprechung des Bundesverfassungsgerichts ableitbaren Anforderungen an sachliche Gründe für eine Ungleichbehandlung. Weitere Aspekte mit verfassungsrechtlicher Relevanz kommen hinzu. Sie ergeben sich aus der gesetzlich angeordneten Unanwendbarkeit des § 21 Abs. 4 BImSchG. Nach § 21 Abs. 1 Nr. 5 BImSchG kann eine rechtmäßig erteilte Genehmigung, auch nachdem sie unanfechtbar geworden ist, ganz oder teilweise mit Wirkung für die Zukunft widerrufen werden, um schwere Nachteile für das Gemeinwohl zu verhüten oder zu beseitigen. Lässt man das Steinkohleausstiegsgesetz außer Betracht, liegen diese Voraussetzungen vor. Kraftwerke verfügen über rechtmäßig erteilte unanfechtbare Betriebsgenehmigungen. Die gravierenden Nachteile, die CO_2-Emissionen für den Klimaschutz bewirken, sind wissenschaftlich belegt und bedeuten schwere Nachteile für das Gemeinwohl. Dabei ist zu berücksichtigen, dass es neben Kraftwerken eine Vielzahl anderer CO_2-Emittenten gibt, die zusammen – auch und gerade bei einer zutreffenden weltweiten Betrachtung – zu dem Problem der Erderwärmung beitragen. Der Ausstieg aus der Kohleverstromung dient dazu, diese Nachteile zu beseitigen, zumindest aber in Zukunft ihren Eintritt zu verhüten. Damit wäre ein Widerruf der Genehmigungen auch in Anwendung des § 21 Abs. 1 Nr. 5 BImSchG möglich. Das Kohleausstiegsgesetz verfolgt dasselbe Ziel, vermeidet jedoch eine Vielzahl einzelner Verwaltungsverfahren mit anschließender Möglichkeit gerichtlicher Auseinandersetzung. In Vollzug des Kohleausstiegsgesetzes nehmen die immissionsschutzrechtlich zuständigen Behörden auf Initiative der Bundesnetzagentur den Widerruf der Genehmigung vor.

Von besonderer Bedeutung in Konsequenz eines so begründbaren Genehmigungswiderrufs ist die Vorgabe des § 21 Abs. 4 BImSchG. Erfolgt ein Widerruf der Genehmigung nach § 21 Abs. 1 Nr. 5 BImSchG, hat die Genehmigungsbehörde den Betroffenen auf Antrag für den Vermögensnachteil zu entschädigen, den er dadurch erleidet, dass er auf den Bestand der Genehmigung vertraut hat, soweit sein Vertrauen schutzwürdig ist. Der Vermögensnachteil ist jedoch nicht über den Betrag des Interesses hinaus zu ersetzen, das der Betroffene an dem Bestand der Genehmigung hat. Diese an sich zwingende Rechtsfolge wird durch das Kohleausstiegsgesetz außer Kraft gesetzt, indem sie für unanwendbar erklärt wird. Dies bedeutet Folgendes: Bei der Investitionsentscheidung für die Errichtung von Steinkohlekraftwerken musste jeder Kraftwerksbetreiber das Risiko erkennen, dass eine rechtmäßig erteilte unanfechtbare Genehmigung, die an sich eine dauerhafte Rechtsposition vermittelt, bei Vorliegen der Voraussetzungen des § 21 Abs. 1 Nr. 5 BImSchG widerrufen werden kann. Als Ausgleich für dieses Risiko hat der Gesetzgeber dem Kraftwerksbetreiber einen Entschädigungsanspruch nach § 21 Abs. 4 BImSchG zugesprochen. Beides hängt untrennbar zusammen. Das Vertrauen der Kraftwerksbetreiber, einen solchen Entschädigungsanspruch als Ausgleich für einen Entzug der Genehmigung zu erhalten, wird nicht mehr geschützt, oder – anders formuliert – die Verbindung des Risikos eines Widerrufs der Genehmigung mit dem Vorteil einer Entschädigung wird nachträglich geändert. Damit entfällt in wirtschaftlicher und rechtlicher Hinsicht ein wesentlicher Teil der Grundlage für eine Investitionsentscheidung. Der Vertrauensschutz des Investors auf die normativen Rahmenbedingungen für seine Investitionsentscheidung wird erschüttert.

Zwar gibt es grundsätzlich keinen Rechtsanspruch auf den Fortbestand einer günstigen Rechtslage. Insoweit trägt jeder, an welcher Stelle und in welchem Sachzusammenhang auch immer, das Risiko einer Verschlechterung der für ihn relevanten Rechtslage. Dieser Befund gilt jedoch nicht ausnahmslos. In dem hier analysierten Zusammenhang ist zu sehen, dass der Eigentumsschutz des Kraftwerksbetreibers nach Art. 14 GG betroffen ist. Nach der Rechtsprechung des Bundesverfassungsgerichts bedeutet der Entzug von Betriebsgenehmigungen für Steinkohlekraftwerke und das daraus resultierende Stilllegungsgebot keine Enteignung, sondern eine Inhalts- und Schrankenbestimmung nach Art. 14 Abs. 1 S. 2 GG, ausgelöst durch die Sozialbindung des Eigentums. In der Entscheidung zum Ausstieg aus der Kernenergie hat das Bundesverfassungsgericht deutlich ausgesprochen, dass staatlich verfügte Betriebsstilllegungen und die darin liegende Abweichung von einer zuvor staatlich eingeräumten Rechtsposition das betroffene Eigentum praktisch wertlos machen, woraus eine besonders intensive Auswirkung der Inhalts- und Schrankenbestimmung resultiert. Hat der Gesetzgeber bereits vor einem späteren Eingriff in die Rechtsposition eines Eigentümers als Ausgleich hierfür eine besondere Regelung getroffen, ist das Vertrauen in den Fortbestand dieser Rechtslage und damit in Entschädigungsansprüche verfassungsrechtlich geschützt. Dies hat das Bundesverfassungsgericht als Prinzip und übertragbar auf das Kohleausstiegsgesetz anerkannt (BVerfGE 143, 246 Rn. 335, 336).

4. Keine Übertragbarkeit der Rechtsprechung des Bundesverfassungsgerichts zum Ausstieg aus der Kernenergie

Für den Ausstieg aus der friedlichen Nutzung der Kernenergie hat das Bundesverfassungsgericht ausgesprochen, dass infolge der Kernenergienutzung als Hochrisikotechnologie und auch wegen der bis heute nicht abschließend geklärten Entsorgungsprobleme eine besonders intensive Sozialpflichtigkeit des Eigentums an Kernkraftwerken bestehe, die aufgrund einer energiepolitischen Neubewertung der Kernenergienutzung grundsätzlich einen entschädigungslosen Ausstieg aus der Kernenergie ermöglicht. Damit stellt sich die Frage, ob diese Rechtsprechung auf den Ausstieg aus der Kohleverstromung wegen einer auch hier bestehenden besonderen Sozialpflichtigkeit des Eigentums übertragbar ist. Wäre dies der Fall, stünde der Ausschluss der Anwendbarkeit des § 21 Abs. 4 BImSchG durch das Kohleausstiegsgesetz nicht im Widerspruch zu den Vorgaben des Eigentumsschutzes.

Eine derartige Übertragbarkeit der Rechtslage zum Ausstieg aus der Kernenergie auf den Ausstieg aus der Kohleverstromung besteht jedoch aus einer Reihe von Gründen nicht. Zunächst ist zu sehen, dass trotz der Bedeutung der Kohleverstromung für die Erderwärmung und für den Klimaschutz infolge der beträchtlichen CO_2-Emissionen das Eigentum an Kohlekraftwerken nicht mit dem Eigentum an Kernkraftwerken hinsichtlich der besonderen Sozialpflichtigkeit vergleichbar ist. Die Kohleverstromung ist eine seit etwa 100 Jahren genutzte etablierte Technik und keine Hochrisikotechnologie wie die Kernenergienutzung. Für die Kernenergie bisher ungelöste Entsorgungsprobleme gibt es für Kohlekraftwerke und hier eingesetzte Brennstoffe bis hin zu daraus resultierenden Reststoffen nicht.

Besondere Bedeutung hat darüber hinaus, dass das Atomgesetz eine mit § 21 Abs. 4 BImSchG vergleichbare Rechtslage gerade nicht enthält. Dies ist nach der Rechtsprechung des Bundesverfassungsgerichts für die Zulässigkeit entschädigungsloser Inhalts- und Schrankenbestimmungen von besonderer Bedeutung. Hat der Gesetzgeber selbst eine derartige Regelung bereits geschaffen, bevor nachträglich dem Eigentümer auf gesetzlicher Grundlage neue Inhalts- und Schrankenbestimmungen auferlegt werden, ist er an diese zuvor gesetzlich vorgenommene Regelung gebunden. Sie entfaltet Vertrauensschutz zugunsten der Inhaber der Genehmigung. Eine derartige Regelung aber enthält § 21 Abs. 4 BImSchG. Mit Erlass des BImSchG hat der Gesetzgeber bereits die Möglichkeit eines nachträglichen Entzuges die Genehmigung zur Verhütung oder Beseitigung schwerwiegender Nachteile für das Gemeinwohl erkannt und eine spezialgesetzliche Konkretisierung der verfassungsrechtlich möglichen Inhalts- und Schrankenbestimmungen geregelt. Zum Ausgleich für derartige Eingriffe in rechtmäßige bestandskräftige Genehmigungen hat der Gesetzgeber einen Entschädigungsanspruch nach § 21 Abs. 4 BImSchG geschaffen. Darin liegt im Lichte der Rechtsprechung des Bundesverfassungsgerichts zu Art. 14 GG eine Übergangsregelung oder, anders formuliert, ein Ausgleichselement für den Eigentumseingriff, auf dessen Fortbestand ein Genehmigungsnehmer, hier Kraftwerksbetreiber, vertrauen darf. Diese Rechtsprechung wird durch den Ausschluss der Anwendbarkeit des § 21 Abs. 4 BImSchG im Rahmen des Kohleausstiegsgesetzes missachtet.

5. Weitere Aspekte, abgeleitet unmittelbar aus Art. 14 GG

Aufgrund dieser Rechtslage bedarf es keiner näheren Untersuchung, ob sich jenseits der verfassungsrechtlichen Vorgaben für den Vertrauensschutz auf vom Gesetzgeber bereits geschaffene Übergangsregelungen auch nach den generell für Inhalts- und Schrankenbestimmungen gültigen Regelungen ein Entschädigungsanspruch ergibt. Dies ist infolge der gravierenden Wirkung von Kraftwerksstilllegungen und der fehlenden Übertragbarkeit der Rechtsprechung des Bundesverfassungsgerichts zum Ausstieg aus der Kernenergie auf die Stilllegung von Steinkohlekraftwerken der Fall. Etwas anderes gilt nur für solche Kraftwerke, die aufgrund ihres hohen Alters ohnehin zeitnah durch eigene Entscheidung des Betreibers stillgelegt worden wären, weil es hier an der Ursächlichkeit des staatlich vorgegebenen Ausstiegs aus der Kohleverstromung für die Kraftwerksstilllegung fehlt. Infolge des Vertrauensschutzes, der sich aus § 21 Abs. 4 BImSchG i.V.m. der Rechtsprechung des Bundesverfassungsgerichts ergibt, bedarf es keiner näheren Auseinandersetzung mit der Frage, inwieweit ein Entschädigungsanspruch auch unabhängig von dieser speziellen Rechtslage infolge der schwerwiegenden Wirkungen vorzeitiger Kraftwerksstilllegungen aus Art. 14 GG ableitbar ist.

6. Ergebnis zur Entschädigungslosigkeit

Im Ergebnis erweist sich somit die Entschädigungslosigkeit der Stilllegung von Steinkohlekraftwerken im Rahmen der gesetzlichen Reduktion als verfassungswidrig. Die Verfassungswidrigkeit ergibt sich einmal aus der Ungleichbehandlung der Entschädigungsregelungen infolge der für Braunkohlekraftwerke grundsätzlich zugebilligten Entschädigung und der Entschädigungslosigkeit der Stilllegung von Steinkohlekraftwerken im Rahmen der gesetzlichen Reduktion. Zwar bestehen Unterschiede grundlegender Art zwischen Braunkohlekraftwerken und Steinkohlekraftwerken. Sie rechtfertigen jedoch die ungleiche Behandlung der Entschädigungsfrage nicht. Aus den dargestellten Gründen kann eine Beseitigung der Ungleichbehandlung nur durch Erweiterung der Entschädigungsmöglichkeiten für die vorzeitige Stilllegung von Steinkohlekraftwerken im Rahmen der gesetzlichen Reduktion erfolgen. Nicht die Gewährung von Entschädigung für die vorzeitige Stilllegung von Braunkohlekraftwerken ist sachwidrig, sondern die Entschädigungslosigkeit der vorzeitigen Stilllegung von Steinkohlekraftwerken im Rahmen der gesetzlichen Reduktion. Abgesehen davon ist die Entschädigung für Braunkohlekraftwerke bei Inkrafttreten des Gesetzes bereits durch gesetzliche und vertragliche Regelungen verbindlich festgelegt worden. Folglich kommt eine Beseitigung der Ungleichbehandlung nur durch Anpassung der Entschädigung für Steinkohlekraftwerke an diejenige für Braunkohlekraftwerke in Betracht. Ebenso ist die Entschädigungslosigkeit der Stilllegung von Steinkohlekraftwerken im Rahmen gesetzlicher Reduktion, verglichen mit der entschädigungspflichtigen Stilllegung aufgrund von Auktionsverfahren, verfassungswidrig.

Auch wenn sich die verfassungsrechtliche Bewertung neuer Themen und Probleme, wie die Beurteilung der entschädigungslosen Stilllegung von Steinkohlekraftwerken im Rahmen der gesetzlichen Reduktion, wegen der prinzipiell größeren Offenheit verfassungsrechtlicher Problemlösungen im Vergleich zur

Anwendung einfacher Gesetze vielfach nicht eindeutig ist, besteht dieses Problem hier nicht. Weder die Ungleichbehandlung von Steinkohlekraftwerken gegenüber Braunkohlekraftwerken noch die präzise formulierte Rechtsprechung des Bundesverfassungsgerichts zum Vertrauensschutz bzgl. bereits bestehender Ausgleichs- und Übergangsregelungen für später gesetzlich neu begründete Inhalts- und Schrankenbestimmungen sind zweifelhaft und auslegungsoffen. Hält der Gesetzgeber an seiner Entscheidung für die Entschädigungslosigkeit der vorzeitigen Stilllegung von Steinkohlekraftwerken im Rahmen der gesetzlichen Reduktion fest, ist mit verfassungsrechtlichen Auseinandersetzungen über diese Frage, langjähriger Rechtsunsicherheit und einer späteren Verwerfung des Kohleausstiegsgesetzes durch das Bundesverfassungsgericht zu rechnen.

V. Einschätzung der weiteren Entwicklung

Zur Zeit des Abschlusses dieses Beitrages (10.03.2020) war die erste Lesung des Gesetzentwurfes im Deutschen Bundestag erfolgt. Erwartungsgemäß wurden zuvor die zahlreichen Einwände gegen den Gesetzentwurf durch den Bundesminister für Wirtschaft und Energie zunächst mit dem Argument zurückgewiesen, dass der Entwurf sachgerecht und verfassungskonform sei. Nicht nur seitens der betroffenen Betreiber, sondern auch aus der Politik gab es deutlichen Widerstand. Der Bundesrat schloss sich in seiner Stellungnahme zu dem Gesetzentwurf nach Art. 76 Abs. 2 GG der Kritik in wesentlichen Punkten an (Bundesratsdrucksache 51/20 vom 13.03.2020). Einige Bundesländer (u.a. die „Steinkohleländer" Nordrhein-Westfalen und Saarland) wandten sich brieflich (trotz identischer Führung der Landesregierungen durch die CDU!) an den Bundesminister für Wirtschaft und Energie mit dem Verlangen, den Gesetzesentwurf im Sinne der hier erörterten Kritikpunkte umfassend zu ändern. Der Minister selbst kündigte anlässlich der ersten Lesung im Deutschen Bundestag an, Korrekturen im Laufe des Gesetzgebungsverfahrens in die politische Diskussion einzubringen und distanzierte sich damit von seiner zuvor eingenommenen Haltung.

Es drängt sich die Prognose auf, dass in Anbetracht der schwerwiegenden verfassungsrechtlichen Mängel erst das BVerfG entscheiden wird, welche Regelungen der gesetzliche Ausstieg aus der Kohleverstromung enthalten wird.

Zur Zulässigkeit normativer Vorgaben der Mitgliedstaaten für die nationalen Energie-Regulierungsbehörden*

von Prof. Dr. Jörg Gundel, Bayreuth

I. Die Fragestellung: Zweifel an der Unionsrechtskonformität des deutschen Konzepts der normativen Regulierung der Energiemärkte

Deutschland hat die seit dem zweiten Energiebinnenmarktpaket von 2003 geltenden und durch das dritte Binnenmarktpaket von 2009 ausgebauten Vorgaben für die nationale Regulierung der Energiemärkte bekanntlich dadurch umgesetzt, dass die BNetzA mit der Aufsicht über die Netzbetreiber im Energiesektor betraut wurde;[1] bei ihren Entscheidungen hat die Behörde umfangreiche normative Vorgaben zu vollziehen, die sich teils aus dem EnWG, insbesondere aber aus Rechtsverordnungen ergeben, die auf der Grundlage von § 24 EnWG mit Zustimmung des Bundesrates durch die Bundesregierung erlassen werden.

Die Vereinbarkeit dieses normativen Rahmens der nationalen Regulierungsverwaltung mit dem Energiebinnenmarkt-Sekundärrecht ist seit einiger Zeit umstritten, weil – so der Vorwurf – durch diese Vorgaben die Befugnisse der nationalen Regulierungsbehörde unzulässig eingeschränkt würden. Ausführlich hat sich mit den Ansatzpunkten dieser Kritik eine im Frühjahr 2018 ergangene Entscheidung des OLG Düsseldorf[2] auseinandergesetzt, das die Bedenken als nicht durchgreifend angesehen hat.

---

* Durch Nachweise ergänzte Fassung des am 12.9.2019 gehaltenen Vortrags; die Vortragsform wurde weitgehend beibehalten. Spätere Entwicklungen sind in einem Postscriptum am Ende des Beitrags berücksichtigt.

1 S. das Gesetz über die Bundesnetzagentur für Elektrizität, Gas, Telekommunikation, Post und Eisenbahnen v. 7.7.2005, BGBl. I S. 1970, 2009 mit späteren Änderungen; dazu aus dieser Zeit z.B. *Schmidt*, Von der RegTP zur Bundesnetzagentur: Der organisationsrechtliche Rahmen der neuen Regulierungsbehörde, DÖV 2005, 1025 ff.; *ders.*, Umstrukturierung der Bundesnetzagentur – verfassungs- und verwaltungsrechtliche Probleme, NVwZ 2006, 907 ff.; *Scheil/Friedrich*, Ein Jahr Bundesnetzagentur – Organisation, Zuständigkeiten und Verfahren nach dem Paradigmenwechsel im EnWG, N&R 2006, 90 ff.

2 OLG Düsseldorf, 26.4.2018 – VI-5 Kart 2/16 (V), RdE 2018, 324 = EWeRK 2018, 185 m. Anm. *Strauß/Meyer*.

Daneben sind die Einwände aber auch Gegenstand eines seit 2014 von der Kommission betriebenen Vertragsverletzungsverfahrens um die deutsche Umsetzung der Richtlinien 2009/72/EG[3] und 2009/73/EG,[4] das neben den Befugnissen der Regulierungsbehörde auch andere Punkte betrifft.[5] Dieses Verfahren hat im Sommer 2018 das Stadium der Klageerhebung durch die Kommission erreicht[6] und ist derzeit unter der Rechtssachen-Nummer C-718/18 beim EuGH anhängig;[7] Schlussanträge liegen bisher nicht vor, so dass das Verfahren wohl noch einige Zeit in Anspruch nehmen wird.

Die von der Kommission gerügten anderweitigen Umsetzungsmängel wären im Fall einer Verurteilung wohl durch sehr begrenzte Eingriffe in den geltenden Rechtsrahmen korrigierbar. Die Frage der normativen Vorstrukturierung der Regulierung betrifft dagegen eine strukturelle Problematik: In der Literatur wird – nicht zu Unrecht – angenommen, dass ein Erfolg der Kommission in diesem Punkt eine „substantielle Neuausrichtung des Regulierungsrahmens im Energiesektor unumgänglich"[8] machen würde.

Die Frage, ob die normative Steuerung der Regulierung nach dem Modell des EnWG tatsächlich die Befugnisse der nationalen Regulierungsbehörde in unzulässiger Weise einschränkt, soll hier näher untersucht werden. Dabei sind insbesondere zwei Ansatzpunkte zu prüfen: Die in Art. 35 der RL 2009/72/EG (bzw. Art. 39 RL 2009/73/EG) gewährleistete Unabhängigkeit der Regulierungsbehörde (II.) und die in Art. 37 der RL 2009/72/EG (bzw. Art. 41 RL 2009/73/EG) geregelten Zuständigkeiten der Behörde (III.).

---

3 RL 2009/72/EG des Europäischen Parlaments und des Rates v. 13.7.2009 über gemeinsame Vorschriften für den Elektrizitätsbinnenmarkt und zur Aufhebung der RL 2003/54/EG, ABl. EU 2009 L 211/55.
4 RL 2009/73/EG des Europäischen Parlaments und des Rates v. 13.7.2009 über gemeinsame Vorschriften für den Erdgasbinnenmarkt und zur Aufhebung der RL 2003/55/EG, ABl. EU 2009 L 211/94.
5 Aufforderung zur Stellungnahme C(2015) 1063 final v. 26.2.2015.
6 Pressemitteilung IP/18/4487 v. 19.7.2018.
7 ABl. EU 2019 C 54/6.
8 So *Ludwigs*, Gemeinwohlverfolgung und Regulierungsrecht vor neuen Herausforderungen?, N&R 2018, 262 (263); ähnlich *Strauß/Meyer* (Fn. 2), EWeRK 2018, 196 (201): Bei Erfolg der Klage sei eine „komplette Neugestaltung des gegenwärtigen Regulierungsregimes unumgänglich".

II. Europäische Vorgaben für die Unabhängigkeit der Regulierungsbehörden

1. Die Entwicklung der sekundärrechtlichen Vorgaben

Die Vorgabe der Unabhängigkeit der Regulierungsbehörde findet sich bereits in den Regelungen des zweiten Binnenmarktpakets;[9] sie betraf aber zunächst nur die Unabhängigkeit von den Marktakteuren, d.h. von den Interessen der Elektrizitäts- und Gaswirtschaft. Die Vorgabe könnte als Selbstverständlichkeit erscheinen, angesichts der starken Präsenz der Mitgliedstaaten in den Infrastruktursektoren war sie aber doch eine notwendige Klarstellung, die zu Recht als Kernelement der europäischen Infrastrukturregulierung eingeordnet wird.[10]

Erst das dritte Binnenmarktpaket hat dann ausdrücklich auch die Anforderung der Unabhängigkeit der Regulierung von der Politik verankert; parallel dazu wurden die Vorgaben in den Bereichen Telekommunikation[11] und Eisenbahn[12] ergänzt. Die Vorgabe hat sich damit zu einem Kennzeichen der europäischen Infrastruktur-Regulierung entwickelt.[13] In jüngster Zeit wurde diese

---

9   Art. 23 Abs. 1 S. 2 der RL 2003/54/EG des Europäischen Parlaments und des Rates v. 26.6.2003 über gemeinsame Vorschriften für den Elektrizitätsbinnenmarkt und zur Aufhebung der RL 96/92/EG, ABl. EU 2003 L 176/37; Art. 25 Abs. 1 S. 2 der RL 2003/55/EG.

10 S. *Burgi*, Regulierung: Inhalt und Grenzen eines Handlungskonzepts der Verwaltung, in: FS Battis, 2014, S. 329 (338 f.), der diese Unabhängigkeit zu Recht als unverzichtbares Kernelement der Regulierung einordnet; ähnlich *Ruffert*, Grundfragen der Wirtschaftsregulierung, in: Ehlers/Fehling/Pünder (Hrsg.), Besonderes Verwaltungsrecht, Bd. I, 4. A. 2019, § 22 Rn. 27.

11 Art. 3 Abs. 3a S. 1 der RL 2002/21/EG des Europäischen Parlaments und des Rates v. 12.7.2002 über einen gemeinsamen Rechtsrahmen für elektronische Kommunikationsnetze und –dienste (Rahmenrichtlinie), ABl. EG 2002 L 108/33, in der Fassung durch die RL 2009/140/EG des Europäischen Parlaments und des Rates v. 25.11.2009 zur Änderung der RL 2002/21/EG über einen gemeinsamen Rechtsrahmen für elektronische Kommunikationsnetze und -dienste […], ABl. EU 2009 L 337/37.

12 Art. 55 Abs. 1 der RL 2012/34/EU des Europäischen Parlaments und des Rates v. 21.11.2012 zur Schaffung eines einheitlichen europäischen Eisenbahnraums, ABl. EU 2012 L 343/32.

13 Dazu z.B. *Gundel*, Konturen eines europäischen Status der nationalen (Infrastruktur-) Regulierungsbehörden: Reichweite und Konsequenz der Unabhängigkeitsvorgabe, EWS 2017, 301 ff.; nur im Postsektor gilt weiter die ursprüngliche – auf das Verhältnis zu den Marktteilnehmern beschränkte – Unabhängigkeitsvorgabe; s. auch *Socher*,

Anforderung dann auch auf weitere, im Ansatz verwandte Felder erstreckt, nämlich auf die allgemeinen Wettbewerbsbehörden der Mitgliedstaaten[14] und auf die nationale Medienaufsicht;[15] das hat Einfluss auf das heutige Thema, weil diese jüngsten Regelungen des EU-Gesetzgebers Aufschluss darüber geben können, was der EU-Gesetzgeber unter Unabhängigkeit genau versteht.[16]

Die Unabhängigkeit erhält in den drei erwähnten Sektoren eine detaillierte Absicherung durch den ausdrücklichen Ausschluss von Weisungen durch externe Instanzen,[17] Regeln zum Schutz des Leitungspersonals gegen Abberufung[18] und die Vorgabe einer angemessenen materiellen Ausstattung der Behörde.[19] Weitere Vorgaben des Sekundärrechts betreffen die Organisationsstruktur der

---

Europäisierung der Regulierungsbehörden im Energiesektor im Vergleich, DV 52 (2019), 203 (236).

14 Art. 4 der RL (EU) 2019/1 des Europäischen Parlaments und des Rates v. 11.12.2018 zur Stärkung der Wettbewerbsbehörden im Hinblick auf eine wirksamere Durchsetzung der Wettbewerbsvorschriften und zur Gewährleistung des reibungslosen Funktionierens des Binnenmarktes, ABl. EU 2019 L 11/3.

15 Art. 30–30 b der RL (EU) 2018/1808 des Europäischen Parlaments und des Rates v. 14.11.2018 zur Änderung der RL 2010/13/EU des Europäischen Parlaments und des Rates v. 10.3.2010 zur Koordinierung bestimmter Rechts- und Verwaltungsvorschriften der Mitgliedstaaten über die Bereitstellung audiovisueller Mediendienste im Hinblick auf sich verändernde Marktgegebenheiten, ABl. 2018 L 303/69; dazu *Gundel*, Die Fortentwicklung der europäischen Medienregulierung: Zur Neufassung der AVMD-Richtlinie, ZUM 2019, 131 (136 ff.).

16 Dazu noch u. IV. bei Fn. 66.

17 Art. 35 Abs. 4 lit. b ii RL 2009/72/EG, Art. 39 Abs. 2 RL 2009/73/EG; für die Telekommunikation Art. 3 Abs. 3a S. 1 RL 2002/21/EG in der Fassung der RL 2009/140/EG (Fn. 11); kategorisch zuletzt für die Eisenbahn Art. 55 Abs. 3 Unterabs. 4 RL 2012/34/EG (Fn. 12): Danach holen die Verantwortlichen „bei der Wahrnehmung der Aufgaben der Regulierungsstelle weder Weisungen von staatlichen, öffentlichen oder privaten Stellen ein noch nehmen sie welche entgegen [...]."

18 Art. 35 Abs. 5 lit. b RL 2009/72/EG, Art. 39 Abs. 5 lit. b RL 2009/73/EG: Amtszeit von 5 bis 7 Jahren mit der Möglichkeit einmaliger Verlängerung; eine Amtsenthebung ist nur bei Fehlverhalten möglich; parallel dazu (mit Variationen im Detail) für die Telekommunikation Art. 3 Abs. 3a S. 4 RL 2002/21/EG in der Fassung der RL 2009/140/EG (Fn. 11), für die Eisenbahn Art. 55 Abs. 3 RL 2012/34/EG (Fn. 12); dazu z.B. EuGH, C-424/15, ECLI:EU:C:2016:780 – Ormaetxea Garai, NVwZ 2017, 43; dazu *Bruck*, Anm. Europe 12/2016, 33 f.

19 Art. 35 Abs. 5 lit. a RL 2009/72/EG; Art. 39 Abs. 5 lit. a RL 2009/73/EG; für die Telekommunikation Art. 3 Abs. 3 S. 2 RL 2002/21/EG in der Fassung der RL 2009/140/EG (Fn. 11); für die Eisenbahnregulierung Art. 56 Abs. 5 RL 2012/34/EU (Fn. 12); dazu

Behörde: In manchen Feldern wird den Mitgliedstaaten die Möglichkeit eingeräumt, „eine oder mehrere Stellen" mit den Regulierungszuständigkeiten zu betrauen;[20] im Energiesektor ist allerdings vorgesehen, dass nur „eine einzige nationale Regulierungsbehörde" geschaffen werden darf,[21] jedoch die Benennung weiterer Stellen auf regionaler Ebene zulässig ist.[22]

2. Defizitäre Umsetzung in Deutschland durch die Zulassung von Weisungen in § 61 EnWG

Die Umsetzung der Unabhängigkeitsvorgabe im deutschen EnWG ist insofern schwierig zu verteidigen, als § 61 EnWG die Zulässigkeit der Erteilung allgemeiner ministerieller Weisungen voraussetzt, indem er ihre Veröffentlichung verlangt; die meisten Landesgesetzgeber haben für die Landesregulierungsbehörden dagegen inzwischen die Unabhängigkeit ausdrücklich normiert.[23] Der Bundesgesetzgeber hat bei der Anpassung des Eisenbahnregulierungsrechts an die Vorgaben der RL 2012/34/EG, die die Weisungsfreiheit in diesem Sektor ebenfalls explizit verankert,[24] nun erstmals den Versuch einer ausdrücklichen Umsetzung unternommen, indem er das ministerielle Weisungsrecht auf die Rechtsaufsicht beschränkt und zudem ein Klagerecht der BNetzA gegen solche Weisungen vorgesehen hat;[25] allgemeine Weisungen im Rahmen der Rechtsaufsicht sind zudem

---

EuGH, C-240/15, ECLI:EU:C:2016:608 – Autorità per le Garanzie nelle Communicazioni; dazu *Gazin*, Anm. Europe 10/2016, 35 f.

20 So für die Telekommunikation Art. 2 lit. g RL 2002/21/EG (Fn. 11); für die Post Art. 22 Abs. 1 der RL 97/67/EG des Europäischen Parlaments und des Rates v. 15.12.1997 über gemeinsame Vorschriften für die Entwicklung des Binnenmarktes für Postdienste in der Gemeinschaft und die Verbesserung der Dienstequalität, ABl. EG 1998 L 15/14, in der Fassung durch die RL 2008/6/EG zur Änderung der RL 97/67/EG im Hinblick auf die Vollendung des Binnenmarktes der Postdienste der Gemeinschaft, ABl. EU 2008 L 52/3.

21 Art. 35 Abs. 1 RL 2009/72/EG (Strom, Fn. 3) und Art. 39 Abs. 1 RL 2009/73/EG (Gas, Fn. 4).

22 Art. 35 Abs. 2 RL 2009/72/EG, Art. 39 Abs. 2 RL 2009/73/EG; im Eisenbahnsektor wird dagegen ausnahmslos „eine einzige nationale Regulierungsstelle" vorgegeben, Art. 55 Abs. 1 S. 1 RL 2012/34/EU (Fn. 12).

23 S. die Nachw. bei *Gundel* (Fn. 13), EWS 2017, 301 (305).

24 S.o. Fn. 12.

25 S. § 4 Abs. 3 (Rechtsaufsicht) und Abs. 3a (Klagerecht) des Bundeseisenbahnverkehrsverwaltungsgesetzes (BEVVG) in der Fassung des Gesetzes zur Stärkung des Wettbewerbs im Eisenbahnbereich v. 29.8.2016, BGBl. 2016 I S. 2082.

zu veröffentlichen.²⁶ Der Umsetzungsgesetzgeber geht damit – zu Recht – davon aus, dass die aufsichtsrechtliche Verpflichtung der Regulierungsbehörde auf die Einhaltung des gesetzlichen Rahmens möglich bleibt.²⁷ Das lässt sich mit der Erwägung rechtfertigen, dass ein Verweis auf die bestehenden rechtlichen Grenzen die Unabhängigkeit nicht eigenständig einschränkt,²⁸ zumal die Eröffnung des Rechtsschutzes²⁹ die Abwehr von darüber hinausgehenden Eingriffen erlaubt;³⁰ dass die Regulierungsbehörde den Mut und die Initiative aufbringen

---

26 § 4 Abs. 3 S. 1 BEVVG (Fn. 25).
27 Anders *Ludwigs*, Gesetz zur Stärkung des Wettbewerbs im Eisenbahnbereich, NVwZ 2016, 1665 (1679), der auch die Rechtsaufsicht als durch die Richtlinie ausgeschlossen ansieht; ebenso für die Bereiche Telekommunikation und Energie *ders.*, EU-rechtliche Vorgaben und nationale Gestaltungsspielräume – Behördenunabhängigkeit und Regulierungsermessen als Sicherung der effektiven Umsetzung von EU-Recht, in: Säcker/Schmidt-Preuß (Hrsg.). Grundsatzfragen des Regulierungsrechts, 2015, S. 251 (254 f.); übereinstimmend *Hermes*, in: Britz/Hellermann/ders. (Hrsg.), EnWG, 3. A. 2015, § 61 Rn. 12 f.: Vollständiger Ausschluss von Weisungen im Anwendungsbereich der Energiebinnenmarktrichtlinien; ebenso *Dechent*, Bundesanstalt für Finanzdienstleistungsaufsicht und Bundesanstalt für Finanzmarktstabilisierung – Unabhängige Behörden in der Bankenaufsicht?, NVwZ 2015, 767 (770); *Eifert*, Telekommunikationsrecht, in: Ehlers/Fehling/Pünder (Fn. 10), § 24 Rn. 141; *Szydło*, Independent Discretion or Democratic Legitimisation? The Relation between National Regulatory Authorities and National Parliaments under EU Regulatory Framework for Network-Bound Sectors, ELJ 18 (2012), 793 (802).
28 Ähnlich *Ruffert*, Die neue Unabhängigkeit: Zur demokratischen Legitimation von Agenturen im europäischen Verwaltungsrecht, in: FS Scheuing, 2011, S. 399 (412); *ders.*, in: Ehlers/Fehling/Pünder (Fn. 10), § 21 Rn. 31; *Holznagel/Schumacher*, Regulierung ohne Regierung – Zur Vereinbarkeit unabhängiger Regulierungsbehörden mit dem Demokratieprinzip, Jura 2012, 501 (506). In diese Richtung weist auch EuGH, C-240/15, ECLI:EU:C:2016:608 – Autorità per le Garanzie nelle Communicazioni, Rn. 36 f. mit dem Verweis auf Grenzen der Sonderstellung der nationalen Regulierungsbehörden im Staatsaufbau (Generalanwalt Campos Sánchez-Bordona sieht in Rn. 43 seiner Schlussanträge zu diesem Urteil eine Rechnungshofkontrolle als eindeutig zulässig an).
29 Die besondere Regelung (s. Fn. 25) ist notwendig, weil der Gesetzgeber die grundsätzliche Einordnung der BNetzA als selbständige (aber nicht rechtsfähige) Bundesoberbehörde unberührt gelassen hat; aus Sicht des Unionsrechts ist diese formale Stellung allerdings unschädlich, solange die Agentur tatsächlich mit den Instrumenten ausgestattet wird, die die effektive Verteidigung ihrer Unabhängigkeit ermöglichen.
30 Die Unabhängigkeit begründet keine Freistellung von der Pflicht zur Beachtung rechtlicher Vorgaben, so für die Verpflichtung der nationalen Datenschutzbehörden zu Beachtung von EU-Sekundärrecht EuGH, C-362/14, ECLI:EU:C:2015:650 – Schrems, JZ 2016, 360 m. Anm. *Jotzo*, Rn. 60 ff.; sie kann aber dazu führen, dass der Behörde

muss, ihre Unabhängigkeit gegenüber einer von ihr als rechtswidrig angesehenen Weisung durch Inanspruchnahme gerichtlichen Rechtsschutzes zu verteidigen, wird man ihr zumuten können.[31] Das insoweit bestehende Umsetzungsdefizit im EnWG wäre danach ohne erhebliche strukturelle Veränderungen zu beseitigen; erstaunlicherweise wird dieser Schwachpunkt der deutschen Umsetzungsgesetzgebung[32] von der Kommission bisher allerdings gar nicht angegriffen.

3. Normative Regelungen als verbotene Weisungen?

In Bezug auf die Garantie der Weisungsfreiheit könnte man aber daran denken, auch die von der Kommission beanstandeten normativen Vorgaben für die Regulierung als solche unzulässigen Weisungen einzuordnen. In diese Richtung deuten Ausführungen in den Auslegungshinweisen der Kommissionsdienststellen zu den Regulierungsbehörden aus dem Jahr 2010,[33] denen allerdings keine verbindliche Wirkung zukommt;[34] auch die Stellungnahme der Kommission im laufenden Verfahren greift diesen Gedanken auf.[35]

---

  entsprechende Klagerechte zur Ermöglichung gerichtlicher Klärung einzuräumen sind, so die Konsequenz in Rn. 65 des Urteils.
31 Zweifelnd *Ludwigs* (Fn. 27), NVwZ 2016, 1665 (1679), der die Normierung einer entsprechenden Verpflichtung zur Klage erwägt.
32 Dazu zuletzt *Socher* (Fn. 13), DV 52 (2019), 203 (232 ff.); zu den Anforderungen s. auch *Matjus*, The independence ot the national regulatory authority in the European Union energy law, in: Delvaux/Hunt/Talus (Hrsg.), EU energy law and policy issues, 2014, S. 241 ff.
33 Interpretative note on directive 2009/72/EC concerning common rules for the internal market in electricity and directive 2009/73/EC concerning common rules for the internal market in natural gas – The regulatory authorities, Commission staff working paper v. 22.1.2010, S. 14: "The core duties of the NRA as regards network tariffs do not deprive the Member State of the possibility to issue general policy guidelines which ultimatively will have to be translated by the NRA [...] the Commission's services would consider a rule setting the profit margin in the cost-plus tariff *as a prohibited direct instruction to the NRA*." (abrufbar unter: https://ec.europa.eu/energy/en/topics/markets-and-consumers/market-legislation; Hervorhebung v. *Verf.*).
34 Zur Autorität von Kommissionsmitteilungen s. allgemein *Gundel*, in: Häde/Nowak/Pechstein (Hrsg.), Frankfurter Kommentar zu EUV/GRC/AEUV, 2017, Art. 288 AEUV Rn. 113 f., speziell dann zu den Arbeitspapieren der Kommissionsdienststellen Rn. 115.
35 Aufforderungsschreiben (Fn. 5), S. 14: Die auf der Grundlage von § 24 EnWG erlassenen Rechtsverordnungen enthielten „höchst detaillierte Anweisungen an die NRB, wie die Regulierungsaufgaben wahrzunehmen sind."

Ein solches Verständnis würde allerdings nicht den im Unionsrecht üblichen Kategorien entsprechen, da auch das Unionsrecht zwischen objektiv-allgemein geltenden rechtlichen Vorgaben und adressatenbezogenen Weisungen unterscheidet. Das lässt sich z.b. im Verhältnis zwischen der Rechtssetzung durch die Union und dem Vollzug durch die Mitgliedstaaten aufzeigen: So sind z.b. die Regelungen des EU-Sekundär- und Tertiärrechts für die mitgliedstaatlichen Behörden verbindlich, ein allgemeines Weisungsrecht zu ihrer Durchsetzung kommt der EU-Kommission gegenüber den Mitgliedstaaten dagegen nicht zu.[36] Auch der Gerichtshof hat hier bisher deutlich unterschieden, indem er klargestellt hat, dass die Weisungsfreiheit eine unabhängige Behörde nicht von ihrer Bindung an das geltende Recht – das also nicht als Weisung eingeordnet wird – freistellt.[37] Normative Regelungen können damit auch nicht als „versteckte" Weisungen im Sinne des Art. 35 RL 2009/72/EG eingeordnet werden.

III. Europäische Vorgaben für die Zuständigkeiten der Regulierungsbehörden

1. Zuständigkeitszuweisungen im Sekundärrecht

Neben der Unabhängigkeitsvorgabe gemäß Art. 35 der RL 2009/72/EG sind der Regulierungsbehörde in Art. 37 der RL 2009/72/EG bestimmte Zuständigkeiten zugewiesen. Diese Zuständigkeitszuweisungen des Sekundärrechts beschränken zwar die institutionelle Autonomie der Mitgliedstaaten[38] in erheblicher Weise,[39] der EuGH hat bisher aber keine Zweifel an der Zulässigkeit solcher Vorgaben für die nationale Verwaltungsorganisation erkennen lassen. Die Vorgaben sind als Inhalt des Sekundärrechts verbindlich und werden vom Gerichtshof durchgesetzt;[40] sie können, auch soweit sie in Richtlinien enthalten sind, nicht durch

---

36 Dazu *Gundel*, Verwaltung, in: Schulze/Janssen/Kadelbach (Hrsg.), Europarecht, 4. A. 2020, § 3 Rn. 119 ff.
37 S.o. Fn. 30.
38 Dazu *Gundel* (Fn. 13), EWS 2017, 301 (303 f.); s. auch *Slautsky*, L'organisation administrative nationale face au droit européen du marché intérieur, 2018, S. 239 ff.
39 Dazu *Stöger*, Gedanken zur institutionellen Autonomie der Mitgliedstaaten am Beispiel der neuen Energieregulierungsbehörden, ZÖR 65 (2010), 247 (252 ff.); sehr kritisch *Gärditz*, Europäisches Regulierungsverwaltungsrecht auf Abwegen, AöR 135 (2010), 251 ff.
40 S. z.B. EuGH, C-560/15, ECLI:EU:C:2017:593 – Europa Way; dazu *Idot*, Anm. Europe 10/2017, 31 f., zu einem durch die italienische Telekommunikationsbehörde durchgeführten Frequenzvergabeverfahren, das durch gesetzliche Entscheidung beendet und durch eine Vergabe nach neuen Regeln ersetzt worden war.

die Berufung auf Spielräume der Mitgliedstaaten bei der Richtlinien-Umsetzung überspielt werden.[41]

Der Gerichtshof hat in der Vergangenheit zwar zugelassen, dass solche Aufgaben anderen Organen wie dem nationalen Gesetzgeber zugewiesen wurden, dies aber nur unter der Voraussetzung, dass diese Staatsorgane die Unabhängigkeitsvorgaben des Sekundärrechts in gleicher Weise erfüllen.[42] Seit diese Vorgaben auch die Unabhängigkeit von politischer Einflussnahme umfassen, dürfte diese Voraussetzung ohnehin nicht mehr erfüllbar sein.[43] Hinzu kommt, dass im Energiesektor grundsätzlich nur eine Regulierungsstelle je Mitgliedstaat zulässig ist,[44] so dass eine teilweise Aufgabenübertragung an eine andere Stelle auch diese Anforderung verletzen würde.[45]

2. Der konkrete Gehalt der Zuständigkeitszuweisung

Entscheidend ist aber, welche Aufgaben genau zugewiesen und wie diese Aufgaben zu verstehen sind; die Kommission beruft sich für ihre Bedenken vor allem auf Art. 37 Abs. 1 lit. a RL 2009/72/EG:[46] Danach ist die Regulierungsbehörde „dafür verantwortlich, anhand transparenter Kriterien die Fernleitungs- oder Verteilungstarife bzw. die entsprechenden Methoden festzulegen oder zu genehmigen." Ein damit weitgehend übereinstimmender Wortlaut findet sich bereits in Art. 23 Abs. 2 der RL 2003/54/EG: „Den Regulierungsbehörden obliegt es, zumindest die Methoden zur Berechnung oder Festlegung folgender

---

41 In diese Richtung OLG Düsseldorf, 26.4.2018 – VI-5 Kart 2/16 (V), RdE 2018, 324 (328).
42 EuGH, C-389/08, ECLI:EU:C:2010:584 – Base NV u.a., Slg. 2010, I-9073, Rn. 27: Danach „kann ein Mitgliedstaat dem nationalen Gesetzgeber die Aufgaben, die nach der Rahmenrichtlinie [...] den nationalen Regulierungsbehörden obliegen, nur dann zuweisen, wenn das Gesetzgebungsorgan bei der Wahrnehmung dieser Aufgaben die organisatorischen und funktionellen Voraussetzungen erfüllt, die diese Richtlinien für die Regulierungsbehörden aufstellen."
43 So die ausdrückliche Schlussfolgerung in Erwägungsgrund 13 S. 3 der RL 2009/140/EG (Fn. 11): „Wegen einer derartigen äußeren Einflussnahme eignen sich nationale rechtssetzende Organe nicht dazu, als nationale Regulierungsbehörde [...] zu agieren." S. auch *Szydło*, Case note, 49 CMLRev. (2012), 1141 (1148 ff.).
44 S.o. Fn. 21.
45 Der Gesetz- oder Verordnungsgeber würde damit unzulässig punktuell als (zweite) Regulierungsbehörde tätig werden, s. *Delzangles*, Anm. RJEP 8/2011, 40 (43); *Fuchs*, Zur „Regulierungsautonomie" nationaler Behörden im europäischen Telekommunikationsrecht, ZfV 2011, 943 (950).
46 Aufforderungsschreiben (Fn. 5), S. 13 ff.

Bedingungen vor deren Inkrafttreten festzulegen oder zu genehmigen: (a) die Bedingungen für den Anschluss an und den Zugang zu den nationalen Netzen, einschließlich der Tarife für die Übertragung und die Verteilung."

Die Formulierungen können auf den ersten Blick tatsächlich als Zuweisung einer Normsetzungskompetenz an die Regulierungsbehörde gelesen werden, weil die „Festlegung" von Bedingungen als – wenn auch ungewöhnliche – Bezeichnung für den Erlass von allgemein geltenden Regelungen verstanden werden kann.[47] Auf den zweiten Blick lässt die Alternativformulierung „festzulegen oder zu genehmigen" aber aufmerken: Wenn man die Regelung als Normierungszuständigkeit versteht, müsste also alternativ zur Festlegung der Regeln durch die Regulierungsbehörde eine Gestaltung zulässig sein, nach der der Gesetz- oder Verordnungsgeber der Regulierungsbehörde einen Entwurf vorlegt, den die Behörde dann genehmigen kann. Diese sehr ungewöhnliche und wenig sinnvolle Vorstellung macht deutlich, dass es bei der Formulierung nicht um die Zuweisung einer Normsetzungskompetenz geht,[48] sondern um die Zuständigkeit zur Billigung konkreter Tarife der Netzbetreiber. Bestätigt wird das durch den Erwägungsgrund 36 Satz 1 der RL 2009/72/EG, wonach „die nationalen Regulierungsbehörden [...] die Möglichkeit haben [sollten], die Tarife oder die Tarifberechnungsmethoden auf der Grundlage eines Vorschlags des Übertragungsnetzbetreibers oder des (der) Verteilernetzbetreiber(s) oder auf der Grundlage eines zwischen diesen Betreibern und den Netzbenutzern abgestimmten Vorschlags festzusetzen oder zu genehmigen."[49]

---

47 So erkennbar die Kommission, s. das Aufforderungsschreiben (Fn. 5), S. 15: „Indem es der Regierung Zuständigkeiten für die Festlegung der Übertragungs-/Fernleitungs- und Verteilungstarife [...] zuweist, verletzt das deutsche Recht die ausschließlichen Zuständigkeiten" der Regulierungsbehörde.

48 Andere Sprachfassungen des Art. 37 Abs. 1 lit. a RL 2009/72/EG legen eine Normsetzungszuständigkeit auch weniger nahe als die deutsche Version: In der englischen Fassung wird neutral von „fixing or approving [...] tariffs" gesprochen, ebenso in der französischen Fassung: „fixer ou approuver [...] les tarifs".

49 Ebenso schon Erwägungsgrund 18 der RL 2003/54/EG (Fn. 9); die Formulierung kann als deutlicher Hinweis auf das deutsche Modell der Verbändevereinbarungen verstanden werden, das auf diese Weise in modifizierter Form hätte fortgeführt werden können; dazu *Lecheler/Gundel*, Ein weiterer Schritt zur Vollendung des Energie-Binnenmarktes: Die Beschleunigungs-Rechtsakte für den Binnenmarkt für Strom und Gas, EuZW 2003, 621 (626); *Stefaniak*, Der Wettbewerb in der Energiewirtschaft zwischen staatlicher Regulierung und selbstregulativer Verantwortung, 2008, S. 78 ff. Der Kommissionsvorschlag zur späteren RL 2003/54/EG hatte noch vorgesehen, dass jeder Betreibertarif – also nicht nur die vom Betreiber verwandte Methode – genehmigt werden müßte, s. den Vorschlag für die Neufassung des damaligen Art. 22 der

Auch hier wird deutlich, dass Gegenstand der Zuständigkeit nach Art. 37 Abs. 1 lit. a 2009/72/EG Entwürfe oder Vorschläge der Netzbetreiber sind, nicht aber normative Regelungsvorgaben.[50] Die „Festlegung" ist danach als Festsetzung ohne Genehmigungsantrag des Netzbetreibers zu verstehen; wenn ein solcher Antrag vorgesehen und gestellt ist, greift stattdessen die Alternative der Genehmigung.

Dass die Zuständigkeitszuweisung bisher nicht als Kompetenz zur Normsetzung verstanden worden ist, zeigt ein im Jahr 2009 ergangenes Urteil des EuGH in einem Vertragsverletzungsverfahren gegen Schweden,[51] das die Vorgängerregelung des Art. 37 RL 2009/72/EG in Art. 23 Abs. 2 RL 2003/54/EG zum Gegenstand hatte. Interessant ist dabei weniger das konkrete Ergebnis, sondern die im Urteil wiedergegebene und von der Kommission nicht beanstandete Verteilung der Normsetzungszuständigkeiten im schwedischen Umsetzungsrecht: Dort heißt es: „Die Regierung oder, auf Ermächtigung durch die Regierung, die Netzregulierungsbehörde kann detailliertere Bestimmungen in Bezug auf die Gestaltung der Netztarife erlassen."[52]

Der EuGH kennzeichnet die Regelung des Art. 23 Abs. 2 RL 2003/54/EG in dieser Entscheidung als „System der vorherigen Genehmigung";[53] er verlangt ein „System, in dem die vorgeschlagenen Tarife vor ihrem Inkrafttreten der Regulierungsbehörde vorgelegt werden." Aus dem Zusammenhang ergibt sich eindeutig, dass es hier um die Tarifvorschläge der Netzbetreiber geht, denen durch die Vorabkontrolle Investitionssicherheit gewährleistet werden soll. Die Zuweisung der Zuständigkeit zur Verordnungsgebung an die Regierung wurde wie erwähnt nicht problematisiert; das kann zwar nicht als implizite Billigung der Gestaltung als rechtlich zulässig gewertet werden, es macht aber doch deutlich, dass die

---

RL 96/92/EG in KOM (2001) 125 v. 13.3.2001, S. 57; dazu *Lecheler/Gundel*, Staatliche Regulierung des Energiemarktes?, EWS 2001, 249 (253).

50 Dies wird nochmals bestätigt durch den Text des Art. 39 Abs. 10 RL 2009/72/EG: „Die Regulierungsbehörden sind befugt, falls erforderlich von Betreibern von Übertragungsnetzen und Verteilernetzen zu verlangen, die *in diesem Artikel genannten Vertragsbedingungen, einschließlich der Tarife und Methoden*, zu ändern, um sicherzustellen, dass sie angemessen sind und nichtdiskriminierend angewendet werden [...]." (Hervorhebung v. *Verf.*).

51 EuGH, C-274/08, 29.10.2009, ECLI:EU:C:2009:673 – Kommission/Schweden, Slg. 2009, I-10647.

52 Zitat nach Rn. 14 des Urteils.

53 Rn. 34 des Urteils.

Kommission die Zuständigkeitsvorgaben zu dieser Zeit noch anders verstanden hat als heute. Nachdem die Zuständigkeitsregelungen sich (anders als die Unabhängigkeitsvorgaben) seit 2003 kaum verändert haben, müsste die nun angenommene Normsetzungskompetenz der Regulierungsbehörde über diese Zeit unentdeckt und ungenutzt bestanden haben. Die Kommission deutet zwar an, dass das dritte Binnenmarktpaket auch hier Veränderungen bewirkt und die Stellung der Regulierungsbehörden gestärkt habe, weil diese nun ausschließlich zuständig seien, während zuvor eine Einbeziehung anderer Stellen möglich gewesen sei.[54] Diese Bemerkung dürfte sich auf die zuvor in Art. 23 Abs. 3 der RL 2003/54/EG den Mitgliedstaaten eröffnete Möglichkeit beziehen, die Regulierungsbehörde zur Vorlage von Entscheidungsentwürfen an eine andere Behörde zu verpflichten, die befugt ist, „den von der Regulierungsbehörde vorgelegten Entwurf einer Entscheidung zu billigen oder abzulehnen." Diese Möglichkeit ist tatsächlich entfallen, jedoch hat dies den Regelungsgegenstand des heutigen Art. 37 Abs. 1 lit. a RL 2009/72/EG nicht verändert; die nun weggefallene Variante bestätigt bei näherer Betrachtung auch das hier vertretene Ergebnis, wonach mit der Bestimmung nur die Zuständigkeit für die Genehmigung von Netzbetreibertarifen geregelt wird. Die schwedische Regelung, die seinerzeit unbeanstandet geblieben war, wäre nach dem heutigen Verständnis der Kommission auch nach dieser Variante nicht zu rechtfertigen, weil sie eine Normsetzung durch die Regierung ohne Beteiligung der Regulierungsbehörde erlaubt.

Für die Position der Kommission könnte allerdings ein weiteres Urteil aus dem Jahr 2009 in einem Vertragsverletzungsverfahren gegen Belgien[55] sprechen. In diesem Fall hatte der belgische Umsetzungsgesetzgeber die Zuständigkeit für die Festsetzung von besonderen Gewinnmargen für Leitungsvorhaben von nationalem oder europäischem Interesse nicht der Regulierungsbehörde, sondern der Entscheidung durch königliches Dekret zugewiesen, was der Gerichtshof als Verstoß gegen die Zuständigkeitsregelungen der RL 2003/54/EG beanstandet hat. Die Ausrichtung auf besondere Projekte spricht dafür, dass hier tatsächlich die Entscheidung in Bezug auf Einzelfälle getroffen werden sollte, also Teile einer Einzelfallentscheidung ausgekoppelt und für die Regulierungsbehörde bindend durch eine andere Stelle vorentschieden werden sollten. Mit

---

54 Aufforderungsschreiben (Fn. 5), S. 12.
55 EuGH, C-474/08, 29.10.2009, ECLI:EU:C:2009:681 – Kommission/Belgien, Slg. 2009, I-175* (abgek. Veröff.).

den normativen Regulierungsvorgaben auf der Grundlage des EnWG erscheint der Sachverhalt damit nicht vergleichbar.[56]

Ohne Erkenntniswert für den Streit um die Zulässigkeit der Regelungen des EnWG ist im Übrigen das Urteil des Gerichtshofs zum seinerzeitigen § 9a TKG zur Regulierungsfreistellung für „neue Märkte",[57] das in der Literatur hierfür teils in Bezug genommen wird:[58] Zum einen unterscheiden sich die Zuständigkeitszuweisungen im Telekommunikations- und im Energiesektor erheblich, zum anderen hatte der deutsche Gesetzgeber im dortigen Fall tatsächlich einen ganzen Bereich der Regulierungszuständigkeit entzogen. Vergleichbar wäre damit im Energiesektor eine Regelung, die bestimmte Netzbetreiber von den Zuständigkeiten nach Art. 37 RL 2009/72/EG ausnimmt; eine solche Regelung würde sicher auch gegen diese Bestimmung verstoßen, doch lassen sich die Regelungen des EnWG auch nicht im Ansatz in diese Richtung deuten.

3. Notwendigkeit von Ermessensspielräumen der Regulierungsbehörde in ihrem Zuständigkeitsbereich?

Die Stoßrichtung des Vorbringens der Kommission im laufenden Vertragsverfahren geht erkennbar dahin, dass der Regulierungsbehörde ein größerer Entscheidungsspielraum eingeräumt werden müsse. Wenn man als Zwischenergebnis zugrunde legt, dass Art. 37 Abs. 1 lit. a der RL 2009/72/EG nur die Genehmigungs- und nicht die Normsetzungszuständigkeit der Regulierungsbehörde regelt, so kann dieses Ziel trotzdem auf einer zweiten Argumentationsebene im Sinne der Kommission begründet werden: Die Argumentation müsste dann lauten, dass die Verweigerung von Ermessensspielräumen bei der Ausübung der Genehmigungszuständigkeit die Unabhängigkeit der Behörde gefährde;[59] auch dieser Aspekt findet sich in der Argumentation der Kommission.

Dagegen lässt sich zunächst einwenden, dass damit die Regelungen zur Zuständigkeit und zur Unabhängigkeit der Regulierungsbehörde vermengt

---

56 Am Präjudizcharakter zweifelnd auch *Ludwigs*, Zeitenwende der nationalen Energieregulierung?, EnWZ 2019, 160 (161), der zu Recht darauf hinweist, dass es sich um ein nur in französischer Sprache vorliegendes Urteil einer Dreierkammer des EuGH handelt, das damit auch nach der Einschätzung des Gerichtshofs keine wegweisende Bedeutung hatte; auch Schlussanträge wurden in diesem Verfahren nicht erstattet.
57 EuGH, C-424/07, 3.12.2009, ECLI:EU:C:2009:749 – Kommission/Deutschland, Slg. 2009, I-11431 = MMR 2010, 119 m. Anm. *Körber*.
58 S. *Strauß/Meyer* (Fn. 2), EWeRK 2018, 196 (200).
59 Aufforderungsschreiben (Fn. 5), S. 13 f.

werden; tatsächlich bezieht sich das Unabhängigkeitserfordernis aber auf das Handeln der Behörde in ihrem Zuständigkeitsbereich und kann diesen nicht erweitern. Schlüssig wird diese Argumentation letztlich nur, wenn Unabhängigkeit weiter verstanden wird als im hier unter II. beschriebenen (und in Art. 35 RL 2009/72/EG festgehaltenen) Sinn – nämlich als Einräumung eigener Gestaltungsmöglichkeiten für die Regulierungsbehörde, die entsprechende inhaltliche Spielräume voraussetzt.

Ein solches Regulierungskonzept ist natürlich vorstellbar, in der Literatur wird ein „regulierungsrechtlicher Gestaltungsauftrag" teils auch als Charakteristikum der Netzinfrastrukturregulierung angesehen.[60] Dieses Verständnis von Regulierung,[61] das wohl durch die US-amerikanische Regulierungstradition inspiriert ist, gehört aber nicht automatisch zum unionsrechtlichen Begriff der Regulierungsbehörde; es müsste vom Unionsgesetzgeber explizit angenommen und ausgestaltet werden. Dem Energiebinnenmarktrecht liegt ein solches erweitertes Unabhängigkeitskonzept bisher ersichtlich nicht zugrunde; das ist vor allem daran zu erkennen, dass Regelungen zur Abgrenzung der Spielräume, die der Behörde vermeintlich einzuräumen wären, nicht vorhanden sind. Dass der Behörde völlig freie Hand gelassen werden müsse, scheint schwer vertretbar; auch die Kommission nimmt dies wohl nicht an, benennt aber auch keine Maßstäbe für eine Abgrenzung von zulässigen und unzulässigen normativen Vorgaben.[62] Angesichts der detaillierten Regelungen zur Sicherung der Unabhängigkeit in Art. 35 RL 2009/72/EG[63] wäre auch zumindest an dieser Stelle ein Hinweis darauf zu erwarten, dass den Regulierungsbehörden bei Ausübung der in Art. 37 RL 2009/72/EG aufgeführten Zuständigkeiten Ermessensspielräume eingeräumt werden müssten.

Im Hintergrund des Vorgehens der Kommission steht möglicherweise auch die Befürchtung, dass die Exekutive geneigt sein könnte, Regelungen zu treffen, die insbesondere die nationalen Champions begünstigen – das ist aber eine Frage des Regelungsinhalts des nationalen Rechts, die auch direkt anhand der materiellen Gewährleistungen des Unionsrechts geprüft werden kann, zu denen der diskriminierungsfreie Marktzugang gehört.

---

60 S. z.B. *Oster*, Normative Ermächtigungen im Regulierungsrecht, 2010, insbes. S. 131 ff.
61 S. z.B. *Lepsius*, Verwaltungsrecht unter dem Common Law, 1997, S. 191 ff. (Regulierungsverwaltung als „vierte Gewalt").
62 S. das Zitat aus den Auslegungshinweisen der Kommissionsdienststellen o. Fn. 27; strikter im Sinne einer Bindungsfreiheit der Regulierungsbehörde später wohl das Aufforderungsschreiben (Fn. 5), S. 13 ff.
63 S.o. II. 1. bei Fn. 17 ff.

IV. Ausblick: Die Neufassung der Vorgaben durch die RL (EU) 2019/944

Auch der Unionsgesetzgeber scheint das extensive Unabhängigkeitsverständnis der Kommission nicht zu teilen. Das zeigt z.B. die als Teil des Clean Energy Package[64] erlassene Neufassung der Elektrizitäts-Binnenmarktrichtlinie durch die RL (EU) 2019/944,[65] die bis 31. Dezember 2020 umzusetzen ist: Hier heißt es im neu eingefügten Erwägungsgrund 87: „Durch diese Richtlinie und die Richtlinie 2009/73/EG [...] wird den Mitgliedsstaaten nicht die Möglichkeit genommen, ihre nationale Energiepolitik festzulegen und auszugestalten. Folglich könnte es – je nach der nationalen Verfassung – in die Zuständigkeit eines Mitgliedstaats fallen, den politischen Rahmen festzulegen, innerhalb dessen die Regulierungsbehörden handeln müssen, beispielsweise bei der Versorgungssicherheit. Jedoch soll mit den vom Mitgliedstaat herausgegebenen energiepolitischen Leitlinien nicht in die Unabhängigkeit oder Autonomie der Regulierungsbehörden eingegriffen werden." Der Bezug auf die Parallelrichtlinie zum Gassektor, die durch das Clean Energy Package ja nicht geändert worden ist, macht deutlich, dass es sich dabei nicht um eine neue Grenzziehung, sondern um eine deklaratorische Beschreibung des aus der Sicht des EU-Gesetzgebers bereits geltenden Standes handelt.

Eine entsprechende Absicherung findet sich auch in der erwähnten Richtlinie zur Stärkung der Wettbewerbsbehörden der Mitgliedstaaten:[66] Die Unabhängigkeit der Wettbewerbsbehörde besteht dort nach Art. 4 Abs. 2 lit. b „unbeschadet des Rechts der mitgliedstaatlichen Regierungen, gegebenenfalls Vorschriften allgemeiner Art herauszugeben, die sich nicht auf Untersuchungen einzelner Wirtschaftszweige oder bestimmte Durchsetzungsverfahren beziehen."[67]

Um aber zum Energiesektor und zur RL (EU) 2019/944 zurückzukehren: Die Unabhängigkeitsanforderungen an die Energieregulierung sind nun in Art. 57 der neuen Richtlinie aufgeführt, sie bleiben inhaltlich aber unverändert – Veränderungen hätten hier auch zu größeren Verwerfungen führen müssen, weil die Regelungen für den Gassektor wie erwähnt nicht geändert wurden. Die Zuständigkeiten sind nun in Art. 59 der Richtlinie geregelt, hier findet sich in Abs. 1 lit. a wieder

---

64 Zu ihm z.B. *Gundel*, Europäisches Energierecht, in: Danner/Theobald (Hrsg.), Energierecht (Loseblatt 101. EL 2019), EuEnR Rn. 73 ff.
65 RL (EU) 2019/944 des Europäischen Parlaments und des Rates v. 5.6.2019 mit gemeinsamen Vorschriften für den Elektrizitätsbinnenmarkt und zur Änderung der RL 2012/27/EG, ABl. EU 2019 L 158/125.
66 S.o. Fn. 14.
67 S. auch Erwägungsgrund 23 der Richtlinie.

die Zuständigkeit, „anhand transparenter Kriterien die Übertragungs- oder Verteilungstarife oder die entsprechenden Methoden oder beides festzulegen oder zu genehmigen." Der im übrigen deutlich ausgeweitete Zuständigkeitskatalog enthält auch weiterhin keine Aufgaben der Normsetzung, sondern typische Vollzugsaufgaben; auch bei den nun in Art. 59 Abs. 3 der Richtlinie (bisher Art. 37 Abs. 4 RL 2009/72/EG) geregelten Vollzugsinstrumenten ist weiterhin nur die Rede von verbindlichen Einzelfallentscheidungen, der Durchführung von Untersuchungen, der Verhängung von Sanktionen etc.; eine Kompetenz zur Normsetzung oder eine Gewährleistung von Ermessensspielräumen findet sich nicht.

V. Ergebnisse

Im Ergebnis ist festzuhalten, dass der Erlass normativer Regelungen durch den nach nationalem Recht zuständigen Normgeber (Gesetz- oder Verordnungsgeber) nicht als Eingriff in die Unabhängigkeit oder die Zuständigkeiten der nationalen Energieregulierungsbehörde eingestuft werden kann: Solche normativen Regelungen sind nicht als nach Art. 35 RL 2009/72/EG unzulässige Weisungen an die Regulierungsbehörde einzustufen, sondern gehören zu dem von ihr zu beachtenden Rechtsrahmen (o. II. 3.); der Regulierungsbehörde wird durch Art. 37 RL 2009/72/EG auch keine Normsetzungszuständigkeit zugewiesen, in die der nationale Gesetz- oder Verordnungsgeber eingreifen würde, sondern die Zuständigkeit zur administrativen Kontrolle der Netzbetreiber-Tarife (o. III. 2.). Schließlich kann auch aus einer Verbindung von Art. 35 und Art. 37 RL 2009/72/ EG nicht abgeleitet werden, dass der Regulierungsbehörde bei der Ausübung dieser administrativen Kontrolle Ermessensspielräume eingeräumt werden müssten, die durch die staatliche Normsetzung verletzt werden können (o. III. 3.). Eine Ausnahme von diesen Befunden wäre nur anzuerkennen, wenn die staatliche Regelung den Bereich der abstrakten Normsetzung verlassen und der Regulierungsbehörde konkrete Einzelfallentscheidungen vorgeben würde.[68]

Wenn der EuGH hier doch zu einem anderen Ergebnis kommen sollte, würde man sich allerdings tatsächlich grundsätzliche Gedanken über eine Neuordnung der deutschen Energieregulierung machen müssen. In welche Richtung diese Neuordnung gehen könnte, würde aber nicht nur vom Ergebnis, sondern auch von der Begründung der Entscheidung abhängen und ist damit im Moment doppelt spekulativ: Die teils erwogene Verlagerung der Regelungsinhalte von der Verordnungs- auf die Gesetzesebene wäre als Abhilfe denkbar, wenn der Gerichtshof die normativen Vorgaben des Verordnungsrechts als unzulässige Weisungen der Regierung einstufen würde. Sie könnte aber nicht helfen, wenn der EuGH generell die Unabhängigkeit der

---

68 Für ein solches Beispiel s.o. Fn. 40.

Behörde durch normative Vorgaben berührt sehen würde, denn dann wäre es gleichgültig, ob die Eingriffe von der Legislative oder der Exekutive ausgehen;[69] in diesem Fall müsste der Regulierungsbehörde dann wohl tatsächlich ein eigener Spielraum eingeräumt werden, der von ihr ggf. normativ zu füllen wäre. So weit ist es aber noch nicht gekommen; im Gegenteil gibt es – wie gesehen – gute Gründe dafür, von der Vereinbarkeit des bestehenden Systems der normativ vorstrukturierten Regulierung mit den Vorgaben der Binnenmarktrichtlinien auszugehen.

Postscriptum:

Während die Entscheidung des EuGH weiter aussteht – auch die Schlussanträge lagen im Sommer 2020 nicht vor –, hat der BGH im Oktober 2019[70] über die Beschwerde gegen die Entscheidung des OLG Düsseldorf[71] entschieden. In seinem Beschluss äußert der BGH dabei deutliche Zweifel an den Vorstellungen der EU-Kommission zur Reichweite der Unabhängigkeitsvorgabe; er läßt die Frage aber offen, weil die Voraussetzungen einer Direktwirkung der Richtlinien nicht gegeben seien und damit der konkrete Inhalt der Richtlinien, dessen Ermittlung eine Vorlage nach Art. 267 Abs. 3 AEUV nötig gemacht hätte, nicht entscheidungserheblich sei. Für dieses Ergebnis stellt der BGH darauf ab, dass die betroffenen Bestimmungen der Richtlinien nur Zuständigkeitsbestimmungen seien, die nicht zugunsten Einzelner wirkten und auf die sich der Einzelne daher auch nicht im Sinn der Direktwirkungs-Rechtsprechung berufen könne.[72] Für die Regulierungspraxis hat diese rasche Entscheidung den Vorteil, dass die Unsicherheit über die Anwendbarkeit des deutschen Regulierungsregimes in der Zeit bis zur Entscheidung des Gerichtshofs im Vertragsverletzungsverfahren beseitigt ist, die im Fall einer Vorlage fortbestanden hätte. Ob die Begründung für den Ausschluss der Direktwirkung im konkreten Fall tatsächlich trägt, erscheint allerdings zweifelhaft, nachdem die Unabhängigkeitsvorgabe durchaus den Zweck haben dürfte, die Interessen der Marktbeteiligten zu schützen; auch diese Einordnungsfrage hätte wohl gemäß Art. 267 Abs. 3 AEUV dem EuGH vorgelegt werden müssen, nachdem sie jedenfalls nicht mit der nötigen Eindeutigkeit[73] in dem vom BGH gewählten Sinn zu entscheiden ist.

---

69 Ähnlich *Ludwigs* (Fn. 56), EnWZ 2019, 160 (161).
70 BGH, 8.10.2019 – EnVR 58/18, EnWZ 2020, 61 m. Anm. *Hahn* = N&R 2020, 103 m. Anm. *Jacob*.
71 S.o. Fn. 2.
72 Tz. 71 ff. des Beschlusses; zu dieser Voraussetzung der Richtlinien-Direktwirkung s. z.B. *Gundel*, in: Häde/Nowak/Pechstein (Fn. 34), Art. 288 AEUV Rn. 49.
73 Zu dieser „acte clair"-Ausnahme von der Vorlagepflicht s. grundlegend EuGH, 283/81, ECLI:EU:C:1982:335 – CILFIT, Slg. 1982, 3415 = EuR 1983, 161 m. Anm. *Millarg*; in jüngerer Zeit EuGH, C-160/14, ECLI:EU:C:2015:565 – Ferreira da Silva e Brito, EuZW 2016, 111 m. Anm. *Wendenburg*; EuGH, C-416/17 – Kommission/Frankreich, EuZW 2018, 1038 m. Anm. *Kaufmann*.

Die Bedeutung des Beihilfenrechts für das europäische Energierecht nach der Entscheidung des EuGH vom 28.3.2019 zum deutschen EEG 2012

von Prof. Dr. Markus Ludwigs*, Würzburg

I. Einleitung

Um die Bedeutung des Beihilfenrechts für das vom Jubilar in den letzten vier Jahrzehnten[1] mitgeprägte Energierecht zu erfassen, genügt ein Blick auf die Praxis der EU-Kommission in den letzten vier Jahren. Gestützt auf ein extensives Verständnis vom Beihilfetatbestand nutzten die Brüsseler Wettbewerbshüter ihr Genehmigungsermessen zu detaillierten inhaltlichen Vorgaben gegenüber den Mitgliedstaaten.[2] Als zentrales Steuerungsinstrument fungierten die zwar rechtlich unverbindlichen, tatsächlich aber mit „quasi-gesetzlicher" Wirkung ausgestatteten Umwelt- und Energiebeihilfeleitlinien aus dem Jahr 2014.[3] Deren konsequente Anwendung durch die Kommission hat in Deutschland zu einer

---

* Der Autor ist Inhaber des Lehrstuhls für Öffentliches Recht und Europarecht an der Julius-Maximilians-Universität Würzburg. Der Beitrag beruht in Teilen auf einem Besprechungsaufsatz des Verf. aus NVwZ 2019, 909–914. Das Manuskript ist auf dem Stand vom 20.9.2019. Alle Internetfundstellen wurden an diesem Tag zuletzt abgerufen. Der Vortragsstil wurde weitgehend beibehalten.
1 Vgl. u.a. die intensive Befassung mit vielfältigen Fragen des Bergrechts seit *Kühne*, Wechselbeziehungen zwischen Bergschadensrecht und allgemeinem Zivilrecht, Mitteilungsblatt der Technischen Universität Clausthal, Heft 46 (1979), S. 21; zuvor bereits *ders.*, Der Umfang des Ersatzanspruchs des Bergbautreibenden gegen die öffentliche Verkehrsanstalt nach § 154 ABG, ZfB 107 (1966), 276; zuletzt aus dem Energieregulierungsrecht etwa *Kühne*, Europäisches Regulierungsrecht und mitgliedstaatliches Zivilrecht – Ein Spannungsfeld, in: Liber Amicorum Büdenbender, 2018, S. 795 oder *ders.*, Die Abänderbarkeit (energie-)regulierungsrechtlicher Behördenentscheidungen, in: FS für Schmidt-Preuß, 2018, S. 879.
2 Für Nachweise der Vielzahl von Beschlüssen der EU-Kommission u.a. zu EEG 2012, EEG 2014, EEG 2017, KWKG, § 19 StromNEV, AbLaV, Netzreserve und Kapazitätsreserve vgl. *Scholtka/Trottmann*, ER 2019, 91 (94); *Ludwigs*, REE 2018, 1 (9 f.).
3 Mitteilung der Kommission „Leitlinien für staatliche Umweltschutz- und Energiebeihilfen 2014–2020" v. 28.06.2014 (UEBLL), ABl. 2014, Nr. C 200/1; zur Kontroverse um die Rechtmäßigkeit zuletzt *Kahles/Pause*, in: Gawel et al. (Hrsg.), The European Dimension of Germany's Energy Transition, 2019, S. 67 (79) m.w.N.

grundlegenden Umgestaltung der Fördersysteme für erneuerbare Energien und Kraft-Wärme-Kopplung geführt. Daneben erfolgten auch erhebliche Modifikationen bei den Instrumenten und Reserven zur Gewährleistung der Versorgungssicherheit.[4] In wichtigen Teilbereichen, wie dem Recht der erneuerbaren Energien, wies die beihilferechtliche Steuerungskraft sogar weit über die nur rudimentären Direktiven des EU-Sekundärrechts hinaus.

Das Urteil des EuGH vom 28.3.2019 zum EEG 2012 könnte nunmehr aber eine Zeitenwende einläuten. Immerhin hat die 3. Kammer des EuGH hier das weite Verständnis vom Beihilfetatbestand zurechtgestutzt und damit zugleich das Steuerungsmandat der EU-Kommission relativiert. Den konkreten Folgen für die künftige Rolle des Beihilfenrechts im europäischen Energierecht ist in drei Schritten nachzugehen. Zunächst gilt es die Vorgeschichte und den Kerninhalt des EuGH-Urteils zu umreißen (II.). Daran anschließend ist das Judikat einer kritischen Würdigung zu unterziehen (III.). Im Zentrum des Beitrags steht sodann drittens die fundamentale Frage nach dem Ausmaß des mit dem EuGH-Urteil verbundenen Bedeutungsverlusts für das europäische Beihilfenrecht (IV.).

II. Vorgeschichte und Kernaussagen des EuGH-Urteils

1. Vorgeschichte

Im Zentrum der Debatte um den Beihilfencharakter der Förderung erneuerbarer Energien in Deutschland steht die zur Finanzierung geschaffene EEG-Umlage.[5] Diese wird in einem komplexen Verfahren von den Übertragungsnetzbetreibern berechnet und auf die Stromversorger umgelegt.[6] Jene wiederum wälzen ihre Kosten typischerweise auf die Letztverbraucher ab. Zur Abmilderung der hieraus resultierenden Belastungen für stromkostenintensive Unternehmen gewährt das Bundesamt für Wirtschaft und Ausfuhrkontrolle (BAFA) Umlagebefreiungen im Rahmen der sog. Besonderen Ausgleichsregelung gemäß §§ 63 ff. EEG 2017 (§§ 40 ff. EEG 2012). In Zahlen gefasst findet die enorme wirtschaftliche Bedeutung des Gesamtsystems im jährlichen Umlagebetrag von über 20

---

4 Instruktiv am Beispiel von EEG 2014 und EEG 2017 etwa *Pause/Kahles*, ER 2017, 55.
5 Zum Folgenden bereits *Ludwigs*, NVwZ 2019, 909 (910).
6 Zum EEG 2012: *Schmidt-Preuß*, in: FS für Salje, 2013, S. 397 (400 f.); zum EEG 2017: *Ludwigs*, REE 2018, 1 (2); zur verpflichtenden (Direkt-)Erhebung nach Maßgabe der §§ 60a und 61 des EEG 2017 vgl. noch unter IV.1.a).

Milliarden Euro und Befreiungen in Höhe von etwa fünf Milliarden Euro p.a. ihren Ausdruck.[7]

Die Einleitung des Beihilfeverfahrens zum EEG 2012 erfolgte im Dezember 2013 vor dem Hintergrund ausufernder Industrieausnahmen.[8] Im verfahrensabschließenden Beschluss vom 25.11.2014 qualifizierte die EU-Kommission sowohl den Fördermechanismus (u.a. die festgesetzten Einspeisetarife und das Marktprämienmodell) als auch die Umlagebefreiungen als tatbestandliche Beihilfe im Sinne des Art. 107 I AEUV. Mangels vollständiger Genehmigungsfähigkeit der Besonderen Ausgleichsregelung wurden auch in geringem Umfang Rückforderungen zulasten stromintensiver Unternehmen angeordnet.[9] Ungeachtet des glimpflichen Ausgangs erhob Deutschland gegen den Beschluss Nichtigkeitsklage zum EuG und berief sich vor allem auf den für die Annahme einer Beihilfe fehlenden Einsatz staatlicher Mittel.[10] Das zunächst befasste EuG wies die Klage mit Urteil vom 10.5.2016 ab und unterstrich den beherrschenden Einfluss der öffentlichen Hand auf die mit der EEG-Umlage erwirtschafteten und von den Übertragungsnetzbetreibern verwalteten Gelder.[11] Die Einnahmen seien unter Einsatz staatlicher Mittel erzielt worden und könnten daher einer Abgabe gleichgestellt werden. Im Übrigen mache der Blick auf die Befugnisse

---

7   Für 2019 haben die Übertragungsnetzbetreiber einen Umlagebetrag von 22,59 Mrd. Euro und eine EEG-Umlage von 6,405 ct/kWh berechnet (Pressemitteilung v. 15.10.2018; https://www.netztransparenz.de/). Die Umlagebefreiungen für stromkostenintensive Unternehmen betrugen 2017 5,5 Mrd. Euro (BMWi/BAFA, Hintergrundinformationen zur Besonderen Ausgleichsregelung v. 23.7.2018, S. 15; https://www.bmwi.de/).
8   Eröffnungsbeschluss v. 18.12.2013, ABl. Nr. C 37/73; hierzu *Altenschmidt*, NuR 2015, 166 (167 f.).
9   Beschluss (EU) 2015/1585, ABl. 2015, Nr. L 250/122 (SA.33995); s. auch das „Infopapier zur Rückzahlung von Beihilfen im Zusammenhang mit dem alten [EEG 2012]" des BMWi v. 25.11.2014 (https://www.bmwi.de), in dem das Rückzahlungsvolumen für den betroffenen Zeitraum (2013–2014) auf ca. 40 Mio. Euro taxiert wurde.
10 Eingehend zur Staatlichkeit der Mittel im Rahmen von Art. 107 I AEUV zuletzt *Steffens*, Erneuerbare Energien im europäischen Binnenmarkt, 2018, S. 245 ff.; demnächst auch *Zorn*, Das Unionsrecht als Determinante für die Einführung von Ausschreibungen als Instrument zur Förderung der Stromerzeugung aus erneuerbaren Energien, 2019, S. 147 ff. des Typoskripts (das Werk erscheint 2020 in der Reihe „Schriften zum Deutschen und Europäischen Infrastrukturrecht" bei Duncker & Humblot).
11 Vgl. auch zu den nachfolgenden Argumenten: EuG, T-47/15, 10.5.2016, ECLI:EU: T:2016:281 Rn. 91 f., 95 ff., 105 ff. – Deutschland/Kommission; zust. *Ludwigs*, EurUP 2016, 238, (240 ff.); *Müller-Terpitz/Ouertani*, EnWZ 2016, 536, 541 f.; krit. *Pause/Kahles*, ER 2017, 55 (58); *Schmidt-Preuß*, EurUP 2016, 251 (255 f.).

und Aufgaben der Netzbetreiber deutlich, dass diese nicht auf eigene Rechnung und frei agierten.

2. Kernaussagen

In seinem paukenschlagartigen Urteil vom 28.3.2019 schloss sich der EuGH dieser Bewertung indes nicht an.[12] Vielmehr hob er die Entscheidung des EuG auf und erklärte den Beschluss der Kommission mangels Beihilfequalität sowohl des Fördermechanismus als auch der Umlagebefreiungen für nichtig. Das Urteil erging ohne mündliche Verhandlung und ohne vorherige Schlussanträge.

Zur Begründung stützt sich der Gerichtshof auf den auch von der Bundesregierung gerügten *mangelnden Einsatz staatlicher Mittel*. Zum einen könnten die im Rahmen der EEG-Umlage erwirtschafteten Gelder nicht mit einer Abgabe gleichgesetzt werden. Der dazu vom EuG bemühte Vergleich mit der Rechtssache *Essent Netwerk Noord*[13] bilde hierfür keine tragfähige Grundlage. Im *Essent*-Urteil habe eine einseitig *durch Gesetz* auferlegte Belastung der Verbraucher in Rede gestanden, während das EEG 2012 gerade keine rechtliche Verpflichtung zur Abwälzung der EEG-Umlage enthalte.[14]

Zum anderen sei vom EuG auch weder eine Verfügungsgewalt des Staates über die mit der EEG-Umlage erwirtschafteten Gelder noch eine staatliche Kontrolle über die mit der Verwaltung betrauten Übertragungsnetzbetreiber dargetan worden. Zwar kontrollierten die öffentlichen Stellen den ordnungsgemäßen Vollzug des EEG 2012. Die mit der Umlage erwirtschafteten Mittel stünden aber selbst nicht unter staatlicher Kontrolle.[15]

Ergänzend weist die 3. Kammer schließlich noch auf zwei wesentliche Unterschiede gegenüber der Rechtssache *Vent De Colère*[16] hin.[17] Dort hatte der Gerichtshof die Staatlichkeit der Mittel eines durch Zwangsbeiträge gespeisten Fonds zur Förderung erneuerbarer Energien in Frankreich bejaht. Anders als beim EEG 2012 habe aber eine Einstandspflicht des französischen Staates

---

12 EuGH, C-405/16 P, 28.3.2019 ECLI:EU:C:2019:268 Rn. 66 ff., 70 f. – Deutschland/Kommission; vgl. zum Folgenden schon näher *Ludwigs*, NVwZ 2019, 909 (910).
13 EuGH, C-206/06, 17.7.2008, ECLI:EU:C:2008:413 Rn. 64 ff. – Essent Netwerk Noord.
14 EuGH, C-405/16 P, 28.3.2019, ECLI:EU:C:2019:268 Rn. 66 ff., 70 f. – Deutschland/Kommission.
15 EuGH, C-405/16 P, 28.3.2019, ECLI:EU:C:2019:268 Rn. 72 ff., 80 – Deutschland/Kommission.
16 EuGH, C-262/12, 19.12.2013, ECLI:EU:C:2013:851 Rn. 20 ff. – Vent De Colère.
17 Zum Folgenden EuGH, C-405/16 P, 28.3.2019, ECLI:EU:C:2019:268 Rn. 81 ff. – Deutschland/Kommission.

bestanden, sofern das Aufkommen der Verbraucherabgaben nicht zur Deckung der Förderkosten ausreichen sollte. Hieraus resultierte ein Zusammenhang zwischen dem Vorteil und einer zumindest potenziellen Beeinträchtigung des Staatshaushalts. Im Übrigen seien die Beträge in institutioneller Hinsicht einer juristischen Person des öffentlichen Rechts, der *Caisse des dépôts et consignations*, anvertraut und daher unter staatliche Kontrolle gestellt worden.

III. Kritische Würdigung des EuGH-Urteils

Die derart skizzierte Entscheidung des Gerichtshofs zum EEG 2012 ist im Schrifttum sowohl auf Zustimmung[18] wie auch auf teils scharfe Kritik[19] gestoßen.[20] Dabei dokumentiert bereits die bloße Zahl von inzwischen weit mehr als zehn Besprechungsaufsätzen und Anmerkungen die Bedeutung des Judikats.

Bei einer kritischen Würdigung[21] ist festzuhalten, dass der EuGH stark formal argumentiert[22] und sich im Kern darauf beschränkt, Unterschiede gegenüber Fällen herauszuarbeiten, in denen das Vorliegen einer Beihilfe bejaht wurde. Eine echte inhaltliche Auseinandersetzung mit dem Prüfungsansatz des EuG erfolgt dagegen nicht.

Im Ausgangspunkt ist es zwar formal zutreffend, dass die Stromversorger nach dem EEG 2012 nur *berechtigt*, nicht aber verpflichtet waren, die Umlagekosten an die Letztverbraucher weiterzugeben. Ausgeblendet wird damit aber die im Gesetz angelegte *faktische Zwangsläufigkeit* der Abwälzung.[23] Ausweislich von § 40 EEG 2012 gründete auf dieser Annahme sogar der gesamte Abschnitt über die Besondere Ausgleichsregelung.[24] Vom EuG ist vor diesem Hintergrund argumentiert worden, dass die mit der EEG-Umlage verbundene Belastung

---

18 *Arhold*, N&R 2019, 130 (140); *Kahles/Nysten*, EnWZ 2019, 147 (152); *Lippert*, EnWZ 2019, 217 (218); *Ortlieb*, ZNER 2019, 209 (210); *Scholtka*, EuZW 2019, 425 (426); prägnant *Scholtka/Trottmann*, ER 2019, 91 (93): „kohärent, nachvollziehbar und begrüßenswert"; s. auch *Meitz*, ZUR 2019, 353 (356): „Begründung überzeugt im Wesentlichen".
19 Vgl, insb. *Ludwigs*, NVwZ 2019, 909 (910 f.); *Schwintowski*, EWeRK 2019, 102 (103 f.); *Zorn* (Fn. 10), S. 183 ff.; kritischer Grundton auch bei *Germelmann*, EurUP 2019, 255 (259): „Begründung [...] überzeugt [...] nur in Ansatzpunkten".
20 Eher darstellend *Frenz*, EuR 2019, 400 (402 ff., 407 ff., 410 ff.); *ders.*, DVBl 2019, 700 (701 ff.); *Maiworm*, IR 2019, 155.
21 Siehe insoweit bereits *Ludwigs*, NVwZ 2019, 909 (910 f.).
22 Ebenso *Stromsky*, Revue des Droits de la Concurrence 2019 n° 2, 125 (127).
23 *Ludwigs*, NVwZ 2019, 909 (911); *Schwintowski*, EWeRK 2019, 102 (103).
24 *Ludwigs*, REE 2014, 65 (73).

„hinsichtlich ihrer Wirkungen" einer Abgabe auf den Stromverbrauch entspreche.[25] Auf diese materielle Betrachtung lässt sich der Gerichtshof indes in keiner Weise ein. Vielmehr belässt er es bei der bloßen Feststellung einer mangelnden Vergleichbarkeit mit dem im *Essent*-Urteil geprüften Aufschlag auf den Stromtarif. Dies ist auch deshalb kritikwürdig, weil die vom EuGH für die Staatlichkeit der Mittel vorausgesetzte Rechtspflicht zur Abwälzung damit umso mehr als bloße Förmelei erscheint.

Von ähnlich begrenztem Erkenntniswert bleiben auch die Aussagen zur Abgrenzung von der Rechtssache *Vent De Colère*. Die stärker hoheitliche Prägung des französischen Ausgleichsmechanismus war bereits vor der Entscheidung zum EEG 2012 unstreitig.[26] Wieso hieraus im Umkehrschluss die mangelnde Staatlichkeit der Mittel aus der EEG-Umlage resultieren soll, erschließt sich jedenfalls nicht unmittelbar. Das gilt umso mehr, als die einschlägigen Fachgesetze im deutschen Recht (EEG 2012, AusglMechV, AusglMechAV) den gesamten Kreislauf von der Berechnung und Erhebung über die Verwaltung der Umlage bis hin zur Mittelverwendung im Detail vorstrukturierten. Über nennenswerte Entscheidungsspielräume verfügten die Übertragungsnetzbetreiber im EEG 2012 (wie auch heute) nicht. Vielmehr fungierten (und fungieren) sie als normativ instrumentalisierte Schaltstellen des Systems mit bloßer Umsetzungsfunktion.[27]

Bei materieller Betrachtung konnte daher durchaus mit dem EuG[28] davon gesprochen werden, dass die Mittel aus der EEG-Umlage unter staatlicher Kontrolle standen. Auch der staatliche Ursprung der Initiative zur Umlageerhebung sowie die Gemeinnützigkeit des verfolgten Zwecks wiesen in diese Richtung. Die abweichende Bewertung durch den Gerichtshof steht überdies in einem erkennbaren Spannungsverhältnis zum ansonsten betont *wirkungsorientierten Verständnis* vom Beihilfetatbestand.[29] Schließlich erscheint bemerkenswert, dass die 4. Kammer des EuGH dem Handlungsspielraum der mittelverwaltenden Stelle bzw. der Netzbetreiber nur wenige Wochen später anhand einer Bewertung des

---

25 EuG, T-47/15, 10.5.2016, ECLI:EU: T:2016:281 Rn. 95 – Deutschland/Kommission.
26 Statt vieler *Buckler*, EWS 2014, 41 (43); *Frenz*, ZNER 2014, 25 (28 f.); *Ludwigs*, REE 2014, 65 (72).
27 v. *Kielmansegg*, WiVerw 2014, 103 (107, 109); *Ludwigs*, REE 2014, 65 (73 f.).
28 EuG, T-47/15, 10.5.2016, ECLI:EU: T:2016:281 Rn. 95 ff. (insb. Rn. 102) – Deutschland/Kommission.
29 Exemplarisch EuGH, C-382/99, 13.6.2002, ECLI:EU:C:2002:363 Rn. 61 – Niederlande/Kommission; EuGH, C-399/10 P und C-401/10 P, 19.3.2013, ECLI:EU:C:2013:175 Rn. 102 – Bouygues und Bouygues Télécom.

litauischen Umlagesystems zur Finanzierung sog. Dienstleistungen von allgemeinem Interesse im Elektrizitätssektor zentrale Bedeutung beigemessen hat.[30] Das Verhältnis zum EEG-Urteil der 3. Kammer bleibt dabei umso rätselhafter, als in den Urteilsgründen keinerlei Auseinandersetzung erfolgt.[31]

IV. Folgefragen des EuGH-Urteils

Nach dieser kritischen Würdigung des EuGH-Urteils zum EEG 2012 sollen nun im zentralen Teil des Beitrags die sich aus der Entscheidung ergebenden Folgefragen in den Blick genommen werden. Dabei erfolgt an dieser Stelle eine Konzentration auf drei Aspekte.[32] Erstens wird zu klären sein, ob die Entscheidung auch auf das EEG 2017 sowie auf weitere umlagefinanzierte Steuerungsinstrumente des deutschen Energierechts übertragbar ist (1.). Zweitens gilt es mit einem Seitenblick der jüngst im Schrifttum[33] formulierten These nachzugehen, wonach die Verneinung der Beihilfenqualität des EEG 2012 unmittelbare Folgen für die Wirksamkeit der nationalen Förder- und Umlagesysteme in ihrer gegenwärtigen Form haben könnte (2.). Zum Dritten ist die grundlegende Frage nach dem Ausmaß des aus der EuGH-Entscheidung resultierenden Bedeutungsverlusts des Beihilfenrechts für das europäische Energierecht zu beantworten (3.).

1. Übertragbarkeit auf das EEG 2017 und andere Umlagesysteme

a) EEG 2017

Beginnend mit den kontrovers diskutierten Implikationen für die geltende Rechtslage ist festzuhalten, dass im Falle einer Anwendung des EuGH-Urteils

---

30 EuGH, C-706/17, 15.5.2019, ECLI:EU:C:2019:407 Rn. 63 f. – Achmea; dazu *Idot* Europe 7/2019, 27; *Maiworm*, IR 2019, 205.
31 Ähnliche Bewertung bei *Maiworm*, IR 2019, 205 (206 f.). *Gundel*, in: Dauses/Ludwigs, Handbuch des EU-Wirtschaftsrechts, 49. EL 2019, M. Rn. 255 (im Erscheinen), weist zwar darauf hin, dass beide Entscheidungen formal miteinander vereinbar sind, weil das litauische System eine Finanzierung durch Pflichtbeiträge der Verbraucher zu einem Fonds vorsah, während der EuGH für das EEG 2012 darauf abgestellt hatte, dass eine Weitergabe der Kosten an die Verbraucher nicht gesetzlich vorgegeben war. Ungeachtet dieser zutreffenden Ergebniskompatibilität werfen die Begründungen im EEG-Urteil einerseits und im Achmea-Urteil andererseits aber Fragen auf und deuten auf eine Uneinigkeit der beiden Kammern hin.
32 Vgl. daneben noch, mit teils anderer Akzentsetzung *Ludwigs*, NVwZ 2019, 909 (911 ff.); ferner *Nysten et al.*, Würzburger Berichte zum Umweltenergierecht, Nr. 41 (2019).
33 *Johann/Lünenburger/Manthey*, EuZW 2019, 647 (650 f.).

auf das EEG 2017 auch dieses beihilfefrei wäre und folglich keiner Genehmigung bedurft hätte.

Die Auffassungen zu dieser praktisch höchst bedeutsamen Frage divergieren. Einerseits gehen die deutschen Staatsorgane von einer Anwendbarkeit des Urteils auf die geltende Rechtslage aus. Einen Beleg hierfür liefert die jüngst von Bundestag und Bundesrat beschlossene Streichung mehrerer beihilferechtlicher Genehmigungsvorbehalte der EU-Kommission im EEG (wie auch im KWKG und im EnWG).[34] Andererseits wurde seitens der EU-Kommission darauf hingewiesen, dass die aktuelle Version des EEG 2017 auf einem anderen Finanzierungsmechanismus basiert, sodass die beihilferechtliche Prüfung abweichend ausfallen könnte.[35] Ausweislich einer Antwort namens der Bundesregierung auf eine Kleine Anfrage vom 20.8.2019 dauern die Gespräche mit der EU-Kommission hierzu weiter an.[36]

Widmet man sich den Sachargumenten, so wird von den Protagonisten der Übertragungsthese betont, dass im EEG 2017 keine relevanten Änderungen hinsichtlich der Kontrolle durch staatliche Stellen erfolgten.[37] Überdies sei auch weiterhin keine explizite Abwälzung der EEG-Umlage auf die Letztverbraucher vorgesehen.[38] Demgegenüber ist jedoch auf die neu gefassten §§ 60a und 61 des EEG 2017 hinzuweisen.[39] Zum einen begründet § 60a S. 1 EEG 2017 nunmehr auch explizit die Berechtigung und Verpflichtung der Übertragungsnetzbetreiber, die EEG-Umlage direkt von den privilegierten stromkostenintensiven Unternehmen zu erheben. Zum anderen besteht nach § 61 I EEG 2017 (s. auch § 61j EEG 2017) ein verpflichtender Direktanspruch der (Verteil- oder Übertragungs-)Netzbetreiber auf die EEG-Umlage insbesondere auch in Fällen der Eigenversorgung.

---

34 Vgl. zuletzt BR-Drs. 383/19(B).
35 Europäische Kommission, Competition Weekly e-news v. 29.4.2019, abrufbar unter: https://ec.europa.eu/newsroom/comp/newsletter-specific-archive-issue.cfm?archtype=specific&newsletter_service_id=221&newsletter_issue_id=14249&page=1&fullDate=Fri%2029%20Mar%202019&lang=default.
36 BT-Drs. 19/12721, S. 4.
37 *Meitz*, ZUR 2019, 353 (356); *Stöbener de Mora*, NVwZ 2019, 633 (634); s. auch *Deutscher Bundestag*, Unterabteilung Europa/Fachbereich Europa, Ausarbeitung v. 5.6.2019, PE 6 – 3000 – 042/19, S. 15 ff.
38 *Stöbener de Mora*, NVwZ 2019, 633 (634).
39 Vgl. bereits *Ludwigs*, NVwZ 2019, 909 (912); ferner *Scholtka/Trottmann*, ER 2019, 91 (94); *Deutscher Bundestag*, Unterabteilung Europa/Fachbereich Europa, Ausarbeitung v. 5.6.2019, PE 6 – 3000 – 042/19, S. 17 f.

Dies zugrunde gelegt spricht viel dafür, dass es sich bei der nach Maßgabe des EEG 2017 von den stromkostenintensiven Unternehmen und Eigenversorgern zwingend zu erhebenden und daher abgabengleichen EEG-Umlage um staatliche Mittel handelt.[40] Folgerichtig wären Umlagebefreiungen als tatbestandliche Beihilfen zu qualifizieren. Gleiches wird man aber auch für die Förderleistungen zugunsten der Anlagenbetreiber anzunehmen haben.[41] Dem steht nicht entgegen, dass die Verpflichtung zur Erhebung der EEG-Umlage nur gegenüber einem Teil der Letztverbraucher, eben den stromintensiven Unternehmen und den Eigenversorgern, besteht.[42] Während nämlich auf der Erhebungsseite der Umlage eine differenzierte Betrachtung zur staatlichen Einfärbung möglich ist, erscheint dies bei der Mittelauskehrung an die Anlagenbetreiber ausgeschlossen. Aufgrund der fehlenden Unterscheidungsmöglichkeit der Mittel muss daher im Sinne einer effektiven Durchsetzung des EU-Beihilfenrechts von einer Staatlichkeit der gesamten Förderung ausgegangen werden.

Zu einem gegenteiligen Ergebnis kann nur gelangen, wer annehmen wollte, dass die im EuGH-Urteil skizzierten Begründungslinien (= Verneinung sowohl des Abgabencharakters als auch der staatlichen Kontrolle) unabhängig voneinander die Staatlichkeit der Mittel ausschließen sollen. Danach wäre für den Beihilfecharakter zu fordern, dass neben dem abgabengleichen Charakter kumulativ eine ständige staatliche Kontrolle über die mit der EEG-Umlage erwirtschafteten Gelder besteht. Der systematische Aufbau des Urteils weist aber gerade in die Gegenrichtung.[43] So führt der Gerichtshof nach Ablehnung der

---

40 Ebenso *Ludwigs*, NVwZ 2019, 909 (912); die Frage offenlassend *Nysten et al.* (Fn. 32), S. 6; a.A. *Kahle*, jurisPR-UmwR 5/2019 Anm. 2; *Stöbener de Mora*, NVwZ 2019, 633 (634); s. auch *Deutscher Bundestag*, Unterabteilung Europa/Fachbereich Europa, Ausarbeitung v. 5.6.2019, PE 6 – 3000 – 042/19, S. 18.
41 Ebenso mit näherer Begründung *Zorn* (Fn. 10), S. 194 f.
42 Gänzlich a.A. *Deutscher Bundestag*, Unterabteilung Europa/Fachbereich Europa, Ausarbeitung v. 5.6.2019, PE 6 – 3000 – 042/19, S. 18, wonach der Umstand, dass die in den §§ 60a und 61 EEG 2017 geregelte „Umlagepflicht" nur einen quantitativ geringen Ausschnitt der Letztverbraucher erfasse, dazu führe, „dass es an einer gesetzlichen Verpflichtung zur Erhebung der EEG-Umlage und damit an einer Abgabe im Sinne der EuGH-Rechtsprechung fehlt". Diese These ist indes sachlich unzutreffend (soweit sie das Fehlen einer gesetzlichen Verpflichtung betrifft) und verkennt die immense wirtschaftliche Bedeutung der Besonderen Ausgleichsregelung (vgl. hierzu Fn. 7).
43 *Ludwigs*, NVwZ 2019, 909 (912); ebenso *Zorn* (Fn. 10), S. 193 f.; im Ergebnis auch *Arhold*, N&R 2019, 130 (140); a.A. *Meitz*, ZUR 2019, 353 (355); wohl auch *Scholtka/Trottmann*, ER 2019, 91 (94), wonach der EuGH eine Gesamtbetrachtung anzustellen scheine.

Abgabeneigenschaft aus, dass „Daher" zu prüfen sei, ob die Staatlichkeit der Mittel aus den anderen vom EuG angeführten Gründen hergeleitet werden konnte.[44] Geht man von einer bewussten Verwendung des auch in den anderen Sprachfassungen prägnant zum Einsatz kommenden Adverbs „Daher" („Consequently", „Par conséquent", „Por consiguiente", „Conseguentemente", „Należy zatem zbadać") aus, wird man die Beihilfeeigenschaft des EEG 2017 aufgrund der nunmehr abgabengleichen EEG-Umlage kaum verneinen können. Weiter erhärtet wird dieser Befund, wenn der EuGH explizit betont, dass es auf den Charakter der EEG-Umlage als „Abgabe" ankommt, sofern die hiermit erwirtschafteten Mittel *nicht* ständig unter staatlicher Kontrolle stehen.[45] Schließlich stützt auch das bereits erwähnte jüngste Urteil zum litauischen Umlagesystem für Dienstleistungen von allgemeinem Interesse im Elektrizitätssektor den hier vertretenen Standpunkt. Der Gerichtshof hat dort nämlich explizit hervorgehoben, dass Mittel aus einer Zwangsabgabe auch dann als staatlich angesehen werden können, wenn sie durch Einrichtungen verwaltet werden, die „von der öffentlichen Hand getrennt sind".[46] Für den *Status quo* des EEG 2017 bedeutet dies, dass sich der Beihilfecharakter von Förderung und Umlageprivilegierungen nach Maßgabe des EuGH-Urteils schwerlich verneinen lässt. *Pro futuro* ist allerdings auch festzustellen, dass sich die Beihilfefreiheit durch die bloße Streichung der Pflicht zur Umlageerhebung wiederherstellen ließe. Dass es hierauf ankommen soll, stellt im Übrigen einen weiteren Beleg für den formalistischen Ansatz des Gerichtshofs dar. Sowohl die realen Gegebenheiten der Ökostromförderung als auch die Wirkungsorientierung des Beihilfenrechts werden schlicht negiert.[47]

b) Andere Umlagesysteme des Energierechts

Die Breitenwirkung der Entscheidung für das deutsche Energierecht wird schließlich deutlich, wenn man den Blick auf die Vielzahl weiterer umlagefinanzierter Steuerungsinstrumente im nationalen Energierecht lenkt.[48] Zu denken ist hier vor allem an den KWK-Fördermechanismus und die Befreiungen von der zur Finanzierung erhobenen KWKG-Umlage. Hinzu treten die sog.

---

44 EuGH, C-405/16 P, 28.03.2019, ECLI:EU:C:2019:268 Rn. 72 – Deutschland/Kommission.
45 Ibid.
46 EuGH, C-706/17, 15.5.2019, ECLI:EU:C:2019:407 Rn. 65 – Achmea.
47 *Ludwigs*, NVwZ 2019, 909 (912).
48 Näher *Johann/Lünenburger/Manthey*, EuZW 2019, 647 (649 ff.); *Ludwigs*, NVwZ 2019, 909 (912 f.).

StromNEV-Umlage, die Offshore-Umlage (samt Befreiungen) sowie die Umlage nach der Verordnung zu abschaltbaren Lasten. Parallelen weist schließlich auch die Finanzierung der Netz- und Kapazitätsreserve über die Netzentgelte auf.⁴⁹ In den einschlägigen Regelwerken haben rechtliche Verpflichtungen zur Erhebung der Umlagen und Netzentgelte direkt beim Letztverbraucher oder zur Abwälzung auf diesen noch keinen Eingang gefunden.⁵⁰ Da die staatliche Einfärbung auch im Übrigen nicht stärker ausgeprägt erscheint als bei der EEG-Umlage (mit Restzweifeln beim KWKG),⁵¹ wird man den Beihilfecharakter jener Steuerungsinstrumente aktuell zu verneinen haben.⁵² Eine Besonderheit galt allerdings zeitweise für die Strom-NEV-Umlage.⁵³ Zu deren Erhebung von den Letztverbrauchern waren die Netzbetreiber durch einen erst mit Wirkung vom 1.1.2015 aufgehobenen Beschluss der Bundesnetzagentur aus dem Jahr 2011 explizit verpflichtet,⁵⁴ so dass jedenfalls die Staatlichkeit der Mittel zu bejahen gewesen sein dürfte. Vor diesem Hintergrund erscheinen auch die weiter anhängigen Nichtigkeitsklagen gegen den Kommissionsbeschluss zu den Netzentgeltbefreiungen nach § 19 II StromNEV a.F.⁵⁵ wenig erfolgversprechend.⁵⁶

---

49 Hierzu eingehend *Ludwigs*, REE 2018, 1 (3 ff.).
50 Zutreffend *Johann/Lünenburger/Manthey*, EuZW 2019, 647 (650 mit Fn. 32), die ergänzend darauf hinweisen, dass in einigen der Regelungen zwar die Möglichkeit der Abwälzung (anders als beim EEG 2012) ausdrücklich im Gesetz normiert ist (vgl. § 19 II 15 StromNEV, § 17f V 1 EnWG, § 18 I 2 AbLaV; s. daneben auch noch §§ 26, 27 II, IIa KWKG), ohne dass dies aber etwas an der nur fakultativen Weiterwälzung ändere; vertieftere Diskussion zum KWKG bei *Ludwigs*, NVwZ 2019, 909 (912 f.).
51 Die Restzweifel speisen sich aus dem Umstand, dass hier eine substanzielle Einbeziehung des BAFA u.a. bei der Begrenzung der Höhe der KWKG-Umlage und der Zuschlagzahlungen nach § 29 KWKG besteht; näher *Ludwigs*, REE 2018, 1 (7).
52 In diese Richtung auch *Ludwigs*, NVwZ 2019, 909 (913); *Scholtka*, EuZW 2019, 425 (426); *ders./Trottmann*, ER 2019, 91 (94); dezidiert zum KWKG: *Deutscher Bundestag*, Unterabteilung Europa/Fachbereich Europa, Ausarbeitung v. 5.6.2019, PE 6 – 3000 – 042/19, S. 20 ff.; die Frage offenlassend *Maiworm*, IR 2019, 155 (156); s. auch *Meitz*, ZUR 2019, 353 (355 f.).
53 Ausführlicher hierzu *Ludwigs*, NVwZ 2019, 909 (913); a.A. *Scholtka*, EuZW 2019, 425 (426); *ders./Trottmann*, ER 2019, 91 (94).
54 BNetzA, Beschl. v. 14.12.2011 – BK8-11-024; hierauf rekurrierend auch die Kommission im Beschluss (EU) 2019/56 v. 28.5.2018, ABl. 2019, Nr. L 14/1 (SA. 34045).
55 Nachweis in Fn. 54. In dem Beschluss wurden die Befreiung bestimmter energieintensiver Unternehmen von den Netzentgelten in den Jahren 2012 und 2013 als unvereinbare staatliche Beihilfe eingestuft und Rückforderungen angeordnet.
56 Nachweis der anhängigen Klagen unter http://ec.europa.eu/competition/elojade/isef/case_details.cfm?proc_code=3_SA_34045. Mit Blick auf die geltende Fassung des § 19

2. Folgen der Beihilfefreiheit für die Gültigkeit des nationalen Rechts

Nachdem die Übertragbarkeit des EuGH-Urteils auf die geltenden Förder- und Umlagesysteme diskutiert wurde, soll sich im Folgenden seitenblickartig einer jüngst im Schrifttum aufgeworfenen Frage mit potentiell erheblicher Sprengkraft zugewandt werden. Konkret geht es darum, welche Folgen die Beihilfefreiheit des EEG 2012 für solche Regelungen der Förder- und Umlagesysteme entfaltet, die der nationale Gesetzgeber nur aufgrund der (irrigen) Annahme einer beihilferechtlichen Verpflichtung erlassen hat.

In der Literatur wird insoweit eine Parallele zu den Auswirkungen gezogen, die der Wegfall einer Richtlinie auf den nationalen Umsetzungsakt auslöst.[57] Diesbezüglich werde überzeugend davon ausgegangen, dass ein nationales Umsetzungsgesetz ausnahmsweise dann *ipso iure* nichtig sein könne, wenn die innerstaatliche Vorschrift mit der weggefallenen Richtlinienvorgabe „stehen und fallen" sollte.[58] Übertragen auf die vorliegende beihilferechtliche Konstellation erscheine es daher „nicht fernliegend, zumindest die Ausgestaltung der besonderen Ausgleichsregelung nach dem EEG bis 2014 sowie die sich daran orientierenden Privilegierungstatbestände als einen solchen Ausnahmefall anzusehen".[59]

Zu überzeugen vermag dieser weitreichende Ansatz allerdings aus zwei Gründen nicht:[60] Erstens dürfte der Wille des Gesetzgebers, einer nationalen Norm die Existenzberechtigung abzusprechen, sofern deren unionsrechtliche Vorgabe entfällt, kaum jemals nachweisbar sein. Selbst der Umstand, dass eine Regelung bei ihrem Erlass nicht autonom gewollt war, bedeutet nämlich keineswegs zwingend, dass der Normgeber beim Wegfall der unionsrechtlichen Verpflichtung

---

II StromNEV dürfte bereits die *Selektivität* der Begünstigung fehlen. Grund ist § 19 II 4 StromNEV, wonach die individuellen Nachlässe die aufgrund der Netzstabilität gesparten Netzkosten wiederspiegeln müssen (näher *Ouertani*, Umlagesysteme im Energierecht, 2018, S. 293 ff.).

57 Vgl. zu der in diesem Rahmen geführten Debatte insbesondere *Funke*, Umsetzungsrecht, 2010, S. 160 ff.; *Karpenstein*, in: FS für Sellner, 2010, S. 125; *Payandeh*, DVBl. 2007, 741.

58 *Johann/Lünenburger/Manthey*, EuZW 2019, 647 (650 f.), unter Rekurs auf *Karpenstein*, in: FS für Sellner, 2010, S. 125 (134).

59 *Johann/Lünenburger/Manthey*, EuZW 2019, 647 (651).

60 Vgl. auch die z.T. parallele Kritik im Kontext der Auswirkungen des Wegfalls einer Richtlinie auf den nationalen Umsetzungsakt bei *Funke* (Fn. 57), S. 160 ff.; kompakt *Gundel*, in: Pechstein/Nowak/Häde (Hrsg.), Frankfurter Kommentar, EUV/GRC/AEUV, Bd. IV, 2017, Art. 288 AEUV Rn. 32 mit Fn. 159.

auf eine eigene Entscheidung über die Aufhebung verzichten will. Dies gilt umso mehr, als eine automatische Ungültigkeit der entsprechenden Regelungen möglicherweise zu einem noch weniger intendierten Gesetzestorso führen würde (der überdies zu einer Gesamtnichtigkeit führen könnte). Eine *ipso iure*-Nichtigkeit erschiene daher allenfalls dann denkbar, wenn der nationale Gesetzgeber die Gültigkeit bestimmter innerstaatlicher Normen explizit an die auflösende Bedingung des Wegfalls der unionsrechtlichen Erlassverpflichtung bindet.[61] Insoweit dürfte es sich freilich um einen theoretischen Ausnahmefall handeln, der bei den Förder- und Umlagesystemen des deutschen Energierechts jedenfalls nicht vorliegt. Hinzu kommt zweitens, dass auch die im Rechtsstaatsprinzip wurzelnde Rechtssicherheit gegen eine *eo ipso* wirkende Verknüpfung von unionsrechtlicher Vorgabe und nationalem Umsetzungsakt spricht. Würde man den Bestand des nationalen Umsetzungsrechts derart an das Schicksal der umzusetzenden unionsrechtlichen Vorgaben koppeln, bestünde im Rechtsverkehr erhebliche Unsicherheit über den Umfang des geltenden Rechts. Hinreichende Transparenz wäre wiederum allenfalls bei einer ausdrücklich vom Gesetzgeber formulierten auflösenden Bedingung gewährleistet, an der es vorliegend aber gerade fehlt. Vor diesem Hintergrund zeitigt die Verneinung der Beihilfequalität des EEG 2012 keine unmittelbaren Folgen für die Gültigkeit der nationalen Förderregelungen sowie der Umlagen und Privilegierungstatbestände. Dessen ungeachtet erscheint es allerdings – dies sei klarstellend angemerkt – durchaus denkbar, dass ein Großteil der existierenden Regelungen in EEG, KWKG, EnWG & Co. im Lichte des EuGH-Urteils keinen dauerhaften Bestand haben wird. Dies zu entscheiden ist aber – im Rahmen der unionsrechtlichen Vorgaben – Sache des demokratisch legitimierten Gesetzgebers und ergibt sich nicht bereits von selbst aus einer konstruiert erscheinenden Motivationslage im Erlasszeitpunkt.

3. Bedeutungsverlust des Beihilfenrechts im europäischen Energierecht

Damit ist im dritten und letzten Schritt die fundamentale Frage der Reichweite des aus dem EuGH-Urteil resultierenden Bedeutungsverlusts des Beihilfenrechts im europäischen Energierecht zu beantworten. Insoweit gilt es zunächst, zwischen den Auswirkungen für das deutsche Energierecht einerseits und für

---

61 Zur grundsätzlichen Zulässigkeit einer bedingten Gesetzgebung vgl. BVerfGE 42, 263 (283 f.) – Contergan, am Beispiel einer *aufschiebenden* Bedingung für das Inkrafttreten eines Gesetzes; aus der Lit.: *Salzwedel*, in: FS für Jahrreiß, 1974, S. 195; *Remmert*, in: Maunz/Dürig, GG-Kommentar, 87. EL. 2019, Art. 80 Rn. 100 m.w.N.

die Gesamtheit der EU-Mitgliedstaaten andererseits zu differenzieren (a. und b.). Sodann ist klärungsbedürftig, ob an die Stelle der beihilferechtlichen Steuerung künftig andere Vorgaben des Unionsrechts treten, die den Gewinn an nationalen Gestaltungsspielräumen wieder relativieren könnten. Insoweit ist der Blick sowohl auf das EU-Sekundärrecht (c.) als auch auf eine verstärkte Rolle der Warenverkehrsfreiheit (d.) zu richten.

a) Auswirkungen auf das deutsche Energierecht

Was zunächst die Konsequenzen des EuGH-Urteils für das deutsche Energierecht betrifft, so ist festzuhalten, dass die Beihilfefreiheit der energierechtlichen Förder- und Umlagesysteme mit einem Wegfall der Genehmigungsbedürftigkeit durch die EU-Kommission einhergeht. Hieraus folgt zugleich ein Bedeutungsverlust der bislang festzustellenden exekutiven Steuerung der nationalen Energiepolitik über den Hebel des Beihilfenrechts. Wie bereits eingangs betont, hat die EU-Kommission ihr Genehmigungsermessen zu detaillierten Vorgaben gegenüber dem deutschen Gesetzgeber genutzt. Demgegenüber ist in kritischer Perspektive auf die drohende Entrechtlichung der Beihilfeaufsicht im Kontext von Aushandlungsprozessen zwischen Kommission und Bundesregierung hingewiesen worden.[62] Ein positiv zu würdigender Effekt des EuGH-Urteils besteht nun darin, dass sich das Steuerungsmandat künftig wieder stärker auf die Ebene des demokratisch legitimierten Gesetzgebers verlagern dürfte.[63]

b) Konsequenzen für die Gesamtheit der EU-Mitgliedstaaten

Klarzustellen ist aber zugleich, dass die These einer reduzierten Bedeutung des Beihilfenrechts im europäischen Energierecht zunächst nur für den spezifisch konstruierten *deutschen Rechtsrahmen*, und hier auch nur für die energierechtlichen Förder- und Umlagesysteme,[64] gilt. Nimmt man dagegen einen *gesamteuropäischen Blickwinkel* ein, so relativiert sich die Aussage erheblich. Das EuGH-Urteil ändert insbesondere nichts an der Beihilfequalität von stärker etatistisch geprägten Fördersystemen[65] wie jenen in

---

62 *Ludwigs*, EuZW 2017, 41 (42); dort auch mit demokratietheoretisch begründeter Kritik; hierzu ferner *ders.*, REE 2018, 1 (10 ff.); a.A. *Frenz*, in: Ludwigs (Hrsg.), Klimaschutz, Versorgungssicherheit und Wirtschaftlichkeit in der Energiewende, S. 45 (56 ff.); *Laitenberger/Lieflaender*, EuZW 2017, 281 ff.
63 Vgl. insoweit bereits *Ludwigs*, NVwZ 2019, 909 (913).
64 Zur aktuellen Diskussion um die beihilferechtliche Relevanz eines Kohleausstiegs vgl. instruktiv *Holtmann/Stöbener de Mora*, EuZW 2019, 485.
65 Überzeugend *Frenz*, EWS 2/2019, I; *ders.*, RdE 2019, 209 (209).

Frankreich[66] oder Österreich.[67] Gerade die ausdrückliche Abgrenzung des Gerichtshofs von der anders gelagerten Rechtssache *Vent De Colére* macht deutlich, dass es sich beim EEG-Urteil des EuGH um eine einzelfallbezogene Entscheidung handelt.[68] Ein Paradigmenwechsel bei der Interpretation des Staatlichkeitskriteriums ist hiermit nicht verbunden. Dies macht auch die bereits wiederholt erwähnte Folgeentscheidung zum litauischen Umlagesystem für Dienstleistungen von allgemeinem Interesse im Elektrizitätssektor deutlich.

Keineswegs ausgeschlossen erscheint es allerdings, dass das EEG-Urteil in anderen Mitgliedstaaten zu einer Rekonstruktion der Förder- und Umlagesysteme führt, um dem beihilferechtlichen Zugriff der EU-Kommission in Zukunft zu entgehen. In diesem Sinne könnte die Entscheidung, obwohl auf den deutschen Rechtsrahmen bezogen, letztlich doch eine Breitenwirkung entfalten und die Steuerungskraft des Beihilfenrechts auch unionsweit reduzieren. Um die Umgestaltungsfähigkeit und das hieraus resultierende Ausmaß einer Zurückdrängung des Beihilfenrechts näher zu erfassen, bedürfte es allerdings einer fundierten Analyse der Fördersysteme in den anderen EU-Mitgliedstaaten.[69] Hierbei handelt es sich gleichsam um einen Forschungsauftrag, der zugleich die Bedeutung der vom Jubilar seit den 1970er-Jahren als weitere Säule seines wissenschaftlichen Schaffens gepflegten Rechtsvergleichung dokumentiert.[70] Erst auf Grundlage einer solchen komparativen Betrachtung lassen sich die

---

66 EuGH, C-262/12, 19.12.2013, ECLI:EU:C:2013:851 – Vent De Colère.

67 EuG, T-251/11, 11.12.2014, ECLI:EU: T:2014:1060 – Österreich/Kommission.

68 Ebenso *Gundel*, in: Dauses/Ludwigs, Handbuch des EU-Wirtschaftsrechts, 49. EL 2019, M. Rn. 255 (im Erscheinen); *Kahles/Nysten*, EnWZ 2019, 147 (152); *Stromsky*, Revue des Droits de la Concurrence 2019 n° 2, 125 (127); s. aber auch *Soltesz*, NZKart 2019, 453, der die EEG-Entscheidung des EuGH als Teil einer beihilferechtlichen „Aufhebungswelle in Luxemburg" betrachtet und die Frage nach einem „Ende der interinstitutionellen Harmonie?" stellt.

69 Vgl. aus den letzten Jahren insb. *Hazrat*, Die Förderung Erneuerbarer Energien in Deutschland, dem Vereinigten Königreich und Frankreich, 2017 und *Pomana*, Förderung Erneuerbarer Energien in Deutschland und im Vereinigten Königreich im Lichte des Europäischen Wirtschaftsrechts, 2011; s. auch *Zorn* (Fn. 10), S. 78 (zum Vereinigten Königreich).

70 Siehe etwa *Kühne*, Der Vertrauensgedanke im Schuldvertragsrecht – Vergleichende Betrachtungen zum deutschen und anglo-amerikanischen Recht, RabelsZ 36 (1972), S. 261; *ders.*, Bergbauberechtigungen und Bestandsschutz – Eine rechtsvergleichende Analyse unter besonderer Berücksichtigung des angloamerikanischen Rechts, FS für Börner, 1992, S. 565; *ders.*, Die rechtsvergleichende und internationalrechtliche Dimension des Bergrechts, FS – 75 Jahre Max-Planck-Institut für Privatrecht, 2001, S. 36.

unionsweiten Konsequenzen des Urteils für die Bedeutung des Beihilfenrechts im europäischen Energierecht fundiert beantworten.

Die Komplexität der Aufgabe kann vorliegend nur exemplarisch anhand des im Vereinigten Königreich geltenden *Energy Act 2013* und der auf dieser Grundlage erlassenen *Regulations* verdeutlicht werden.[71] Die eigentliche Förderung erfolgt im *UK* auf Basis privatrechtlicher Differenzverträge (sog. *Contracts for Difference*) zwischen den Anlagenbetreibern und der *Low Carbon Contracts Company (LCCC)*. Zur Finanzierung wird eine von den Versorgungsunternehmen an die *LCCC* zu zahlende *Contracts for Difference Supplier Obligation* erhoben. Die daraus resultierenden Kosten geben die Versorger regelmäßig an ihre Verbraucher weiter, wobei sie hierzu – jedenfalls nach Einschätzung der vorliegenden rechtsvergleichenden Untersuchungen – nicht verpflichtet sind.[72] Bei einer vergleichenden Würdigung spricht einerseits die Parallele zum EEG 2012 beim Finanzierungsmodus (= keine Rechtspflicht zur Kostenabwälzung auf die Verbraucher) gegen einen abgabengleichen Charakter der *CfD Supplier Obligation* und damit für die Beihilfefreiheit des Fördersystems. In diese Richtung weist auch der Umstand, dass die *LCCC* privatrechtlich, als Gesellschaft mit beschränkter Haftung, konstruiert ist. Hierin liegt ein Unterschied zur Rechtssache *Vent De Colère*, in der die Zwangsbeiträge zur Förderung erneuerbarer Energien einer juristischen Person des öffentlichen Rechts anvertraut worden waren. Andererseits ist nicht zu verkennen, dass alleiniger Anteilseigner der *LCCC* im Vereinigten Königreich die britische Regierung ist. Dies deutet auf eine hoheitliche Verfügungsgewalt über die mit der *CfD Supplier Obligation* erwirtschafteten Gelder hin und dürfte weiterhin die Staatlichkeit der Mittel begründen.[73] Das EEG-Urteil des EuGH lässt sich mithin nicht „Eins zu eins" auf die britische Rechtslage übertragen. Der beihilferechtlichen Steuerung könnte das Vereinigte Königreich auf rechtssichere Weise nur durch eine Änderung der Beteiligungsstrukturen an der *LCCC* entgehen. Sollte es zum *Brexit* kommen,[74] stellt sich

---

[71] Kompakt hierzu *Zorn* (Fn. 10), S. 78 ff.; vgl. auch die Beihilfegenehmigung der Kommission: SA.36196, C(2014) 5079 final.

[72] *Hazrat* (Fn. 69), S. 331; *Zorn* (Fn. 10), S. 91; undeutlich Department of Energy and Climate Change, Explanatory Memorandum to the Electricity Supplier Obligation (Amendment and Excluded Electricity) (Amendment) Regulations 2017, Tz. 3.1: „The cost this imposes on suppliers [= payments made to fund the CfD scheme to the LCCC] is passed onto bill payers who do not have a choice as to whether they make this payment – it is *compulsory*" (Hervorhebung v. *Verf.*).

[73] Vgl. auch die zentral auf die staatliche Trägerschaft abstellende Beihilfegenehmigung der Kommission: SA.36196, C(2014) 5079 final, Rn. 48.

[74] Zu jüngsten Entwicklungen *Ludwigs/Schmahl*, EWS 2019, Heft 5/I.

die Frage einer Bindung an das EU-Beihilfenrecht aber möglicherweise ohnehin nicht mehr.

c) Rollentausch zwischen Beihilfenrecht und EU-Sekundärrecht

Unterstellt man im Weiteren die Beihilfefreiheit der nationalen Förder- und Umlagesysteme, so verlagert sich das Steuerungsmandat – wie bereits hervorgehoben – wieder stärker auf die Ebene des demokratisch legitimierten Gesetzgebers. Noch nicht abschließend geklärt ist allerdings, ob hieraus auch ein Zugewinn an Gestaltungsfreiheit gerade für den *nationalen* Gesetzgeber resultiert. Im Schrifttum ist vielmehr für die Förderung erneuerbarer Energien die These formuliert worden, dass mit der jüngst verabschiedeten und bis zum 30.6.2021 umzusetzenden Erneuerbare-Energien-Richtlinie 2018/2001 (EE-RL 2018)[75] nebst der Governance-Verordnung Nr. 2018/1999[76] „die beihilferechtliche durch eine energie- und umweltrechtliche Grundlage ausgetauscht [wird]".[77] Richtig hieran ist, dass sich manche Elemente der Umwelt- und Energiebeihilfeleitlinien nunmehr auch im Sekundärrecht wiederfinden.[78] Dies gilt etwa für die Vorgabe, wonach die Förderung in einem direkten Preisstützungssystem (wie dem deutschen) mittels Marktprämie erfolgen muss.[79] Eine Rückkehr zu festen Einspeisetarifen wäre damit ausgeschlossen. An anderen Stellen wird aber auch deutlich, dass die Richtlinienvorgaben hinter den detailschärferen Beihilfeleitlinien zurückbleiben. Dies gilt etwa für die zentralen Vorgaben zu den nationalen Fördermechanismen. Auch in der novellierten Erneuerbare-Energien-Richtlinie erfolgt insoweit keine Festlegung auf ein ganz bestimmtes Modell.[80] Zwar müssen

---

75 ABl. 2018, Nr. L 328/82; hierzu *Kreuter-Kirchhof*, ZUR 2019, 396 (400 ff.); *Ludwigs*, in: Ruffert (Hrsg.), Enzyklopädie des Europarechts, Bd. V, 2. Aufl. 2020, § 5 Rn. 238 ff. (im Erscheinen); s. auch *Gundel*, in: Dauses/Ludwigs, Handbuch des EU-Wirtschaftsrechts, 49. EL 2019, M. Rn. 262 (im Erscheinen); *Pause*, ZUR 2019, 387 (389).
76 ABl. 2018, Nr. L 328/1; näher *Ludwigs* (Fn. 75), § 5 Rn. 278 ff.; *Schlacke/Knodt*, ZUR 2019, 404.
77 *Frenz*, EWS 2/2019, I; ausführlich *ders.*, RdE 2019, 209. Fragwürdig erscheint es, wenn *Frenz* (in: EWS 2/2019, I) annimmt, dass „weiterhin eine Kontrolle der Ökostromförderung durch die Kommission statt[findet]". Zum einen ist anzumerken, dass die Kommission nicht mehr (wie bei den UEBLL) nach selbstgesetzten Kriterien, sondern auf Grundlage der durch Parlament und Rat erlassenen Gesetzgebungsakte handelt. Zum anderen sind die ihr zur Verfügung gestellten weichen Governance-Mechanismen nicht mit dem scharfen Schwert des Beihilfenrechts vergleichbar.
78 Art. 4 III UA 2 EE-RL 2018 (s. auch Rn. 124 der UEBLL).
79 Instruktiv bereits *Nysten et al.* (Fn. 32), S. 7 ff.; s. auch *Ludwigs*, NVwZ 2019, 909 (913).
80 Art. 2 S. 2 Nr. 5 EE-RL 2018; ebenso die Bewertung bei *Pause/Kahles*, ER 2019, 9 (13).

die Mitgliedstaaten gewährleisten, dass Elektrizität aus erneuerbaren Quellen auf „offene, transparente, wettbewerbsfördernde, nichtdiskriminierende und kosteneffiziente Weise gefördert wird."[81] Mangels expliziter Festlegung auf ein Ausschreibungsverfahren wird damit aber zumindest theoretisch die Möglichkeit für eine Ermittlung der Förderhöhe in alternativen Verfahren eröffnet.[82]

Bei einer Gesamtwürdigung ist zu konstatieren, dass jedenfalls der deutsche Gesetzgeber mit dem EuGH-Urteil durchaus gewisse Gestaltungsspielräume zurückerhält,[83] sofern er auf eine rechtliche Verpflichtung zur Umlagebelastung der Letztverbraucher verzichtet. Aber auch dann existieren im Lichte des fortentwickelten und auf die Umwelt- und Energiebeihilfeleitlinien abgestimmten EU-Sekundärrechts unionsrechtliche Leitplanken, die einem erneuten Paradigmenwechsel in der Ökostromförderung entgegenstehen. Gleiches gilt z.B. auch hinsichtlich der Gestaltung von Kapazitätsmechanismen, für die Art. 22 der neuen Strombinnenmarkt-Verordnung (EU) 2019/843[84] eine Reihe von Vorgaben etabliert,[85] die künftig an Stelle der beihilferechtlichen Maßgaben für Kapazitäts- und Netzreserve treten werden. In diesem Sinne findet gleichsam ein Rollentausch zwischen Beihilfenrecht und EU-Sekundärrecht bzw. (institutionell betrachtet) zwischen Kommission sowie Parlament und Rat statt. Dieser Wandel ist gerade vor dem Hintergrund der höheren demokratischen Leistungsfähigkeit des Unionsgesetzgebungsprozesses uneingeschränkt zu begrüßen.

d) Verstärkte Rolle der Warenverkehrsfreiheit

Punktuell könnte künftig schließlich auch wieder ein stärkeres Gewicht auf dem Verbot von Einfuhrbeschränkungen liegen. Diskussionswürdig erscheint insbesondere, ob die offen diskriminierende Förderregelung des § 5 EEG 2017 nach Ablauf der Umsetzungsfrist der Erneuerbaren-Energien-Richtlinie noch mit

---

81 Art. 4 IV EE-RL 2018; darauf hinweisend auch *Meitz*, ZUR 2019, 353 (356). Vgl. daneben noch Art. 4 II EE-RL, wonach die nationalen Förderregelungen „Anreize für die marktbasierte und marktorientierte Integration" von erneuerbaren Energien setzen und „unnötige Wettbewerbsverzerrungen auf den Elektrizitätsmärkten […] vermeiden" (s. hierzu *Germelmann*, EurUP 2019, 255 [259], mit dem Hinweis, dass sich an dieser Vorgabe auch Ausnahmen von der EEG-Umlage ausrichten müssen).
82 *Nysten et al.* (Fn. 32), S. 7.
83 Weitergehend *Scholtka/Trottmann*, ER 2019, 91 (95): „hohes Maß an Gestaltungsfreiheit".
84 ABl. 2019, Nr. L 158/54.
85 *Ludwigs* (Fn. 75), § 5 Rn. 276 (im Erscheinen).

Art. 34 AEUV im Einklang stehen wird.[86] Insoweit gilt es zu bedenken, dass der EuGH die Rechtfertigungsfähigkeit einer territorialen Beschränkung der nationalen Förderregelung in der *Ålands Vindkraft*-Entscheidung von 2014 auf den „derzeitigen Stand des Unionsrechts" bezogen hat.[87] Eine grundlegende Veränderung dürfte nunmehr in dem Umstand liegen, dass die nationalen Mindestanteile von Energie aus erneuerbaren Quellen nicht mehr über das Jahr 2020 hinaus fortgeschrieben werden. Bindungswirkung entfaltet der neue Zielwert von mindestens 32 % für erneuerbare Energien bis 2030 nur noch auf Unionsebene.[88] Folgerichtig kann eine fehlende Anrechenbarkeit der Förderung von ausländischem Ökostrom auf das nationale Erneuerbaren-Ziel,[89] mit der daraus resultierenden mangelnden Beherrschbarkeit von Wirkungen und Kosten der nationalen Förderregelungen, künftig keine entscheidende Rolle mehr spielen.[90] Die nicht zuletzt auf diese Erwägung gestützte Rechtfertigung diskriminierender Förderregelungen im *Ålands Vindkraft*-Urteil erscheint daher nicht mehr tragfähig. Im Übrigen sieht Art. 5 EE-RL 2018 zwar bloß indikative (und damit unverbindliche) Anteile für eine Öffnung der nationalen Fördersysteme vor. Dieser sekundärrechtliche „Dispens" wäre aber, sofern es sich überhaupt um eine abschließende Harmonisierung im Sinne der *Ålands Vindkraft*-Judikatur handelt,[91] seinerseits an Art. 34 AEUV zu messen.[92]

---

86 Zur weitergehenden Übertragbarkeit der Ausführungen des Gerichtshofs zum mangelnden Abgabencharakter der EEG-Umlage auch auf die Einordnung im Rahmen des Art. 30 und 110 AEUV vgl. *Ludwigs*, NVwZ 2019, 909 (914).
87 EuGH, C-573/12, 1.7.2014, ECLI:EU:C:2014:2037 Rn. 92, 104 – Ålands Vindkraft; aus der überwiegend kritischen Literatur hierzu vgl. etwa *Germelmann*, EurUP 2014, 329; *Gundel*, RdE 2014, 387; *Ludwigs*, EuZW 2014, 627.
88 Art. 3 I 1 EE-RL 2018; zu den als Umsetzungsstrategie im Zentrum stehenden integrierten nationalen Energie- und Klimapläne der Mitgliedstaaten vgl. *Kreuter-Kirchhof*, ZUR 2019, 396 (401).
89 Siehe insoweit zudem die erweiterten Anrechnungsvorgaben in der EE-RL 2018 (dort insb. Art. 5 III).
90 Vgl. dagegen noch EuGH, C-573/12, 1.7.2014, ECLI:EU:C:2014:2037 Rn. 97, 98 ff. – Ålands Vindkraft; näher *Ludwigs*, in: Müller/Kahl (Hrsg.), Erneuerbare Energien in Europa, 2015, S. 111(125).
91 EuGH, C-573/12, 1.7.2014, ECLI:EU:C:2014:2037 Rn. 57 ff. – Ålands Vindkraft.
92 Zur zwar umstrittenen, in ständiger EuGH-Judikatur aber anerkannten Bindung der EU-Organe an die Grundfreiheiten vgl. EuGH, 15/83, 17.5.1984, ECLI:EU:C:1984:183 Rn. 15 – Denkavit Nederland; EuGH, C-154/04 u. 155/04, 17.7.2005, ECLI:EU:C:2005:449 Rn. 52 – Alliance for Natural Health; für einen Überblick zum Meinungsstand vgl. *Ludwigs*, in: Dauses/Ludwigs, Handbuch des EU-Wirtschaftsrechts, 49. EL 2019, Kap. E.I. Rn. 31 f.

V. Resümee

Ich komme zum Schluss. Das denkbar knapp gefasste und stark formal argumentierende EuGH-Urteil zum EEG 2012 wirft mehr Fragen auf, als es beantwortet. Dies gilt sowohl in nationaler Perspektive für den Transfer auf das EEG 2017 als auch aus gesamteuropäischem Blickwinkel für die Übertragbarkeit auf Fördersysteme anderer Mitgliedstaaten. Vor diesem Hintergrund erscheint es auch verfrüht, bereits einen unionsweiten Abgesang auf die Steuerungsfunktion des Beihilfenrechts im europäischen Energierecht anzustimmen. Im Übrigen folgt selbst aus einer Beihilfefreiheit der nationalen Förder- und Umlagesysteme keineswegs ein gänzlich unionsrechtsfreier Gestaltungsspielraum. Vielmehr lässt sich hier ein gewisser Rollentausch zwischen Beihilfenrecht und europäischem Sekundärrecht konstatieren. Insbesondere bestehen für die Förderung der erneuerbaren Energien weiterhin unionsrechtliche Leitplanken in Gestalt der fortentwickelten und auf die Umwelt- und Energiebeihilfeleitlinien abgestimmten Erneuerbare-Energien-Richtlinie von 2018. Daneben ist die Rolle der Warenverkehrsfreiheit neu zu diskutieren. In diesem Sinne wird das Energierecht auch künftig europäisch geprägt sein und vom Jubilar hoffentlich noch viele Jahre durch pointierte Beiträge bereichert werden.

Die Zukunft der internationalen Schiedsgerichtsbarkeit im Lichte der jüngsten EuGH-Rechtsprechung

von Prof. Dr. Claas Friedrich Germelmann, Hannover

I. Einführung

Die Zukunft der internationalen Schiedsgerichtsbarkeit ist Gegenstand zahlreicher politischer wie rechtlicher Debatten. Insbesondere der politische Streit um die Investor-Staats-Schiedsgerichtsbarkeit dauert schon seit längerer Zeit an. Aktuelle Reformüberlegungen sind daher zahlreich.[1] Im Zentrum stand in jüngerer Zeit insbesondere der von der Union propagierte Ansatz eines Multilateralen Investitionsschiedsgerichtshofs,[2] der die Kohärenz schiedsgerichtlicher Entscheidungen stärken und negative Grundstimmungen gegen die Art der Auswahl der Schiedsrichter zumindest in Teilen besänftigen soll. Im Bereich des internationalen Freihandels sind Ansätze zu beobachten, in Investitionsschutzverträgen sowie in der Investitionsschutzschiedsgerichtsbarkeit den Aspekt des

---

1 S. insbesondere die Aktivitäten der UNCITRAL Working Group III, die durch UNCITRAL mit dem Ziel eingesetzt worden ist, die bestehenden Einwände gegen das derzeitige System zu identifizieren und zu bewerten sowie im gegebenen Fall Reformvorschläge zu erarbeiten. S. dazu sowie zum Mandat der Working Group näher Report of the United Nations Commission on International Trade Law, Fiftieth session (3–21 July 2017), UN Doc. A/72/17, Rn. 240 ff., insbesondere Rn. 264. S. ebenso die „Proposals for Amendment of the ICSID Rules", (abrufbar unter https://icsid.worldbank.org/;13.8.2020).

2 S. dazu die Position des Rates in seinen Negotiating directives for a Convention establishing a multilateral court for the settlement of investment disputes, Doc. 12981/17 ADD 1 DCL 1 vom 20.3.2018. S. zuvor auch als Basis die Empfehlung der Kommission für einen Beschluss des Rates über die Ermächtigung zur Aufnahme von Verhandlungen über ein Übereinkommen zur Errichtung eines multilateralen Gerichtshofs für die Beilegung von Investitionsstreitigkeiten, COM(2017) 493 final vom 13.9.2017; ferner bereits die Pressemitteilung der Kommission IP/15/5651 vom 16.9.2015 sowie die (aktualisierte) Dokumentensammlung unter http://trade.ec.europa.eu/doclib/press/index.cfm?id=1608 (13.8.2020). Aus der Literatur *Sardinha*, ICSID Rev. 32 (2017), 625; allgemein auch *Jansen Calamita*, ICSID Rev. 32 (2017), 611; monographisch *Bungenberg/Reinisch*, From Bilateral Arbitral Tribunals and Investment Courts to a Multilateral Investment Court, 2. Aufl. 2020.

Schutzes von Umwelt und Menschenrechten stärker zu betonen.[3] Hierdurch soll einer inhaltlichen Unausgewogenheit dieser Abkommen bzw. dem entsprechenden Eindruck entgegengewirkt werden, wiewohl zahlreiche Fragen über Gehalt und Wirkung solcher Klauseln offen sind und auch ihr politischer Erfolg nicht abzusehen ist. Gleichzeitig ist indes auf der internationalen Ebene ein Rückgang der Möglichkeiten von Investor-Staat-Schiedsverfahren in Investitionsschutzabkommen zu beobachten, da bestimmte Staaten sie nicht mehr vorsehen.[4] Die Hintergründe hierfür liegen nahe: Die Aussicht, mit hohen Entschädigungsforderungen belegt zu werden, scheint den Wunsch zur Anreizsetzung für Investitionen zu überwiegen. Insgesamt wird die Debatte durch die rechtliche wie politische Grundsatzfrage überlagert, inwieweit staatliche Regulierungsfähigkeit im öffentlichen Interesse durch drohende investitionsschutzrechtliche Entschädigungsforderungen eingeschränkt werden darf.[5] Der wettbewerbliche Gedanke

---

3 Allgemein dazu *Sornarajah*, The International Law on Foreign Investment, 4. Aufl. 2017, S. 267 ff. m.w.N. Vgl. insbesondere zu den Anforderungen an die Ausgestaltung der Resolution 2151 (2017) „Human rights compatibility of investor-State arbitration in international investment protection agreements" der Parliamentary Assembly des Europarats. Ferner beispielhaft auch den Diskussionsbeitrag der „Hague Rules on Business and Human Rights Arbitration" von *Simma u.a.* (abrufbar auf der Seite des Center for International Legal Cooperation unter www.cilc.nl/;13.8.2020), die auf den UNCITRAL Arbitration Rules 2013 ansetzen und um eine Umsetzung der vom UN-Menschenrechtsrat mit Resolution A/HRC/RES/17/4 vom 6.7.2011 gebilligten „Guiding Principles on Business and Human Rights: Implementing the United Nations 'Protect, Respect and Remedy' Framework", UN Doc. A/HRC/17/31 vom 21.3.2011, bemüht sind. Für die gleichsam umgekehrte Idee einer Inspiration menschenrechtlicher Schutzmechanismen durch die Investitionsschutzabkommen *Vastardis/Chambers*, ICLQ 67 (2018), 389.
4 S. beispielsweise das Protocolo de cooperación y facilitación de inversiones intra-Mercosur von Buenos Aires vom 7.4.2017, in Kraft getreten am 31.7.2019, das nur noch den innerstaatlichen Rechtsweg (Art. 4), Ombudsmänner (Art. 18) sowie streitvermeidende Mediationsverfahren (Art. 23) vorsieht. Nur eine Staat-Staat-Streitbeilegung bleibt danach möglich; der Rückgriff auf bilateral vereinbarte Investor-Staat-Streitbeilegungsverfahren wird ausgeschlossen (Art. 24 Abs. 4 des Protokolls).
5 Allgemein zu dieser Diskussion über die Investor-Staat-Schiedsgerichtsbarkeit zusammenfassend und m.w.N. beispielsweise *Coop/Seif*, in: Scherer (Hrsg.), International arbitration in the energy sector, 2018, S. 221; *Classen*, EuZW 2014, 611; *Gundel*, EnWZ 2016, 243 (248 ff.); auch *Ohler*, JZ 2015, 337 (344). Allgemein auch *Collins*, An Introduction to International Investment Law, 2017, S. 23 ff. S. auch monographisch aus der Sicht des allgemeinen Völkerrechts *Rajput*, Regulatory Freedom and Indirect Expropriation in Investment Arbitration, 2018.

des Energierechts, auf den der Jubilar zu Recht als Gegenpol zur gemeinwohlbezogenen Regulierung hingewiesen hat,[6] tritt in dieser Diskussion vollständig zurück.

In jedem Falle nehmen die Zahlen der Investitionsschutzstreitigkeiten international zu. Die Zukunft der internationalen Schiedsgerichtsbarkeit liegt damit ersichtlich jedenfalls nicht allein in den Händen der Unionsgerichtsbarkeit. Gleichwohl hat die jüngere Rechtsprechung des EuGH dazu beigetragen, Zweifel an der Haltung des Unionsrechts zum Recht der internationalen Investitionsschiedsgerichtsbarkeit zu nähren, die ihrer Begründung nach freilich einer unionsrechtsinternen Logik folgen.[7] In diesem Zusammenhang ist es wesentlich, sowohl den Kontext der Aussagen wie auch deren Grenzen im Blick zu behalten. Differenzierungen sind nötig, aus denen auch deutlich wird, in welchem Umfang die Problematik das Energierecht spezifisch oder aber nur kollateral betrifft.

II. Schiedsgerichtsbarkeit und EuGH-Rechtsprechung

1. Formen von Schiedsgerichtsbarkeit und Schiedsabreden

Notwendig ist in jedem Falle die grundsätzliche Differenzierung zwischen der privaten Handelsschiedsgerichtsbarkeit auf der einen und der Investitionsschutzschiedsgerichtsbarkeit auf der anderen Seite. Beide werden vom EuGH unterschiedlich behandelt.[8] In der Folge soll vornehmlich die zweite Kategorie betrachtet werden, wenngleich Vergleiche nicht zuletzt aufgrund der nach wie vor lückenhaften Rechtsprechung stets erforderlich bleiben. Bei der Investitionsschiedsgerichtsbarkeit stechen Konstellationen, die Staat-Investor-Verhältnisse betreffen (ISDS), hervor. Eine weitere Differenzierung ist bei der Schiedsklausel vorzunehmen, die auf einem bilateralen oder multilateralen Vertrag beruhen kann. Viel diskutiert werden dabei die Intra-EU-BITs, also solche bilateralen Abkommen, die zwischen EU-Mitgliedstaaten bestehen. Bei den multilateralen Abkommen nehmen diejenigen, an denen die EU selbst beteiligt ist, eine Sonderrolle ein. Hierzu gehört der Energiecharta-Vertrag.

---

6 Vgl. etwa *Kühne*, RdE 2002, 257.
7 Vgl. zusammenfassend monographisch für die Zeit vor dem *CETA*-Gutachten des EuGH (EuGH (Plenum), 30.4.2019, GA 1/17 – CETA; näher unten II. 4.) *Barends*, Streitbeilegung in Unionsabkommen und Europäisches Unionsrecht, 2019, S. 145 ff.
8 S. dazu sogleich 2–4.

2. Die Rechtsprechung zur Handelsschiedsgerichtsbarkeit

Die Rechtsprechung des EuGH zur Schiedsgerichtsbarkeit hat in jüngerer Zeit unterschiedliche Präzisierungen vorgenommen, ohne freilich abschließende und eindeutige Linien vorzugeben. Die historisch vorgegebene, großzügige Haltung zur schiedsgerichtlichen Rechtsprechung in Handelsstreitigkeiten ist dabei für Investitionsschutzstreitigkeiten deutlich reduziert worden. Dabei verzichtet der EuGH auch in der Handelsschiedsgerichtsbarkeit keineswegs auf Kontrolle. So hat er hier bei der Anfechtung von Schiedssprüchen vor nationalen Gerichten wiederholt die effektive Berücksichtigung des Unionsrechts im Rahmen des ordre public eingefordert.[9] Allerdings hat er ebenfalls aus Gründen der Rechtssicherheit die Rechtskraft selbst unionsrechtswidriger Schiedssprüche akzeptiert.[10]

3. Die Zuständigkeitsverteilung bezüglich der Investitionsschutzschiedsgerichtsbarkeit

Das Gutachten des EuGH zum Freihandelsabkommen zwischen der Union und Singapur[11] betrifft das Recht der Investitionsschutzschiedsgerichtsbarkeit in seinem kompetenziellen Aspekt. In ihren allgemeinen Aussagen kann die Entscheidung Rückwirkungen auf das zentrale Vertragswerk des Energiecharta-Vertrags entfalten.

Nach der Auslegung des EuGH erfasst die Außenkompetenz des Art. 207 AEUV zwar den Schutz von ausländischen Direktinvestitionen entsprechend ihrem Wortlaut in vollem Umfange.[12] Für alle sonstigen Investitionen hingegen bleibt es bei einer geteilten Zuständigkeit von Union und Mitgliedstaaten.[13] Denn die Voraussetzungen der in Art. 216 Abs. 1 a.E. AEUV kodifizierten AETR-Rechtsprechung sind nicht gegeben, da für Portfolioinvestitionen keine sekundärrechtlichen Binnenrechtsakte existieren, die ein völkerrechtliches

---

9   So zu Art. 101 AEUV für Art. V:2.b der United Nations Convention on the Recognition and Enforcement of Foreign Arbitral Awards von New York vom 10.6.1958 EuGH, 1.6.1999, C-126/97, Slg. 1999, I-3055 – Eco Swiss, Rn. 39 f. S. auch die Konstellation in EuGH, 7.7.2016, C-567/14, ECLI:EU:C:2016:526 – Genentech, in der freilich ein Verstoß gegen Art. 101 AEUV im konkreten Fall verneint wurde.
10 EuGH, 1.6.1999, C-126/97, Slg. 1999, I-3055 – Eco Swiss, Rn. 44 ff.
11 EuGH (Plenum), 16.5.2017, GA 2/15, ECLI:EU:C:2017:376; dazu beispielsweise *Hervé*, CDE 2017, 693; *Dony*, RTDE 2017, 525; *Hainbach*, LIEI 45 (2018), 199; *Kleimann/Kübek*, LIEI 45 (2018), 13; *Brauneck*, DÖV 2018, 22; *Simon*, Europe 7/2017, 6.
12 EuGH (Plenum), 16.5.2017, GA 2/15, ECLI:EU:C:2017: 376, Rn. 78 ff.
13 EuGH (Plenum), 16.5.2017, GA 2/15, ECLI:EU:C:2017:376, Rn. 226 ff.

Abkommen der Mitgliedstaaten beeinträchtigen könnten.[14] Gleiches gilt für die Vereinbarung einer umfassenden Investitionsschutzschiedsgerichtsbarkeit, da diese vom Wortlaut des Art. 207 AEUV ebenfalls nicht erfasst ist und auch hier kein Sekundärrecht besteht.[15] Die Zuständigkeit für den Schutz von Nicht-Direktinvestitionen verbleibt danach bei den Mitgliedstaaten. In der Sache führt dies dazu, dass umfassende Investitionsschutzverträge künftig stets als gemischte Abkommen abgeschlossen werden müssen,[16] sofern die Union nicht bindende Regelungen über den Schutz von Drittstaatsinvestitionen im Binnenmarkt beschließt. Die jüngst erlassene Verordnung zur Überprüfung ausländischer Direktinvestitionen in der Union reicht insofern nicht aus.[17] Da es wenig praktikabel ist, internationale Abkommen im Bereich des Investitionsschutzes nach den Zuständigkeitsbereichen von Union und Mitgliedstaaten aufzuspalten, sind Kompromisslösungen unausweichlich, die je nach den nationalen Verfassungsordnungen ggf. auch regionale Sonderinteressen einbinden müssen.[18]

4. Der Kern des Konflikts: Vereinbarkeit einer Investitionsschutzschiedsgerichtsbarkeit mit EU-Recht

Den Kern der Diskussion um die Investitionsschiedsgerichtsbarkeit in der Union betrifft indes das allgemeine Verhältnis des Unionsrechts zum Recht der Schiedsgerichtsbarkeit, also letztlich die Zulässigkeit der Vereinbarung von Staat-Investor-Verfahren in völkerrechtlichen Abkommen, in denen die Union, ihre Mitgliedstaaten oder beide Vertragsparteien sind. Mit Blick auf die Kompetenzfrage dürfte für den künftigen Abschluss von Abkommen insbesondere die letztere Fallgruppe relevant werden. Sie bildet auch die derzeit im energierechtlichen Bereich maßgebliche Konstellation ab, weil der Energiecharta-Vertrag von

---

14 Vgl. zu dieser Fallgruppe EuGH, 31.3.1971, 22/70, Slg. 1971, 263 – Kommission/Rat (AETR), Rn. 16 ff.; 5.11.2002, C-476/98, Slg. 2002, I-9855 – Kommission/Deutschland (Open Skies), Rn. 103.
15 EuGH, 16.5.2017, GA 2/15, ECLI:EU:C:2017:376, Rn. 285 ff.
16 So auch *Ohler*, JZ 2015, 337 (338); *Gundel*, EnWZ 2018, 1. Optimistischer hinsichtlich einer einheitlichen EU-Investitionspolitik noch *Chaisse*, JIEL 15 (2012), 51.
17 Verordnung (EU) 2019/452 des Europäischen Parlaments und des Rates vom 19.3.2019 zur Schaffung eines Rahmens für die Überprüfung ausländischer Direktinvestitionen in der Union, ABl. L 79I/1.
18 Vgl. für den Fall des CETA zwischen der EU und Kanada die regionale Situation Belgiens, die für Verzögerungen sorgte; dazu *Kleimann/Kübek*, LIEI 45 (2018), 13; *Couveinhes Matsumoto*, RGDIP 2017, 69.

1994[19] als gemischtes Abkommen abgeschlossen worden ist.[20] Er besitzt einen Investitionsschutzteil, geht allerdings in seinen Regelungsinhalten darüber hinaus.[21] Seine Zielsetzung bestand darin, nach der Öffnung des Eisernen Vorhangs und der Umstrukturierung der Industrien der Ostblockstaaten, die Grundlage für eine Kooperation mit westlichen Staaten insbesondere im Bereich energiebezogener Investitionen zu schaffen und dabei die Versorgungssicherheit durch eine Absicherung der Lieferbeziehungen zu fördern[22] sowie westlichen Investitionen eine stabile Grundlage zu verschaffen.[23]

Die damit auch für seine Zukunft[24] relevanten Hinweise geben die Äußerungen des EuGH in der Rechtssache Achmea[25] sowie im CETA-Gutachten[26],

---

19 ABl. 1998 L 69, 26. Zusammenfassend in jüngerer Zeit *Coop*, ICSID Rev. 29 (2014), 515.
20 Beschluß 98/181/EG, EGKS, Euratom des Rates und der Kommission vom 23. September 1997 über den Abschluß des Vertrags über die Energiecharta und des Energiechartaprotokolls über Energieeffizienz und damit verbundene Umweltaspekte durch die Europäischen Gemeinschaften, ABl. 1998 L 69/1.
21 Eingehend *Germelmann*, in: Danner/Theobald (Hrsg.), Energierecht, Loseblatt (Stand: 103. EL 2019), EnCharta Rn. 4 ff., 164 ff.; *Gundel*, AVR 42 (2004), 157 ff.; *Happ*, Schiedsverfahren zwischen Staaten und Investoren nach Artikel 26 Energiechartavertrag, 2000, S. 120 ff.
22 Vgl. zu dieser Zielrichtung im Energiehandel heute *Leal-Arcas*, RELP 2015, 202.
23 Ausführlich *Germelmann*, in: Danner/Theobald (Hrsg.), Energierecht, Loseblatt (Stand: 103. EL 2019), EnCharta Rn. 12 ff. m.w.N. Vgl. auch *Liesen*, Der Vertrag über die Energiecharta, Diss. Bochum 2004, S. 5 ff.; *Salacuse*, in: Wälde (Hrsg.), The Energy Charter Treaty – An East-West Gateway for Investment and Trade, 1996, S. 321 (328 ff.).
24 Zur Reform s. unten III.3.
25 EuGH (GK), 6.3.2018, C-284/16, ECLI:EU:C:2018:158 – Slowakei/Achmea = EuZW 2018, 239 m. Anm. *Scholtka* = NJW 2018, 1663 m. Anm. *Wernicke* S. 1644 = NVwZ 2018, 723 m. Anm. *Gundel* = RIW 2018, 200 m. Anm. *Müller* = JDI 2018, 903 m. Anm. *Nouvel* = JZ 2018, 511 m. Anm. *Ohler* = RCDIP 2018, 616 m. Anm. *Gaillard*; aus der Literatur ferner beispielhaft *Arp*, 112 AJIL (2018), 466; *Bonneville/Broussy/Cassagnabère/Gänser*, AJDA 2018, 1026; *Brauneck*, EuR 2018, 429; *Cazala*, RTDE 2018, 597; *Classen*, EuR 2018, 361; *Contartese/Andenas*, 56 CMLRev. (2019), 157; *Glinski*, ZEuS 2018, 47; *Fumagalli*, Riv, dir. int. 2018, 896; *Germelmann*, RdE 2018, 229 (233 ff.); *Gundel*, EWS 2018, 124; *Hervé*, RTDE 2018, 649; *Korom*, Rec. Dalloz 2018, 2005; *Lang*, EuR 2018, 525; *Lanotte*, JDE 2018, 266; *Miller*, EuZW 2018, 357; *Simon*, Europe 5/2018, 5; *Wuschka*, ZEuS 2018, 25; *Żmij*, ZEuP 2019, 535.
26 EuGH (Plenum), 30.4.2019, GA 1/17, ECLI:EU:C:2019:341, – CETA; dazu z.B. *Gundel*, EWS 2019, 181; *Scholtka*, NVwZ 2019, 868; *Monjal*, RDUE 2019, 11; *Berramdane*, RDUE 2019, 189; *Simon*, Europe 6/2019, 13.

wenngleich der Gerichtshof in beiden Fällen rechtlich nicht uneingeschränkt vergleichbare Ausgangssituationen vorfand. Beide sind indes von so erheblicher Bedeutung, weil sie grundlegende und apodiktische Aussagen zur Unionsrechtskonformität internationaler Investitionsschutzabkommen machen.[27] Während die Achmea-Entscheidung[28] streng genommen nur den Sonderfall bilateraler Intra-EU-Investitionsschutzverträge betrifft, nimmt das CETA-Gutachten für multilaterale Verträge Ergänzungen und Differenzierungen vor, die indes die besondere Situation des Energiecharta-Vertrags gleichfalls nicht vollständig abdecken.

a) Die Rechtssache Achmea: Autonomie des Rechtssystems der Union

In der Rechtssache Achmea steht dabei das Prinzip der „Autonomie des Rechtssystems der Union" im Vordergrund, welches der EuGH schon zuvor in seinem viel kritisierten *EMRK*-Gutachten von 2014[29] in das Zentrum seiner Argumentation gestellt hatte. Die Konturen und die genauen Anforderungen dieses Autonomiegrundsatzes sind in der Rechtsprechung bislang indes nicht mit letzter Klarheit herausgearbeitet worden, was sie zu einem gewissen Grade unvorhersehbar macht. Die Bedeutung des Autonomiegrundsatzes in der Verfassungsordnung der Union lässt die Unbestimmtheit umso problematischer erscheinen. Jedoch betrifft das Prinzip in seinem Kern die zentrale Stellung des EuGH in der Unionsrechtsordnung, wie sie von Art. 19 EUV vorausgesetzt, aber nicht abschließend beschrieben wird. Der Gerichtshof leitet aus ihr jedenfalls mehrere Kriterien ab. Das in Bezug auf Schiedsgerichte maßgebliche besteht darin, dass die Auslegung und Anwendung des Unionsrechts seiner eigenen Letztentscheidungsbefugnis unterliegen müssen. Dieses Erfordernis, das im EU-Binnenrecht über das Vorabentscheidungsverfahren des Art. 267 AEUV abgesichert

---

27 In der allgemeinen Tagespresse und -politik ist sie daher als Grundsatzkritik an der Investitionsschiedsgerichtsbarkeit aufgefasst worden; s. die Meldung „Europäischer Gerichtshof entmachtet Schiedsgerichte", www.faz.net vom 6.3.2018. S. auch Kleine Anfrage der Fraktion Bündnis 90/Die Grünen, BT-Drs. 19/1625 vom 12.4.2018. Aus ihrer Begründung lässt sich das freilich nicht ableiten.
28 S. im Nachgang zur Vorabentscheidung des EuGH die Entscheidungen des BGH, 31.10.2018, I ZB 2/15, RIW 2019, 81; 24.01.2019, I ZB 2/15.
29 EuGH (Plenum), 18.12.2014, ECLI:EU:C:2014:2454, GA 2/13, Rn. 174 ff. Dazu aus der Literatur beispielhaft *Jacqué*, RTDE 2014, 823; *Benoit-Rohmer*, RTDE 2015, 593; *Gaudin*, AJDA 2015, 1079; *Breuer*, EuR 2015, 330; *Tomuschat*, EuGRZ 2015, 133; *Thym*, EuZW 2015, 180; *Spaventa*, MJ 2015, 35; *De Witte/Imamović*, ELRev. 2015, 683; *Labayle/Sudre*, RFDA 2015, 3.

wird, garantiert den besonderen Charakter des Unionsrechts; für Streitigkeiten zwischen den Mitgliedstaaten kommt als Spezialbestimmung Art. 344 AEUV hinzu.[30] Sobald einem Schiedsgericht die Anwendung von Unionsrecht ermöglicht wird, was bei dem betreffenden BIT der Fall war, verlangt der Gerichtshof zwingend seine Befassung mit Auslegungsfragen in letzter Instanz.

Diese kann indes hier nicht über das Vorabentscheidungsverfahren des Art. 267 AEUV erreicht werden. Denn Schiedsgerichte betrachtet er, wie in der privaten Handelsschiedsgerichtsbarkeit[31] und im Gegensatz zu den Schlussanträgen des Generalanwalts[32], als dem nationalen Gerichtssystem nicht hinreichend verbunden, so dass sie nicht vorlageberechtigt im Sinne des Art. 267 AEUV sind.[33] Diese Ansicht muss man nicht teilen. Es stellt sich bereits die Frage, ob die beiden Formen der Schiedsgerichtsbarkeit in Anbetracht der von Art. 4 und 19 EUV akzeptierten unterschiedlichen Ausgestaltung der mitgliedstaatlichen Justizsysteme sowie der bei Investitionsschutzverträgen völkerrechtlichen Vereinbarung der schiedsgerichtlichen Sonderzuständigkeit durch die beteiligten Staaten[34] in der Tat vergleichbar sind. Allerdings ist die Rechtsprechung als gefestigt anzusehen. Das Verfahren der – inhaltlich begrenzten – Überprüfung des Schiedsspruchs durch die nationalen Gerichte erscheint dem Gerichtshof für das Vorabentscheidungsverfahren nicht hinreichend, so dass er die Schiedsklausel als Verstoß gegen das Gebot loyaler Zusammenarbeit durch die Mitgliedstaaten ansah.[35]

b) Das CETA-Gutachten: Anerkennung des Fortbestandes der Schiedsgerichtsbarkeit

Das CETA-Gutachten des Gerichtshofs widerspricht der Achmea-Entscheidung in seinen Aussagen zwar nicht, fügt der Debatte aber gleichwohl eine vergleichsweise positive Sichtweise auf die Schiedsgerichtsbarkeit hinzu, wobei er auf eher allgemeinplatzartige und in ihrer Reichweite erneut unklare Aussagen

---

30 Vgl. EuGH (GK), 6.3.2018, C-284/16, ECLI:EU:C:2018:158 – Slowakei/Achmea, Rn. 33 ff.
31 EuGH, 23.3.1982, 102/81, Slg. 1982, 1095 – Nordsee, Rn. 10 ff.; 1.6.1999, C-126/97, Slg. 1999, I-3055 – Eco Swiss, Rn. 34.
32 Schlussanträge des GA *Wathelet* vom 19.9.2017, C-284/16 – Slowakei/Achmea, Rn. 84 ff.
33 EuGH (GK), 6.3.2018, C-284/16, ECLI:EU:C:2018:158 – Slowakei/Achmea, Rn. 45 ff.
34 Auf Letzteres stellt zu Recht *Ohler*, JZ 2015, 337 (345) ab. A.A. wegen der gewollten Distanz zum staatlichen Gerichtssystem *Glinski*, ZEuS 2018, 47 (63).
35 EuGH (GK), 6.3.2018, C-284/16, ECLI:EU:C:2018:158 – Slowakei/Achmea, Rn. 58.

zur Regulierungshoheit der Union erneut nicht verzichtet. Die Wahrung der Autonomie des Unionsrechts und seiner eigenen Auslegungshoheit setzt der Gerichtshof auch hier als zentralen Prüfungsmaßstab fest, den er um das Erfordernis eines Funktionierens der Unionsorgane im verfassungsgemäßen Rahmen ergänzt.[36] Er differenziert den Fall des CETA in Bezug auf die Unionsrechtsautonomie gegenüber der Situation eines Intra-EU-BITs und gestattet die Auslegung der Vorschriften des CETA durch die Schiedsgerichte sowie die Kontrolle von hoheitlichen Maßnahmen anhand ihres Maßstabs ausdrücklich sowie selbst unter der Prämisse, dass eine nachträgliche Kontrolle durch ein nationales Gericht nicht mehr möglich ist.[37] Diese Sichtweise enthält eine gewisse Annäherung an die klassische Sichtweise zur Handelsschiedsgerichtsbarkeit.

Die Fallgruppe der verfassungsgemäßen Funktionsfähigkeit der Unionsorgane, die das CETA-Gutachten neu schafft, bezieht er auf die Sicherstellung unionsrechtlicher und mitgliedstaatlicher Regulierungsmöglichkeiten aus Gründen des öffentlichen Interesses. Sie verbieten die Verurteilung zu Schadensersatzzahlungen wegen Verstößen gegen die Investitionsschutzvorschriften nicht pauschal, sondern lassen es genügen, dass der Vertrag öffentliche Interessen als Rechtfertigungsgründe anerkennt.[38] In welchem Umfang die Schiedsgerichte indes deren Vorliegen überprüfen dürfen, wird nicht mit letzter Klarheit beantwortet. In einer grundsatzbezogenen Begründung, die einerseits auf das allgemeine „Niveau des Schutzes eines öffentlichen Interesses" abstellt, andererseits nur „Fälle von missbräuchlicher Behandlung, offenkundiger Willkür und gezielter Diskriminierung" erfasst sehen will[39], bleibt am Ende der Wunsch nach einer Kontrollreduktion erkennbar, ohne deren Grenzen klar aufzuzeigen.[40]

Diesen weiterhin recht offen gehaltenen Vorgaben des EuGH wird man aus Sicht der Vertragsparteien am ehesten durch eine textpräzise Ausgestaltung von an konkreten Vertrauensschutzgründen orientierten Investitionsgarantien gerecht werden können, die dann freilich wenig Raum für den investitionsschutzrechtlichen Mindeststandard[41] lassen. Zu Recht misst auch der

---

36 EuGH (Plenum), 30.4.2019, GA 1/17, ECLI:EU:C:2019:341, – CETA, Rn. 119, 137 ff.
37 EuGH (Plenum), 30.4.2019, GA 1/17, ECLI:EU:C:2019:341, – CETA, Rn. 126 ff., 135.
38 EuGH (Plenum), 30.4.2019, GA 1/17, ECLI:EU:C:2019:341, – CETA, Rn. 151 ff.
39 EuGH (Plenum), 30.4.2019, GA 1/17, ECLI:EU:C:2019:341, – CETA, Rn. 156, 159.
40 Dazu etwa *Gundel*, EWS 2019, 182.
41 Zu diesem vgl. etwa näher *Collins*, An Introduction to International Investment Law, 2017, S. 125 ff.; *Vasciannie*, BYIL 70 (1999), 99 ff.; für das Energierecht auch *Schreuer*, in: Coop/Ribeiro (Hrsg.), Investment Protection and the Energy Charter Treaty, 2008, S. 63 ff.

Gerichtshof der Präzision der Textgestaltung in den Investitionsgarantien eine nicht unwesentliche Bedeutung bei. Eine weitere wesentliche Anforderung stellt der EuGH durch die Übertragung der Basisanforderungen des Art. 47 GRCh auf das schiedsgerichtliche Verfahren auf.[42] Wenngleich er hier der institutionalisierten Ausgestaltung der Gerichtsbarkeit nach dem CETA wichtige Bedeutung beimisst, bleiben die Anforderungen doch allgemein. Sie betreffen insbesondere den gleichberechtigten Zugang zur Schiedsgerichtsbarkeit sowie die Unparteilichkeit und Unabhängigkeit der Schiedsrichter. Freilich trägt die Institutionalisierung zu ihrer Erfüllung bei.

III. Konsequenzen der europarechtlichen Entwicklungen für die Schiedsgerichtsbarkeit

Wenngleich eine Einordnung der Rechtsprechungslinie mit Schwierigkeiten verbunden ist, ist in den jüngsten Aussagen des EuGH keine grundsätzliche Absage an die Schiedsgerichtsbarkeit als solche zu sehen. Er erkennt deren Berechtigung im Gegenteil durchaus an,[43] was anderenfalls auch eine ganz grundsätzliche Konfliktstellung des Unionsrechts zu den anerkannten friedlichen Streitbeilegungsmechanismen des Völkerrechts begründet hätte, die sich aus den Verträgen keinesfalls ableiten ließe.[44] Ob die Grenzziehungen die Schiedsgerichtsbarkeit freilich attraktiv bleiben lassen oder aber ob sie ihr eine neue Legitimität verleihen, ist schwer abzuschätzen.

1. Die Reaktionen von Kommission und Mitgliedstaaten auf die Rechtsprechung des EuGH

a) Die Ablehnung von Intra-EU-Schiedsverfahren durch die Kommission

Die Kommission hatte ihre Abneigung gegen die Anwendung einer Investitionsschutzschiedsgerichtsbarkeit innerhalb der Union bereits vor der

---

42 EuGH (Plenum), 30.4.2019, GA 1/17, ECLI:EU:C:2019:341, – CETA, Rn. 189 ff.
43 EuGH (Plenum), 30.4.2019, GA 1/17, ECLI:EU:C:2019:341, – CETA, Rn. 146 ff.
44 Im Gegenteil folgt die Einbindung der Union in die internationalrechtlichen Strukturen bereits aus der Zielvorgabe des Art. 3 Abs. 5 EUV, zu der in Satz 2 auch die „strikte [...] Einhaltung und Weiterentwicklung des Völkerrechts" zählt. Freilich hat der Gerichtshof in seinem Gutachten zum Beitritt der Union zur EMRK (EuGH (Plenum), 18.12.2014, GA 2/13) der Zielvorgabe des Art. 6 Abs. 2 EUV gleichfalls keine ausschlaggebende Bedeutung beimessen wollen.

Achmea-Entscheidung wiederholt geltend gemacht und die Mitgliedstaaten zu einer Beendigung der entsprechenden BITs aufgefordert.[45] Nach ihrem Verständnis bedarf es zwischen den EU-Mitgliedstaaten eines über die Garantien des Unionsrechts hinausgehenden Schutzes von Investitionen für den Einzelnen nicht.[46] Jene Gewährleistungen bestehen vornehmlich im allgemeinen Binnenmarktrecht, d.h. den Grundfreiheiten, namentlich der Kapitalverkehrsfreiheit[47] sowie der Niederlassungsfreiheit.[48] Auf grundrechtlicher Ebene schützen die Berufs- und Unternehmerfreiheit sowie das Eigentumsrecht den privaten Investor.[49] Die für einen effektiven Investitionsschutz ebenfalls essentielle prozessuale Durchsetzung obliegt den nationalen Gerichten der Mitgliedstaaten, welche zwar alle in gleicher Weise an die Rechtsschutzgarantien des Art. 47 GRCh einschließlich des Gebots der Wahrung angemessener Entscheidungsfristen (Satz 2 a.E.) gebunden sind, für deren Einhaltung die Union freilich keine tatsächlich in jedem Falle wirksame Garantie übernehmen kann.[50] In Anbetracht der Probleme, die in manchen Mitgliedstaaten derzeit in Bezug auf die Unabhängigkeit von Gerichten bestehen,[51] sind die Befürchtungen gerade im Falle besonders

---

45 S. die Pressemitteilung der Kommission „Kommission fordert Mitgliedstaaten zur Beendigung ihrer EU-internen bilateralen Investitionsschutzabkommen auf", IP/15/5198 vom 18.6.2015.
46 Mitteilung der Kommission an das Europäische Parlament und den Rat „Schutz EU-interner Investitionen", COM(2018) 547 final vom 19.7.2018, S. 5 ff.
47 Aus der Rechtsprechung EuGH (GK), 21.5.2019, C-235/17, ECLI:EU:C:2019:432 – Kommission/Ungarn.
48 Vgl. aus der Rechtsprechung EuGH, 13.4.2000, C-251/98, Slg. 2000, I-2787 – Baars; EuGH, 5.11.2002, C-208/00, Slg. 2002, I-9919 – Überseering.
49 Zu letzterem vgl. EuGH (GK), 21.5.2019, C-235/17, ECLI:EU:C:2019:432 – Kommission/Ungarn. S. aber auch EuGH (GK), 20.9.2016, C-8/15 P bis C-10/15 P, ECLI:EU:C:2016:701 – Ledra Advertising u.a./Kommission und EZB; EuG, 13.7.2018, T-786/14, ECLI:EU: T:2018:487 – Bourdouvali u.a./Rat u.a.; EuG, 13.7.2018, Rs. T-680/13, ECLI:EU: T:2018:486 – Chrysostomides u.a./Rat u.a; EuG, 23.5.2019, T-107/17, ECLI:EU: T:2019:353 – Steinhoff u.a./EZB, Rn. 99 ff.
50 Anders sieht dies offenbar die Kommission in ihrer Mitteilung an das Europäische Parlament und den Rat „Schutz EU-interner Investitionen", COM(2018) 547 final vom 19.7.2018, S. 3 ff.
51 Vgl. für Polen jüngst EuGH (GK), 24.6.2019, C-619/18, ECLI:EU:C:2019:531 – Kommission/Polen mit dem einstweiligen Rechtsschutzverfahren EuGH, 19.10.1018, C-619/18 R, ECLI:EU:C:2019:575 – Kommission/Polen (Beschluss der Vizepräsidentin, bestätigt durch Beschluss des Gerichtshofs vom 17.12.2018). Vgl. auch EuGH (GK), 25.7.2018, C-216/18 PPU, ECLI:EU:C:2018:586 – LM; dazu *Hummer*, EuR 2018, 653; *Platon*, JDE 2018, 253; *Rizcallah*, JDE 2018, 348; *Sarmiento*, MJ 25

unpopulärer, möglicherweise hoher Entschädigungszahlungen nicht aus der Luft gegriffen.[52]

Abseits der Argumente des EuGH führt die Kommission noch weitere Aspekte gegen die schiedsgerichtliche Streitbeilegung im Investitionsschutz ins Feld.[53] Die eher pauschale Bezugnahme auf den Grundsatz der Nichtdiskriminierung wegen der zusätzlichen Rechtsschutzmöglichkeiten begünstigter Investoren hat bislang keine wesentliche Durchschlagskraft entfalten können.[54] Auch mit den Rückwirkungen, die schiedsgerichtliche Entscheidungen auf das materielle Unionsrecht, namentlich auf das Wettbewerbsrecht, haben, war die Kommission einstweilen nicht erfolgreich. So ordnet sie auf Schiedssprüchen beruhende Entschädigungszahlungen generell als staatliche Beihilfen ein.[55] In dem bekannt gewordenen Micula-Verfahren ist sie hiermit freilich nicht erfolgreich gewesen. Hier hatte das Schiedsgericht europäisches Beihilfenrecht ratione temporis ausdrücklich nicht angewandt, weil sich der Streitfall auf den Zeitraum vor dem Beitritt Rumäniens zur Europäischen Union bezog.[56] Die

---

(2018), 385 ff. Ferner auch *Czarny*, Osteuropa-Recht 2018, 5; *Łętowska*, Osteuropa-Recht, 607. Allgemein zur Krise der Rechtsstaatlichkeit in einzelnen Mitgliedstaaten der Union *Waelbroeck/Oliver*, CDE 2017, 299. Bezogen auf Defizite der Justiz im internationalen Recht vgl. in diesem Zusammenhang auch *Sattorova*, ICLQ 61 (2012), 223.

52 Selbst in Deutschland hat die zu erwartende Ausgleichsleistung im Vattenfall-Verfahren, welche vermutlich deutlich über den gesetzlich festgelegten Enteignungsentschädigungen liegen wird, politischen Streit hervorgerufen. S. einerseits die Meldung in www.handelsblatt.com vom 10.4.2019 (Forderung in Höhe von 6,1 Mrd. EUR), andererseits die Begründung des Gesetzentwurfs der Bundesregierung: Entwurf eines Sechzehnten Gesetzes zur Änderung des Atomgesetzes (16. AtGÄndG), BT-Drs. 19/2631 vom 11.6.2018, S. 2 f. („Aus heutiger Sicht erscheint ein Betrag im oberen dreistelligen Millionenbereich plausibel."). Zum Schiedsverfahren vgl. auch noch die Nachw. unter Fn. 115.

53 Mitteilung der Kommission an das Europäische Parlament und den Rat „Schutz EU-interner Investitionen", COM(2018) 547 final vom 19.7.2018, S. 2 f.

54 Dies mag damit zusammenhängen, dass die Investoren aus allen Mitgliedstaaten das gleiche Instrumentarium zur Verfügung haben. Selbst im jüngst aus dem Energiecharta-Vertrag ausgetretenen Italien greift dann aber der nachwirkende Schutz; s. dazu *Germelmann*, in: Danner/Theobald (Hrsg.), Energierecht, Loseblatt (Stand: 103. EL 2019), EnCharta Rn. 48 f.

55 Zur Problematik allgemein *Saavedra Pinto*, EStAL 2016, 270.

56 S. Micula e.a. v. Romania, Award, 11.12.2013, ICSID Case No. ARB/05/20, Rn. 319 ff.

Beihilfeentscheidung der Kommission[57] hat das EuG jüngst für nichtig erklärt, weil es die Ansicht der Kläger teilte, dass die in Rede stehenden finanziellen Leistungen ihre Grundlage bereits vor dem rumänischen Beitritt hatten und damit weder die ursprünglich staatlicherseits zugesagte Leistung noch die dieser entsprechende Entschädigung dem Beihilfeverbot des Vertrags unterfielen.[58]

In Bezug auf die Sichtweise der Kommission sind mehrere Fragen aufgeworfen: Zum einen erscheint es nicht ausgemacht, dass jede Entschädigungszahlung automatisch auch eine staatliche Beihilfe darstellt, wenn es nicht um Begünstigungen, sondern um nicht überkompensierende Ausgleichsleistungen geht. Anders kann dies dann zu beurteilen sein, wenn die Entschädigungen auf Begünstigungen beruhen, die ihrerseits als Beihilfe zu qualifizieren sind und von der Kommission nicht genehmigt worden waren. So verhielt es sich in dem Fall im Schiedsverfahren Eiser/Spanien[59]. Hier beruhte der Vorwurf der Umgehung des Beihilferechts auf den der Entschädigungsleistung zugrundeliegenden – ungenehmigten – ursprünglichen günstigen Vergütungen für Solaranlagen.[60] Ob hieraus ein struktureller Konflikt mit dem EU-Beihilferecht folgen kann, erscheint jedoch fraglich, wenngleich das Investitionsschutzrecht durchaus Wettbewerbsrelevanz hat, weil es regelmäßig gerade auch vereitelte Gewinnchancen betrifft.

Allerdings erscheint diese Problematik auch auf dem Wege lösbar, der in jedem Falle einer gerichtlich rechtskräftig zugesprochenen unionsrechtswidrigen staatlichen Beihilfe gegeben ist. Beruht sie auf einem rechtskräftigen Titel eines nationalen Gerichts, so erkennt der EuGH, in mittlerweile ständiger Rechtsprechung, eine Durchbrechung der Rechtskraft an, weil er die Bedeutung des Beihilferechts und die Kontrollkompetenz der Kommission sogar über das

---

57 Beschluss (EU) 2015/1470 der Kommission vom 30.3.2015 über die von Rumänien durchgeführte staatliche Beihilfe SA.38517 (2014/C) (ex2014/NN) – Schiedsspruch vom 11. Dezember 2013 in der Sache Micula/Rumänien. ABl. 2015 L 232/43.
58 EuG, 18.6.2019, T-624/15, T-694/15 und T-704/15, ECLI:EU:T:2019:423 – European Food, Micula u.a., Rn. 70 ff. Gegen die Entscheidung ist ein Rechtsmittel anhängig als Rs. C-638/19 P, ABl. 2019 C 348/14.
59 Der Schiedsspruch gegen Spanien wurde hier jedoch jüngst wegen fehlerhafter Besetzung des Schiedsgerichts aufgehoben; s. Eiser v. Spain, Decision on the Kingdom of Spain's Application for Annulment, 11.6.2020, ICSID Case No. ARB/13/36.
60 S. die Entscheidung der Kommission, C(2017) 7384 final vom 10.11.2017: State aid SA.40348 (2015/NN) — Spain Support for electricity generation from renewable energy sources, cogeneration and waste. Vgl. dazu kritisch *López-Rodríguez*, TEL 8 (2019), 279 (285 ff.).

Prinzip der Rechtssicherheit stellt.[61] Die völkerrechtlich angeordnete Bindungswirkung einer schiedsgerichtlichen Entscheidung lässt sich dahin deuten, sie einem nationalen rechtskräftigen Titel gleich zu behandeln;[62] die Verpflichtung garantiert damit aus unionsrechtlichen Gründen in entsprechender Weise wie im Falle unionsrechtswidriger nationaler rechtskräftiger Entscheidungen nicht den Bestand oder die Vollstreckbarkeit[63] unter allen Umständen. Insofern muss eine nachträgliche beihilferechtliche Überprüfung nicht a priori das Bestehen der schiedsgerichtlichen Zuständigkeit verhindern. Eine fallbezogene Lösung würde sich vielmehr in prozessualer Hinsicht in die Behandlung unionsrechtswidriger Schiedssprüche der Handelsschiedsgerichtsbarkeit einfügen, zu der der Gerichtshof jedenfalls in Bezug auf die Vorlageberechtigung weiterhin Parallelen aufrechterhält.[64]

---

61 Dazu insbesondere EuGH, 18.7.2007, C-119/05, Slg. 2007, I-6199 – Lucchini; EuGH, 11.11.2015, C-505/14, ECLI:EU:C:2015:742 – Klausner Holz; ausführlich *Germelmann*, Die Rechtskraft von Gerichtsentscheidungen in der EU, 2009, S. 281 ff.

62 Vgl. die Texte der nach Art. 26 Energiecharta-Vertrag relevanten Konventionen und Schiedsregeln (Herv. jeweils vom Verf.):
Art. 26 Abs. 8 Energiecharta-Vertrag: "The awards of arbitration, which may include an award of interest, shall be final and binding upon the parties to the dispute. [...] Each Contracting Party shall carry out without delay any such award and shall make provision for the effective enforcement in its Area of such awards."
Art. 54 Abs. 1 ICSID Convention: "Each Contracting State shall recognize an award rendered pursuant to this Convention as binding and enforce the pecuniary obligations imposed by that award within its territories as if it were a final judgment of a court in that State. A Contracting State with a federal constitution may enforce such an award in or through its federal courts and may provide that such courts shall treat the award as if it were a final judgment of the courts of a constituent state."
Art. 34 Abs. 2 UNCITRAL Rules 2013 (Form and effect of the award): "All awards shall be made in writing and shall be final and binding on the parties. The parties shall carry out all awards without delay."
Art. 46 SCC Rules (Effect of an award): "An award shall be final and binding on the parties when rendered. By agreeing to arbitration under these Rules, the parties undertake to carry out any award without delay."

63 Vgl. die Beispiele aus der jüngeren mitgliedstaatlichen Rechtsprechung bei *López-Rodríguez*, TEL 8 (2019), 279 (293).

64 Vgl. EuGH, 23.3.1982, 102/81, Slg. 1982, 1095 – Nordsee, Rn. 10 ff.; 1.6.1999, C-126/97, Slg. 1999, I-3055 – Eco Swiss, Rn. 34.

b) Die Reaktion der Mitgliedstaaten

Die Reaktionen auf die Entscheidung des EuGH in der Rechtssache Achmea waren auch von mitgliedstaatlicher Seite her eindeutig. Zwischenzeitlich haben 23 Mitgliedsstaaten ein plurilaterales Abkommen zur Beendigung ihrer Intra-EU-BITs unterzeichnet.[65] Dies ist in Anbetracht der Interessenlage vieler Mitgliedstaaten, die das Ziel von Investitionsschutzklagen geworden sind, nicht verwunderlich. Abseits davon sagen die Mitgliedstaaten eine Stärkung des nationalen staatlichen Rechtsschutzes zugunsten von Investoren zu und verpflichten sich, in bestehenden Schiedsverfahren, aber auch generell gegenüber Investoren, das Unzulässigkeitsargument zu führen und so auf eine Beseitigung bilateraler Intra-EU-Schiedsverfahren und der zugrundeliegenden Abkommen hinzuwirken.[66] Unanfechtbare Schiedssprüche sollen hingegen unberührt bleiben.[67]

Rechtlich bindend sind diese Erklärungen freilich nicht.[68] Erste Mitgliedstaaten haben indes in der direkten Konsequenz der Achmea-Entscheidung oder aus eigenem Antrieb bereits früher,[69] teils im Zuge der entsprechenden Aufforderung

---

65 Agreement for the termination of bilateral investment treaties between the EU Member States vom 5.5.2020. Finnland, Irland, Österreich und Schweden haben nicht unterzeichnet.
66 Declaration of the Representatives of the Governments of the Member States, of 15 January 2019, on the Legal Consequences of the Judgment of the Court of Justice in Achmea and on Investment Protection Within the European Union, Tz. 1, 5.
67 Declaration of the Representatives of the Governments of the Member States, of 15 January 2019, on the Legal Consequences of the Judgment of the Court of Justice in Achmea and on Investment Protection Within the European Union, Tz. 7.
68 Richtig Eskosol S.p.A. in liquidazione v. Italy, Decision on Termination Request and Intra-EU Objection, 7.5.2019, ICSID Case No. ARB/15/50, Rn. 216.
69 Zu diesen Staaten gehört auch Polen, das bereits im Jahr 2016 eine Beendigung seiner Intra-EU-BITs in den Blick nahm. Vgl. dazu die Meldung "Poland Plans to Cancel Bilateral Investment Treaties With EU", www.bloomberg.com vom 25.2.2016 (13.8.2020) sowie die Übersicht der polnischen BITs im Investment Policy Hub der UNCTAD (https://investmentpolicy.unctad.org/international-investment-agreements/countries/168/Poland; 13.8.2020). Dies ist vor dem Hintergrund des aktuellen Streits um die möglichen Beeinträchtigungen der Unabhängigkeit gerade polnischer Gerichte (vgl. die Nachw. oben Fn. 51) nicht unbedenklich.

der Kommission,[70] eine Kündigung ihrer bilateralen Intra-EU-Verträge in Angriff genommen.[71] Wenn dies aus völkerrechtlicher Sicht an sich regelmäßig Nachwirkungen des Investitionsschutzes über mehrere Jahrzehnte zur Folge hätte,[72] teilen auch diese Schutzvorschriften das Schicksal der Unionsrechtswidrigkeit des Vertrages[73] und kommen daher wegen des Vorrangprinzips im EU-Binnenverhältnis nicht mehr in Betracht.

Weniger eindeutig ist das Schicksal der Schiedsklauseln in multilateralen Verträgen unter Unionsbeteiligung. Eine konkrete Zielsetzung, etwa den Energiecharta-Vertrag zu beenden, wird in der Mehrheits-Erklärung der Mitgliedstaaten nicht vorgesehen; vielmehr sind lediglich Gespräche mit der Kommission über dessen Zukunft vorgesehen.[74] Überdies teilen auch keineswegs alle Mitgliedstaaten die Meinung der Übertragbarkeit des Achmea-Urteils auf die Situation des Energiecharta-Vertrages.[75] In dem plurilateralen Übereinkommen

---

70 Vgl. Pressemitteilung der Kommission „Kommission fordert Mitgliedstaaten zur Beendigung ihrer EU-internen bilateralen Investitionsschutzabkommen auf", IP/15/5198 vom 18.6.2015, S. 2. S. aber auch das Non-paper von Österreich, Finnland, Frankreich, Deutschland und den Niederlanden "Intra-EU-Investment Treaties", Doc. 25/16 (Council of the EU, General Secretariat, Trade Policy Committee) vom 7.4.2016.
71 Vgl. für die Niederlande das Schreiben des Außenministeriums an das Parlament: Ministerie van Buitenlandse Zaken, Kamerbrief over Investeringsakkoorden met andere eu lidstaten vom 26.4.2018 (abrufbar unter https://www.rijksoverheid.nl/; 13.8.2020).
72 Zur sog. „Sunset-Klausel" in Art. 47 Abs. 3 EnCV *Germelmann*, in: Danner/Theobald (Hrsg.), Energierecht, Loseblatt (Stand: 103. EL 2019), EnCharta Rn. 41 f.
73 So zu Recht Declaration of the Representatives of the Governments of the Member States, of 15 January 2019, on the Legal Consequences of the Judgment of the Court of Justice in Achmea and on Investment Protection Within the European Union, S. 1.
74 Declaration of the Representatives of the Governments of the Member States, of 15 January 2019, on the Legal Consequences of the Judgment of the Court of Justice in Achmea and on Investment Protection Within the European Union, Tz. 9.
75 So die Erklärungen der Mitgliedstaaten Finnland, Luxemburg, Malta, Slowenien und Schweden, welche die diesbezüglich fehlende Aussagekraft des Achmea-Urteils betonen und auf die Erforderlichkeit einer zusätzlichen Klärung verweisen: Declaration of the Representatives of the Governments of the Member States, of 16 January 2019, on the Legal Consequences of the Judgment of the Court of Justice in Achmea and on Investment Protection Within the European Union, S. 3. Noch deutlicher lehnt Ungarn eine Übertragung der Grundsätze dieses Urteils auf den Energiecharta-Vertrag ab: Declaration of the Representative of the Government of Hungary, of 16 January

vom Mai 2020 zwischen den Mitgliedstaaten, mit welchem sie die innerunionalen bilateralen Investitionsschutzübereinkommen beenden wollen, ist demzufolge der Energiecharta-Vertrag auch nicht enthalten.[76]

2. Die Zukunft des Investitionsschutzes in der EU

Nach alldem bleibt die Zukunft der Investitionsschutzschiedsgerichtsbarkeit in der EU weiterhin mit offenen Fragen verbunden. Eindeutig geklärt sind im Wesentlichen nur das Schicksal der Intra-EU-BITs und die Zuständigkeitsverteilung.

a) Der Ersatz von Intra-EU-BITs durch alternative Streitbeilegungsmechanismen

An dem Urteil der Europarechtswidrigkeit der Intra-EU-BITs führt kein Weg vorbei. Auch wenn man die Einschätzung der Kommission teilt, dass die bestehenden unionsrechtlichen Bestimmungen zahlreiche Schutzmechanismen bieten, kann doch der Fortfall dieses zusätzlichen, bei Investoren durchaus beliebten Instruments Konflikte mit der Notwendigkeit von Investitionen begründen. Denn dass abseits aller spezifischen positiven Anreize eine stabile Rechtslage die Grundlage für private Investitionen bildet,[77] erkennt auch die Kommission an.[78] Ihre Ansätze im Bereich des Investitionsschutzrechts im Binnenmarkt bestehen indes vornehmlich in der Betonung bestehender Schutzelemente.[79] Zudem setzt sie statt auf schiedsgerichtliche Verfahren neben den allgemeinen unionsrechtlichen Garantien in instrumenteller Hinsicht auf Mediationselemente[80], ohne

---

2019, on the Legal Consequences of the Judgment of the Court of Justice in Achmea and on Investment Protection Within the European Union, Tz. 8 f.

76 Vgl. die Stellungnahme der Kommission „EU Member States agree on a plurilateral treaty to terminate bilateral investment treaties" vom 24.10.2019.

77 Ausführlich zu den Risiken internationaler Investitionen *Sornarajah*, The International Law on Foreign Investment, 4. Aufl. 2017, S. 87 ff.

78 S. Mitteilung der Kommission an das Europäische Parlament, den Rat, den Europäischen Wirtschafts- und Sozialausschuss und den Ausschuss der Regionen über die Halbzeitbilanz des Aktionsplans zur Kapitalmarktunion, COM(2017) 292 final vom 8.6.2017, S. 18 sub 4.6.; Mitteilung der Kommission an das Europäische Parlament und den Rat „Schutz EU-interner Investitionen", COM(2018) 547 final vom 19.7.2018, S. 1.

79 Mitteilung der Kommission an das Europäische Parlament und den Rat „Schutz EU-interner Investitionen", COM(2018) 547 final vom 19.7.2018, S. 5 ff.

80 Vgl. das Consultation Document „Prevention and amicable resolution of disputes between investors and public authorities within the single market" vom Juli 2017. Dies stieß auch bei einigen Mitgliedstaaten auf Zustimmung; s. Non-paper von Österreich,

dass hier freilich große Fortschritte erkennbar wären.[81] Der Mangel an Verbindlichkeit im Bereich der Mediation ist weiterhin eine zentrale Schwäche dieses Ansatzes.[82]

b) Kompetenzverteilung bei künftigen Investitionsschutzverträgen und die Schaffung eines Multilateralen Investitionsgerichts

Die Zuständigkeit der Union für einen Abschluss neuer Investitionsschutzverträge oder den Ersatz alter Verträge wird durch das Singapur-Gutachten des EuGH erschwert. Denkbar ist nur der Weg über Art. 216 Abs. 1 a.E. AEUV, der der Union eine Außenzuständigkeit auch abseits der speziellen Zuständigkeiten zugesteht, sofern bestehendes Sekundärrecht durch eine Außenzuständigkeit der Mitgliedstaaten beeinträchtigt würde.[83] Hierfür bedürfte es aber einer umfassenden sekundärrechtlichen Regelung über den Investitionsschutz und die Investitionsschutzschiedsgerichtsbarkeit, die derzeit nicht ersichtlich ist.[84]

Finnland, Frankreich, Deutschland und den Niederlanden "Intra-EU-Investment Treaties", Doc. 25/16 (Council of the EU, General Secretariat, Trade Policy Committee) vom 7.4.2016, Rn. 10. Ebenfalls werden diese Elemente im Rahmen der Reform des Energiecharta-Vertrags diskutiert; s. Decisions of the Energy Charter Conference "Approval of the conclusions of the Review under 34(7) ECT", Doc. CCDEC 2014 06 GEN vom 20.11.2014, sub 5, sowie "Guide on Investment Mediation", Doc. CCDEC 2016 12 INV vom 19.7.2016.

81 Die Konsultation wurde bis Ende des Jahres 2017 durchgeführt; ihre Ergebnisse sollten in eine Bewertung der Notwendigkeit eines allgemeinen Rahmens für außergerichtliche Streitbeilegungen im Investor-Staat-Verhältnis und dessen etwaige Ausgestaltung einfließen. Die Mitteilung der Kommission an das Europäische Parlament und den Rat „Schutz EU-interner Investitionen", COM(2018) 547 final vom 19.7.2018, S. 23 ff. verweist indes in eher allgemeiner Weise auf den SOLVIT-Mechanismus und führt im Übrigen Allgemeines zu den mitgliedstaatlichen Pflichten im Bereich der Rechtsschutzgewähr aus.

82 Vgl. in diesem Zusammenhang im Bereich der Handelsschiedsgerichtsbarkeit aber jüngst die am 7.8.2019 zur Unterzeichnung aufgelegt und von etlichen Staaten gezeichnete United Nations Convention on International Settlement Agreements Resulting from Mediation (Singapore Convention on Mediation), Resolution der UN-Generalversammlung A/RES/73/198 vom 20.12.2018. Zur Rolle von soft law im Bereich des Investitionsschutzes s. *Pigeon*, RevUE 2014, 201.

83 Ehemalige AETR-Doktrin des Gerichtshofs; s. EuGH, 31.3.1971, 22/70, Slg. 1971, 263 – Kommission/Rat (AETR), Rn. 16 ff.; 5.11.2002, C-476/98, Slg. 2002, I-9855 – Kommission/Deutschland (Open Skies), Rn. 103.

84 S. schon oben II.3.

Auch die Beauftragung der Kommission durch den Rat, im Rahmen von UNCI-TRAL an der Ausarbeitung einer Konvention für einen Multilateralen Investitionsgerichtshof teilzunehmen[85], ändert die Kompetenzverteilung nicht. Ein solches Instrument wird sich zudem an die Garantien des Art. 47 GRCh halten müssen, die der Gerichtshof in seinem CETA-Gutachten hervorgehoben hat.[86]

3. Insbesondere die Auswirkungen auf den Energiecharta-Vertrag

In jedem Fall hat die Rechtsprechung des EuGH Auswirkungen auch auf das internationale Energierecht in der Form des Energiecharta-Vertrags. Bekanntlich ist das in diesem Vertrag vorgesehene schiedsgerichtliche Investitionsschutzverfahren zwischen den beteiligten Staaten und Investoren in der Vergangenheit häufig – mit unterschiedlichen Erfolgen für die Investoren – genutzt worden[87] und wird auch weiterhin betrieben.[88] Auf diese Rechtsprechung soll hier nicht im Detail eingegangen werden; drei Feststellungen, die Bedeutung und Konfliktträchtigkeit des Streitbeilegungsmechanismus unterstreichen, sollen genügen: Zum Ersten geht es oft um bekanntermaßen erhebliche Entschädigungssummen. Zum Zweiten unterscheiden sich die Ergebnisse der Schiedssprüche trotz vergleichbarer Ausgangslagen zuweilen. Dies liegt indes auch an unterschiedlichen tatsächlichen Umständen des Einzelfalls und der jeweiligen Situation des Investors. Bei den rechtlichen Auslegungsergebnissen finden sich zum Dritten durchaus wechselseitige Annäherungen, wenngleich es für deren Absicherung natürlich keine verfahrensrechtliche Garantie

---

85 Rat der Europäischen Union, Negotiating directives for a Convention establishing a multilateral court for the settlement of investment disputes, Doc. 12981/17 ADD 1 DCL 1 vom 20.3.2018.
86 EuGH (Plenum), 30.4.2019, GA 1/17 – CETA, ECLI:EU:C:2019:341, Rn. 189 ff.
87 Vgl. dazu *Germelmann*, in: Danner/Theobald (Hrsg.), Energierecht, Loseblatt (Stand: 103. EL 2019), EnCharta Rn. 119 ff.; *Germelmann*, in: Gundel/Lange (Hrsg.), Europäisches Energierecht zwischen Klimaschutz und Binnenmarkt, 2020, S. 81 (87 ff.), jeweils m.w.N. Insbesondere mit Blick auf die Streitigkeiten hinsichtlich der Solarförderung auch *López-Rodríguez*, TEL 8 (2019), 279 (283 f.).
88 Vgl. zur geplanten Schiedsverfahren von Uniper gegen die Niederlande die Meldung „Klage wegen Kohleausstieg zeichnet sich ab", www.faz.net vom 11.9.2019. Ferner auch hinsichtlich der Änderungen des deutschen EEG „Strabag verklagt Deutschland vor Schiedsgericht", www.faz.net vom 23.9.2019. Vgl. auch die Meldung „Nord Stream 2 verklagt EU wegen Diskriminierung", www.faz.net vom 27.9.2019. S. auch die vom Energiecharta-Sekretariat geführte Liste unter https://energycharter.org/cases/list-of-cases/ (13.8.2020).

gibt. Die Kompetenzverteilung hat insofern Konsequenzen für den Energiecharta-Vertrag, als auch heute weder Union noch Mitgliedstaaten alleine Vertragspartner einer Änderung oder Neuauflage werden könnten. Insbesondere sein Investitionsschutzteil müsste erneut als ein gemischtes Abkommen abgeschlossen werden.[89] Dies könnte auch etwaige Modifikationen dieses weiterhin für das Investitionsklima wichtigen Vertrages erschweren, die durchaus sachlich begründete Einwände gegen die ursprüngliche und derzeit verbreitete Form der Investitionsschiedsgerichtsbarkeit aufnehmen könnten. Die Erfolge einer Reform des Energiecharta-Vertrags sind bislang nicht absehbar; die entsprechenden Verhandlungen haben erst begonnen.[90] In den maßgeblichen Verhandlungsleitlinien des Rates sind u.a. Aspekte wie die Präzisierung der Investitionsgarantien, die Einbeziehung von Umwelt- und Klimaschutzaspekten, die Berücksichtigung der Regulierungsfreiheit der Mitgliedstaaten sowie die Öffnung für das Instrument des Multilateralen Investitionsgerichts vorgesehen.[91]

a) Der Unterschied zwischen Intra-EU-BITs und dem Energiecharta-Vertrag

Abzulehnen ist in jedem Fall die pauschale Gleichsetzung von Intra-EU-BITs und Energiecharta-Vertrag; es überzeugt nicht, wenn die Kommission die Beteiligung der Union nur auf das Verhältnis zu Drittstaaten bezieht. Sie berücksichtigt nicht, dass die Schiedsklausel durch die Union ebenfalls ratifiziert worden ist. Sie bewirkt in Bezug auf die Pflichtenverteilung ein anderes Bild, da den Mitgliedstaaten kaum ein Verstoß vorgeworfen werden kann, wenn die Union

---

89 Auch die VO (EU) Nr. 1219/2012 vom 12.12.2012 zur Einführung einer Übergangsregelung für bilaterale Investitionsschutzabkommen zwischen den Mitgliedstaaten und Drittländern, ABl. L 351/40, erfasst den Energiecharta-Vertrag nicht.
90 S. dazu die Ashgabat Energy Charter Declaration vom 29.11.2017. Vgl. ferner Decisions of the Energy Charter Conference "Modernisation of the Energy Charter Treaty", Doc. CCDEC 2018 18 STR vom 27.11.2018 mit der Liste der Revisionsthemen; "Policy Options for Modernisation of the ECT", Doc. CCDEC 2019 08 STR vom 6.10.2019 mit den Standpunkten der Mitgliedstaaten und "Modernisation of the Energy Charter Treaty: Mandate, Procedural Issues and Timeline for Negotiations", CCDEC 2019 10 STR vom 6.11.2019 mit dem Zeitplan bis Ende 2020.
91 Rat der Europäischen Union, Negotiating Directives for the Modernisation of the Energy Charter Treaty – Adoption, Doc. 10745/19 ADD 1 vom 2.7.2019. S. als Grundlage auch die Empfehlung der Kommission für einen Beschluss des Rates über die Ermächtigung zur Aufnahme von Verhandlungen über die Modernisierung des Vertrags über die Energiecharta, COM(2019) 231 final vom 14.5.2019.

diesen gleichsam selbst unterstützt hat.[92] Im Verhältnis zu Drittstaaten gilt überdies der Grundsatz des gegenseitigen Vertrauens in die staatliche Justiz nicht. Dies erkennt auch der Gerichtshof in seinem CETA-Gutachten ausdrücklich an und markiert diesen Umstand selbst als einen zentralen Unterschied zu seiner Achmea-Rechtsprechung.[93] Dementsprechend haben auch die auf die Achmea-Rechtsprechung gestützten Argumente der jeweils beklagten Mitgliedstaaten sowie der Kommission, welche diese als amicus curiae in Schiedsverfahren sowie innerstaatlichen Vollstreckungsverfahren zu erheben pflegt, im Bereich des Energiecharta-Vertrags bislang bei den Schiedsgerichten kein Gehör gefunden; vielmehr nehmen diese ihre Zuständigkeit weiterhin auch in Intra-EU-Verfahren an.[94]

b) Die Beachtung der Achmea-Kriterien im Einzelfall

Es bleibt freilich die Problematik, dass nach der Achmea-Entscheidung im konkreten Fall einer Auslegung von Unionsrecht im Schiedsverfahren die unabdingbare Letztentscheidungsbefugnis des EuGH gewährleistet und verfahrensmäßig abgesichert sein muss. Dies verlangt der Grundsatz der Autonomie des Unionsrechts. Gleichzeitig sind jedoch Vorlagen der Schiedsgerichte durch den EuGH ausgeschlossen. Dieses Dilemma, welches durch den unklaren Maßstab des EuGH hinsichtlich der Bedrohung der Einheit des Unionrechts[95] noch verschärft wird, ist schwer aufzulösen. Allein die Auslegungszuständigkeit des Schiedsgerichts für das Abkommen, das durch seine Ratifikation seitens der Union zu Unionsrecht wird,[96] reicht nicht aus, wie das CETA-Gutachten bestätigt.[97] Entscheidend ist, dass spezifisches, autonomes Unionsrecht entscheidungserheblich

---

92 In diesem Sinne aber Electrabel v. Hungary, Decision on Jurisdiction, Applicable Law and Liability, 30.11.2012, ICSID Case No. ARB/07/19, Rn. 4.158, 4.164. S. auch *Gundel*, NVwZ 2018, 723, der bei gemischten Abkommen andere mitgliedstaatliche Loyalitätspflichten nach Art. 4 Abs. 3 EUV annimmt.
93 Richtig EuGH (Plenum), 30.4.2019, GA 1/17, ECLI:EU:C:2019:341– CETA, Rn. 127 ff.
94 Besonders deutlich hat dies das Schiedsgericht im Verfahren Vattenfall/Deutschland gemacht; s. mit ausführlicher Begründung Vattenfall v. Germany, Decision on the Achmea Issue, 31.8.2018, ICSID Case No. ARB/12/12, Rn. 108 ff. S. auch z.B. Eskosol S.p.A. in liquidazione v. Italy, Decision on Termination Request and Intra-EU Objection, 7.5.2019, ICSID Case No. ARB/15/50, Rn. 114 ff. Vgl. auch *Žmij*, ZEuP 2019, 535 (548).
95 EuGH (GK), 6.3.2018, C-284/16, ECLI:EU:C:2018:158 – Slowakei/Achmea, Rn. 57 a.E.
96 Vgl. EuGH, 30.5.2006, C-459/03, Slg. 2006, I-4635 – Kommission/Irland (MOX Plant), Rn. 83; 18.12.2014, GA 2/13, ECLI:EU:C:2014:2454, Rn. 180.
97 Deutlich EuGH (Plenum), 30.4.2019, GA 1/17, ECLI:EU:C:2019:341– CETA, Rn. 118.

ist. Dies ist dann der Fall, wenn es im Schiedsverfahren zum anwendbaren Recht gehört. Maßgeblich für das anwendbare Recht ist Art. 26 Abs. 6 EnCV.[98] Hiernach haben die Gerichte „über die strittigen Fragen in Übereinstimmung mit diesem Vertrag und den geltenden Regeln und Grundsätzen des Völkerrechts" zu entscheiden. In Drittstaatsfällen zählt das Unionsrecht anders als im BIT des Falles Achmea in keinem Falle zum anwendbaren Recht und damit auch nicht zum Prüfungsmaßstab des Schiedsgerichts, weswegen Kollisionen mit der Autonomie des Unionsrechts nicht in Betracht kommen. Eine Unionsrechtswidrigkeit der Schiedsklausel insofern scheidet also aus.

Da es der EuGH für einen Verstoß gegen die Einheit und Autonomie des Unionsrechts ausreichen lässt, dass das Schiedsgericht auch materielles (autonomes) Unionsrecht anwenden kann, folgt daraus eine unionsrechtliche Unzulässigkeit schiedsgerichtlicher Entscheidungen auch nach dem Energiecharta-Vertrag als multilateralem, gemischtem Abkommen, sofern nicht abgesichert ist, dass im schiedsgerichtlichen Verfahren keine derartigen autonomen unionsrechtlichen Bestimmungen ausgelegt werden können. Eine Berufung auf Art. 16 Energiecharta-Vertrag[99] geht insofern ins Leere.[100] Dies folgt zwanglos aus der Normenhierarchie, da das Primärrecht ausweislich des Art. 218 Abs. 11 AEUV den internationalen Übereinkünften auch der Union vorgeht und die materiellen primärrechtlichen Maßstäbe wie der Autonomie- und der Einheitsgrundsatz

---

98 Dieser stellt eine besondere Rechtswahl im Sinne des Art. 42 der ICSID-Konvention dar. Vgl. auch die Regelungen in Art. 30 Abs. 4 lit. b, 34 der Wiener Vertragsrechtskonvention (WVK).
99 „Beziehung zu anderen Übereinkünften:
    Haben zwei oder mehr Vertragsparteien früher eine internationale Übereinkunft geschlossen oder schließen sie später eine solche Übereinkunft, deren Bestimmungen die in Teil III oder V dieses Vertrags behandelten Angelegenheiten betreffen,
    (1) so darf Teil III oder V dieses Vertrags nicht so ausgelegt werden, als weiche er von Bestimmungen der anderen Übereinkunft oder von dem Recht auf diesbezügliche Streitbeilegung aufgrund der Übereinkunft ab, und
    (2) so darf keine Bestimmung der anderen Übereinkunft so ausgelegt werden, als weiche sie von einer Bestimmung in Teil III oder V dieses Vertrags oder von dem Recht auf diesbezügliche Streitbeilegung aufgrund dieses Vertrags ab, soweit eine derartige Bestimmung für den Investor oder die Investition günstiger ist."
100 Dafür jedoch etwa RREEF Infrastructure (G.P.) Limited and RREEF Pan-European Infrastructure Two Lux S.a.r.l. v. Spain, Decision on the Jurisdiction, 6.6.2016, ICSID Case No. ARB/13/30, Rn. 75; zust. *Wuschka*, ZEuS 2018, 25 (43 f.).

gleichbleiben. Einen Primat des Völkerrechts, den die Schiedsgerichte oftmals einfordern, hat der EuGH, wie die zitierte Rechtsprechung[101] zeigt, wiederholt für die Unionsrechtsordnung abgelehnt. Eine Kollision mit dem Primärrecht droht nur dann nicht, und die Streitbeilegungsvorschriften des Energiecharta-Vertrags bleiben weiterhin zulässig, soweit entgegen der Praxis der Schiedsgerichte[102] wegen der Kollisionsgefahr das Unionsrecht auch zwischen den Mitgliedstaaten nicht als anwendbares Völkerrecht im Sinne eines Prüfungsmaßstabs betrachtet wird.[103] Dies lässt sich mit den völkerrechtlichen Kollisions- und Auslegungsregeln des Art. 26 Abs. 6 Energiecharta-Vertrag i.V.m. Art. 30 Abs. 4 lit. a und Art. 31 der Wiener Vertragsrechtskonvention (WVK) dadurch in Einklang bringen, dass man entsprechend der bereits bei Abschluss des Energiecharta-Vertrags bestehenden besonderen supranationalen Rechtsnatur des Unionsrechts den durch Art. 4 Abs. 3 EUV sowie die Autonomie- und Einheitsgrundsätze normativ konkretisierten Willen der Unionsmitgliedstaaten als maßgeblich betrachtet und die Unionsverträge von der Anwendbarkeit als „völkerrechtliche" Schiedsnormen ausnimmt.[104] Rechte dritter Parteien werden bei reinen Intra-EU-Streitigkeiten hierdurch nicht berührt. Die Lösung vermeidet auch die im Lichte der

---

101 Oben II.4.
102 Vgl. in dem Sinne Charanne v. España, Laudo final, 21.1.2016, SCC Arbitraje No.: 062/2012, Rn. 443; Isolux v. España, Laudo, 12.7.2016, Arbitraje SCC V2013/153, Rn. 654. S. auch die Kommission, C(2017) 7384 final vom 10.11.2017: State aid SA.40348 (2015/NN) — Spain Support for electricity generation from renewable energy sources, cogeneration and waste, Rn. 164. Deutlich auch Vattenfall v. Germany, Decision on the Achmea Issue, 31.8.2018, ICSID Case No. ARB/12/12, Rn. 140 ff. Die derzeitige Praxis der Schiedsgerichte – wie die in dieser Fn. genannte – orientiert sich nach wie vor an der Rechtsprechung des EuGH in der für die private Handelsschiedsgerichtsbarkeit maßgeblichen Eco Swiss-Entscheidung (EuGH, 1.6.1999, C-126/97, Slg. 1999, I-3055, Rn. 31 ff. – Eco Swiss), die eine Anwendung von Unionsrecht durch die Schiedsgerichte vorauszusetzen schien. S. in diesem Sinne auch aufschlussreich und abwägend Electrabel v. Hungary, Decision on Jurisdiction, Applicable Law and Liability, 30.11.2012, ICSID Case No. ARB/07/19, Rn. 4.152 ff. im Zusammenhang mit Art. 344 AEUV.
103 Dafür schon *Germelmann*, RdE 2018, 229 (235).
104 Deutlich gegen eine differenzierende Lösung indes Vattenfall v. Germany, Decision on the Achmea Issue, 31.8.2018, ICSID Case No. ARB/12/12, Rn. 140 ff. Die dortige Diskussion konzentrierte sich auf die von der hiesigen Konstruktion zu unterscheidende Frage, ob Art. 26 Abs. 6 EnCV die Zuständigkeit des Schiedsgerichts ausschließen könne. S. dazu verneinend auch Eskosol S.p.A. in liquidazione v. Italy, Decision on Termination Request and Intra-EU Objection, 7.5.2019, ICSID Case No. ARB/15/50, Rn. 114 ff.

unklaren EuGH-Rechtsprechung unionsrechtlich unsichere Notwendigkeit von Versuchen, im konkreten Fall Kollisionen zwischen Investitionsschutzrecht und Unionsrecht im Wege der Auslegung zu verneinen.[105] Im Gegenteil kann eine restriktive Auslegung des Art. 26 Abs. 6 Energiecharta-Vertrag die Anwendung des Unionsrechts ebenso wie in Drittstaatsfällen in Schiedsverfahren generell ausschließen, ohne die Anwendung des Energiecharta-Vertrags vollständig in Frage zu stellen.[106]

Um darüber hinaus die innerunionale Investor-Staat-Streitigkeiten aus der schiedsgerichtlichen Zuständigkeit vollständig auszuschließen, kann in Anbetracht der Vertragstextbezogenheit der Schiedsgerichte in Intra-EU-Streitigkeiten nur eine ausdrückliche „disconnection clause" als Spezialregelung bzw. eine Interpretationsabrede zwischen allen Vertragspartnern des Energiecharta-Vertrags entsprechend Art. 31 Abs. 3 WVK[107] für Klarheit sorgen. Bis dies der Fall ist, verstieße im Bereich des Energiecharta-Vertrags nach dieser Auslegung ein Intra-EU-Schiedsspruch nicht per se gegen Unionsrecht (Achmea-Fallgruppe), sondern möglicherweise nur im konkreten Fall, wenn sein Inhalt materiell in Konflikt mit Bestimmungen des Unionsprimär- oder ggf. -sekundärrechts gerät (Micula-Fallgruppe)[108], was aber nur in Sondersituationen wie im Falle des Beihilferechts zur Durchbrechung der Bindungswirkung führen kann.

c) *Strukturelle Erfordernisse der CETA-Kriterien*

Eine solche restriktive Auslegung der Achmea-Grundsätze wird dem CETA-Gutachten gerecht, welches völkerrechtliche Verträge unter Beteiligung der Union und mit eigenen Streitbeilegungsmechanismen weiterhin gestattet.[109]

---

105 Vgl. die Konfliktvermeidungsversuche in Charanne v. España, Laudo final, 21.1.2016, SCC Arbitraje No.: 062/2012, Rn. 439, 448 ff.; Eiser v. Spain, Award, 4.5.2017, ICSID Case No. ARB/13/36, Rn. 199 ff.
106 Nicht in dieser Beziehung differenzierend hingegen Eskosol S.p.A. in liquidazione v. Italy, Decision on Termination Request and Intra-EU Objection, 7.5.2019, ICSID Case No. ARB/15/50, Rn. 114 ff.
107 Es ist fraglich, ob die Drittstaaten-Vertragsparteien eine generelle Unanwendbarkeit der schiedsvertraglichen Regelungen im EU-Binnenverhältnis akzeptieren würden; eine diesbezügliche erkennbare Praxis liegt nicht vor; sie müsste sich auf jeden einzelnen Vertrag spezifisch beziehen.
108 Vgl. zur zutreffenden Differenzierung zwischen der Unionsrechtswidrigkeit der Schiedsklausel einerseits und der Unionsrechtswidrigkeit einer Vollstreckung des Schiedsspruchs andererseits Vattenfall v. Germany, Decision on the Achmea Issue, 31.8.2018, ICSID Case No. ARB/12/12, Rn. 231.
109 EuGH (Plenum), 30.4.2019, GA 1/17, ECLI:EU:C:2019:341 – CETA, Rn. 106 ff.

Dass eine unionsrechtliche Regelung in der herrschenden Auslegung als bloßes Faktum, nicht als Schiedsnorm in das Verfahren eingebracht wird,[110] ist vom EuGH hier jüngst ausdrücklich akzeptiert worden.[111] Freilich bleiben die soeben geschilderten Unsicherheiten in Bezug auf die Anforderungen, die der Gerichtshof in Hinblick auf die verfassungsmäßige Funktionsfähigkeit der Organe, d.h. also die schiedsgerichtliche Prüfdichte in Bezug auf legitime öffentliche Interessen, aufgestellt hat, sowie hinsichtlich der Garantien des Art. 47 GRCh in Bezug auf die Ausgestaltung der Schiedsgerichte. Während sich in der vorliegenden schiedsgerichtlichen Rechtsprechung durchaus eine Anerkennung der staatlichen Regulierungsbefugnis feststellen lässt, sind die Erfordernisse hinsichtlich der Zugänglichkeit und Unabhängigkeit der Schiedsgerichte weiter mit offenen Fragen verknüpft. Da der Gerichtshof im CETA-Gutachten ein institutionalisiertes System prüfte, kann nicht mit Sicherheit vorhergesagt werden, welche konkreten Anforderungen er an das klassische, auch im Bereich der Handelsschiedsgerichtsbarkeit akzeptierte Schiedsgerichtssystem stellen wird. In den Leitlinien des Rates zur Modernisierung des Energiecharta-Vertrags wird jedenfalls die Verankerung des Multilateralen Investitionsgerichts angestrebt.[112] Eine pauschale Verurteilung dieser traditionell völkerrechtlich etablierten Streitbeilegungsform erschiene indes in keinem Falle sachgerecht.

---

110 In diese Richtung gehen die Regelungen des anwendbaren Rechts in Art. 3.13 des im Ratifikationsprozess befindlichen Investitionsschutzabkommens EU-Singapur und auch die Regelung in Art. 8.31 CETA:
„Applicable law and interpretation
1. When rendering its decision, the Tribunal established under this Section shall apply this Agreement as interpreted in accordance with the Vienna Convention on the Law of Treaties, and other rules and principles of international law applicable between the Parties.
2. The Tribunal shall not have jurisdiction to determine the legality of a measure, alleged to constitute a breach of this Agreement, under the domestic law of the disputing Party. For greater certainty, in determining the consistency of a measure with this Agreement, the Tribunal may consider, as appropriate, the domestic law of the disputing Party as a matter of fact. In doing so, the Tribunal shall follow the prevailing interpretation given to the domestic law by the courts or authorities of that Party and any meaning given to domestic law by the Tribunal shall not be binding upon the courts or the authorities of that Party."
111 EuGH (Plenum), 30.4.2019, GA 1/17, ECLI:EU:C:2019:341 – CETA, Rn. 130 ff. S. auch schon *Germelmann*, RdE 2018, 229 (235).
112 S. Rat der Europäischen Union, Negotiating Directives for the Modernisation of the Energy Charter Treaty – Adoption, Doc. 10745/19 ADD 1 vom 2.7.2019, S. 5.

IV. Fazit

Die Zukunft der internationalen Schiedsgerichtsbarkeit insbesondere im Energierecht bleibt damit mit Unklarheiten behaftet.[113] Die Aussagen des EuGH in der Achmea-Entscheidung sind im besten Falle doppeldeutig.[114] Das CETA-Gutachten hat in einigen Punkten Klarheit gebracht, aber weitere Unsicherheiten hinzugefügt. Die Regelungen dieses Abkommens können indes als Blaupause für künftige Schiedsklauseln gelten. Eine Schiedsgerichtsbarkeit in Abkommen mit Drittstaaten ist danach weiterhin möglich.

Viel spricht nach allem auch für einen Fortbestand der Schiedsgerichtsbarkeit nach dem Energiecharta-Vertrag. Dass die unionsrechtlich geführten Streitigkeiten die Praxis der Schiedsgerichtsbarkeit nach dem Energiecharta-Vertrag gleichsam abschrecken würden, kann nicht gesagt werden; im Gegenteil dauern politisch brisante Verfahren wie das Vattenfall-Verfahren[115] nicht nur an, es werden vielmehr beständig neue, auch unionsinterne Schiedsstreitigkeiten anhängig

---

113 Ein Vorabentscheidungsersuchen, das explizit die Frage nach der Unionsrechtskonformität des Energiecharta-Vertrags aufwirft, scheint bislang nicht im Raum zu stehen. Im Verfahren der Anfechtung des Schiedsspruchs Novenergia II – Energy & Environment (SCA) (Grand Duchy of Luxembourg), SICAR v. Spain, Final Arbitral Award, 15.2.2018, SCC Arbitration (2015/063), vor schwedischen Gerichten ist ein Vorabentscheidungsersuchen nicht erfolgt. Das Vorabentscheidungsersuchen der Cour d'appel de Paris, 24.9.2019, N° 18/14721 – Republik Moldau/Sté Komstroy (anhängig beim EuGH als Rs. C-741/19) betrifft die Auslegung des Investitionsbegriffs des Energiecharta-Vertrags, nicht aber die Achmea-Problematik; das Ausgangsverfahren betrifft einen Schiedsspruch zugunsten eines ukrainischen Investors gegenüber der Republik Moldau.
114 Zu den negativen Konsequenzen und möglichen Umgehungsstrategien seitens der Investoren vgl. anschaulich *Wuschka*, ZEuS 2018, 25 (44 f.).
115 Vattenfall v. Germany, ICSID Case No. ARB/12/12. S. dazu etwa *Germelmann*, in: Gundel/Lange (Hrsg.), Europäisches Energierecht zwischen Klimaschutz und Binnenmarkt, 2020, S. 81 (88 ff.) m.w.N. Zuvor bereits *Buntenbroich/Kaul*, SchiedsVZ 2014, 1; *Dederer*, in: Raetzke/Feldmann/Frank (Hrsg.), Aus der Werkstatt des Nuklearrechts, 2016, S. 119 ff.; *Gundel*, EnWZ 2016, 243; *Krajewski*, ZUR 2014, 396 (399 f.); *Ludwigs*, NVwZ 2016, 1. Zur verfassungsrechtlichen Dimension BVerfGE 143, 246; dazu *Börner*, RdE 2017, 119; *Shirvani*, DÖV 2017, 281; *Büdenbender*, DVBl. 2017, 1449. Ferner das Sechzehnte Gesetz zur Änderung des Atomgesetzes (16. AtGÄndG) vom 10.7.2018, BGBl. I S. 1122.

Fazit

gemacht. Auch die Europäische Union selbst ist hinsichtlich des Projekts Nord Stream 2 nun betroffen.[116]

In rechtspolitischer Hinsicht ist seine Zielrichtung weiterhin aktuell und erhaltenswert; das Modernisierungsbestreben erkennt dies eindeutig an. Private Investitionen haben nicht nur für die Sicherstellung der Energieversorgung an sich, sondern gerade auch für den Umbau des Energiesystems eine erhebliche Bedeutung. Investitionen bedürfen jedoch der Sicherstellung rechtssicherer Investitionsbedingungen. Hierzu leisten Investitionsschutzverträge und insbesondere auch die Investitionsschutzschiedsgerichtsbarkeit wesentliche Beiträge. Eine Reduktion von Investitionssicherheit durch Eingriffe in bestehende Schutzsysteme führt zu einer geringeren Attraktivität für Investitionen. Freilich ist die Einschätzung, inwieweit dies unternehmensseitig wirtschaftlich in Kauf genommen werden kann, weil etwa alternative Sicherungsmechanismen als ausreichend angesehen werden oder trotz Unsicherheiten die Höhe der zu erwartenden Gewinne die reduzierte Sicherheit ausgleichen kann, in hohem Maße politisch und individuell. Gleichwertige, rechtlich alternative Absicherungen der Rechtssicherheit sind indes fraglich.[117] Die Erfolge der Kommission im Bereich alternativer Mechanismen wie der Mediation sind bislang begrenzt, der Schutz durch mitgliedstaatliche Gerichte und unionsrechtliche Garantien für die Investoren offenbar nicht in jedem Falle attraktiv.[118] Die grundsätzliche Frage nach dem Verhältnis zwischen staatlicher Regulierungsbefugnis und völkerrechtlichem Vertrauensschutz hat auch der EuGH bislang nicht zufriedenstellend beantworten können. Allerdings sind die diesbezüglichen internationalen Bemühungen ebenso wenig weit fortgeschritten.[119]

---

116 Vgl. die Nachw. oben Fn. 88.
117 Vgl. auch das Non-paper von Österreich, Finnland, Frankreich, Deutschland und den Niederlanden "Intra-EU-Investment Treaties", Doc. 25/16 (Council of the EU, General Secretariat, Trade Policy Committee) vom 7.4.2016, Rn. 11 ff.
118 In diesem Sinn zu Recht auch *López-Rodríguez*, TEL 8 (2019), 279 (301). Hieran dürfte auch die politische Selbstverpflichtung der Mitgliedstaaten nichts ändern; s. etwa die Declaration of the Representatives of the Governments of the Member States, of 15 January 2019, on the Legal Consequences of the Judgment of the Court of Justice in Achmea and on Investment Protection Within the European Union, Tz. 6. Sie entspricht ohnehin ihrer unionsrechtlichen Pflicht nach Art. 19 Abs. 1 UAbs. 2 EUV. Zusammenfassend zu den Vorteilen der Schiedsgerichtsbarkeit insbesondere nach der ICSID-Konvention *Dederer*, in: Raetzke/Feldmann/Frank (Hrsg.), Aus der Werkstatt des Nuklearrechts, 2016, S. 119 (125 ff.) m.w.N.
119 S. die Nachw. oben I.

In diesem Zusammenhang erscheint es in rechtspolitischer Hinsicht nicht fernliegend, gerade im Energiebereich mit seinen erheblichen Herausforderungen betreffend den Umbau des Versorgungssystems und den Klimaschutz, eine zusätzliche Absicherung für Investitionen für plausibel und sachgerecht zu halten.[120] Dies gilt auch für Intra-EU-Streitigkeiten nach dem Energiecharta-Vertrag. Auch wenn entsprechende Regelungen in künftigen Verträgen politisch unwahrscheinlich sind, tragen sie doch im bestehenden System zur Zielerreichung bei. Sie sichern in einem politisch hoch umstrittenen Feld wichtige Investitionsentscheidungen ab.

Nötig bleibt freilich die Steigerung der Vorhersehbarkeit von schiedsgerichtlichen Entscheidungen. Dies kann durch eine präzisere textliche Ausgestaltung der jeweiligen Garantien der Investitionsschutzverträge geschehen, wie sie etwa die moderneren Verträge wie CETA enthalten;[121] sie geben den typischerweise texttreuen Schiedsgerichten klarere Vorgaben. Der Energiecharta-Vertrag kann derartige Sicherheiten durch die Textgestaltung derzeit nicht bieten; sie sind aber jedenfalls aus Sicht der Union Gegenstand der Modernisierungsbestrebungen. Auch sind die Arbeiten zur Einrichtung eines Multilateralen Investitionsgerichtshofs noch nicht entscheidend weit gediehen.[122] Indes führt die wachsende Menge schiedsgerichtlicher Rechtsprechung zum Energiecharta-Vertrag zu einer Präzisierung des Verhältnisses zwischen staatlicher Regulierungsfreiheit und dem Vertrauensschutz der Investoren. Sie bezieht dabei Schiedsgerichtsrechtsprechung aus anderen Vertragswerken mit ein, was ihre Vorhersehbarkeit und Belastbarkeit erhöht.[123] Dies führt zu einer Präzisierung der rechtlichen Bestimmungen des Vertragswerks und fördert die Vorhersehbarkeit für die Zulässigkeit staatlicher Maßnahmen mit Auswirkungen auf private Investitionen, auch wenn die Schiedsgerichte bislang keine endgültigen gemeinsamen, subsumtionsfähigen Definitionen entwickelt haben. Ob sie den vagen Kriterien des EuGH genügen, ist ebenfalls nicht ausgemacht. Möglicherweise könnten

---

120 Vgl. auch *López-Rodríguez*, TEL 8 (2019), 279.
121 Vgl. dazu auch *Koutrakos*, ELRev. 44 (2019), 293 (294).
122 S. die Nachw. oben I.
123 Vgl. zur materiellen Konvergenz in der schiedsgerichtlichen Rechtsprechung *Moreiro González*, ELRev. 42 (2017), 402. Zum Phänomen monographisch in jüngerer Zeit auch *Kadelbach*, Regimeübergreifende Konkretisierung im internationalen Investitionsrecht, 2014.

Auslegungsvereinbarungen[124] in Betracht kommen, die jene sowie die grundsätzlichen Linien der bisherigen Schiedsgerichte gleichsam kodifizieren.

Die politische Reform des Energiecharta-Vertrags, die auch die heute drängenden Fragen des Klimaschutzes einbezieht, erscheint sachgerechter als einseitige Beschneidungen seines Anwendungsbereichs, die letztlich das gesamte Vertragswerk in Gefahr bringen können. Dass in Zeiten, in denen Multilateralismus keinen leichten Stand hat[125] und die internationale Energiepolitik in hohem Maße umstritten ist, die Reformzielsetzung einfach wäre, ist damit freilich keineswegs gesagt.

---

124 Vgl. dazu etwa *Crawford*, in: Nolte (Hrsg.), Treaties and Subsequent Practice, 2013, S. 29 ff. Diese dürften freilich nicht rückwirkend sein; vgl. EuGH (Plenum), 30.4.2019, GA 1/17, ECLI:EU:C:2019:341 – CETA, Rn. 236 f.
125 Vgl. dazu schon *Germelmann*, EuZW 2016, 207.

Dankes- und Schlussworte

Von Prof. Dr. Gunther Kühne

Die zum Abschluss dieser Vortragsfestveranstaltung im Programm vorgesehenen Dankes- und Schlussworte können nur solche vielfältiger und tiefempfundener Wertschätzung an alle sein, die an der Gestaltung des heutigen Tages mitgewirkt haben.

Sie richten sich zunächst an das Haus PricewaterhouseCoopers oder – abgekürzt – PwC hier in Berlin. Personifiziert wird das Unternehmen am heutigen Tage durch Herrn Rechtsanwalt Dr. Boris Scholtka, Partner von PwC Legal. Der Dank umschließt Anlage, Organisation und Ablauf der Tagung, die sich durch einen besonders stilvollen Charakter ausgezeichnet hat. Ganz persönlich darf ich Dir, lieber Boris, gegenüber diesen Dank besonders bekräftigen. Seit Deiner Assistentenzeit in den Jahren 1996–1998 am Clausthaler Institut verbindet uns eine stetig enger werdende Freundschaft, die heute einen erneuten sichtbaren Ausdruck fand, aber bereits vor 10 Jahren in Gestalt Deiner aufopferungsvollen Betreuung der mir zu meinem 70. Geburtstag gewidmeten Festschrift einen ersten Höhepunkt erreichte.

Sodann habe ich den Moderatoren von Herzen zu danken; Ihnen, lieber Herr *Mohr*, für die Bereitwilligkeit zur Aufnahme der Veranstaltung in die Reihe der wissenschaftlichen Aktivitäten des Berliner enreg-Instituts und damit zur Fortsetzung meiner langjährigen engen Verbindung zu diesem Institut. Ihnen, lieber Herr *Weyer*, als meinem Clausthaler Amtsnachfolger, danke ich sehr herzlich für die Übernahme eines Teils der Moderatorentätigkeit einschließlich der Modifikation Ihrer Urlaubspläne. Ich werte dies als weiteres Zeichen Ihrer kollegialen, freundschaftlichen und noblen Gesinnung, die ich jeden Tag im Clausthaler Institut genießen darf.

Eine Veranstaltung wie diese steht und fällt natürlich mit der intellektuellen Qualität der Fachvorträge. In dieser Beziehung haben wir nun heute ein wahres Feuerwerk erlebt. Allen Rednern gilt insoweit mein tiefempfundener Dank.

Lieber Matthias, rund um Dein verfassungsrechtliches Lebensthema der Eigentumsgarantie hast Du die Vielfalt der Erscheinungsformen des Eigentumsschutzes aus nationaler und internationaler Sicht kaleidoskopartig aufgezeigt. Für den selbstregulierenden und konsensualen Eigentumsschutz steht in Deutschland ja der Atomausstieg des Jahres 2002. Er hat allerdings die Risiken eines solchen Vorgehens für die Inhaber der – seinerzeit unbefristeten – Eigentumspositionen sehr deutlich gemacht. Aus ordnungsrechtlicher Sicht stellt sich andererseits die Frage, ob die staatlichen Rechtsschutzsysteme die regelmäßig hohe Komplexität der Verfahren zur technologischen Umsteuerung (Atom-, Kohleausstieg) vom Umfang und von der Zeitdauer her noch aushalten.

Lieber Ulrich, Deine höchstaktuellen Darlegungen zu den neuesten gesetzgeberischen Planungen zum Ausstieg aus der Kohleverstromung haben sowohl durch Detailreichtum als auch durch Praxiserfahrung geglänzt. Wie wir es von Deinen Beiträgen auf den Düsseldorfer Energierechtstagen her kennen, hast Du auch heute nicht mit scharfer Kritik an den handwerklichen „Leistungen" des Gesetzgebers gespart. Diese Unzulänglichkeiten stellen natürlich eine besondere Belastung der rechtspolitischen Entwicklung in einer Zeit dar, in der einerseits die fachliche Komplexität der zu entscheidenden Sachfragen wesentlich zunimmt, und andererseits das Interesse an der Einbeziehung breiter Schichten von Nicht-Experten in die politische Auseinandersetzung unter populistischen Vorzeichen an der Tagesordnung ist. Dieser Spagat muss heutzutage bei diesem wie bei vielen anderen Themen ausgehalten werden.

Sie, lieber Herr Gundel, haben sich mit einem judikativen Vorstoß der EU-Kommission auseinandergesetzt, der bereits als europapolitische Zeitenwende apostrophiert worden ist,[1] dem Angriff auf das deutsche normierende Umsetzungskonzept. Sie haben dargetan, dass der Kommissionsvorstoß schon nicht mit dem positivrechtlichen Stand des Europarechts vereinbar ist. Dem mit den Details des Europarechts nicht so vertrauten Betrachter springt bei dem sich selbst genügenden regulatorischen Administrativsystem die Frage der Vereinbarkeit mit dem auch europarechtlich garantierten Rechtsstaatsprinzip in die Augen. Mir scheint die abgestufte Einengung der Entscheidungsspielräume über Parlamentsgesetz, Verordnung und einzelfallbezogener Verwaltungsentscheidung vorzugswürdig. Im Übrigen besteht die Gefahr, dass ein System selbstgenügsamer Regulierungsentscheidungen eine regulatorische Betriebsblindheit hervorbringt.

Ihnen, lieber Herr Ludwigs, gebührt Dank für die Analyse und Einordnung der EuGH-Entscheidung vom 28.3.2019 zum deutschen EEG. Dabei hat sich gezeigt, dass mit der Verneinung der Beihilfeeigenschaft keineswegs alle Beihilfeprobleme im Energierecht auf europäischer Ebene geschwunden sind. Für mich kam die Entscheidung insofern überraschend, als die jüngere Rechtsprechungslinie des EuGH den Zugriff des EU-Rechts auf den Rechtsgestaltungsspielraum der Mitgliedstaaten deutlich verstärkt hat (vgl. die Urteile zu § 315 BGB und zur innerunionalen Schiedsgerichtsbarkeit – Achmea -). Die hiervon

---

1 Vgl. *Ludwigs*, EnWZ 2019, 160 ff. („Zeitenwende der nationalen Energieregulierung?").

abweichende Philosophie der Beihilfeentscheidung ist dann wohl nur mit spezifisch beihilferechtlichen Gesichtspunkten zu erklären.

Schließlich danke ich Ihnen, lieber Herr Germelmann, ganz herzlich für Ihre Einschätzung der Bedeutung des Achmea-Urteils des EuGH vom März 2018. Die diesbezüglichen Aussagen des Gerichts stellen sich ja im Lichte des kürzlichen Gutachtens des EuGH zum CETA-Abkommen zwischen der EU und Kanada etwas nuancierter und weniger schiedsgerichtsfeindlich dar.

Insgesamt haben wir einen ungewöhnlich spannenden Tag auf hohem juristischem Niveau erlebt. Wir können uns auf die Veröffentlichung des Tagungsbandes in der „roten Reihe" des enreg-Instituts freuen. Mit nochmaligem Dank an alle Beteiligten schließe ich die Veranstaltung.

Gunther Kühne 80 Jahre – eine Laudatio

von Prof. Dr. Matthias Schmidt-Preuß, Bonn[*]

Lieber *Gunther*,

verehrte Frau *Schulz-Kühne*!

Liebe Kolleginnen und Kollegen,

meine Damen und Herren!

Gunther Kühne hatte immer und hat unverändert ein großes Herz für Berlin. Und es ist kein Zufall, dass wir hier in der Hauptstadt seinen 80. Geburtstag feiern! Die Eigenschaft des Berliners – der Du virtuell ja bist! – kennzeichnen Dich selbst: Tatkraft, Unerschrockenheit, Neugier, Humor und Begeisterungsfähigkeit!

Lieber *Gunther*, in der Rückschau auf Deinen Werdegang fiel mir Einiges auf, was uns gemeinsam ist.

Einen markanten Unterschied allerdings gibt es gleich am Anfang: der Geburtsort! Du erblicktest in Gelsenkirchen das Licht der Welt. Damit war für Dich eine von zwei Karrieren fast schicksalhaft vorgezeichnet: Entweder Du wirst Präsident von Schalke 04 oder Deutschlands berühmtester Bergrechtler. Du hast Dich für das Zweite entschieden!

Das Jura-Studium hast Du komplett in Köln durchgeführt – vom Sommersemester 1959 bis zum Wintersemester 1962/63. In dieser Zeit lerntest Du Professor *Gerhard Kegel* kennen, der Dich fachlich und persönlich beeindruckte – und insbesondere frühzeitig für die internationale Dimension des Rechts begeistern konnte.

Nach dem 1. juristischen Staatsexamen begann *Gunther Kühne* im Juni 1963 die Referendarzeit, die er in Gelsenkirchen – u.a. am dortigen VG – und Essen absolvierte. Nebenher warst Du in den Rechtsabteilungen des Unternehmensverbandes Ruhrbergbau und der Gelsenkirchener Bergwerks-AG (Gelsenberg) tätig, dazu kam die Mitarbeit an einem spannenden Revisionsverfahren vor dem BGH. Dies dürfte die Geburtsstunde Deiner späteren Erfolgsgeschichte als

---

[*] Gehalten am 12.9.2019 in Berlin, Capital Club; hier abgedruckt im unveränderten Redestil.

Bergrechtler gewesen sein. Das wird unterstrichen durch Deine erste wissenschaftliche Publikation im Jahre 1966 – und zwar nicht zufällig in der Zeitschrift für Bergrecht (ZfB), die vom Bundesministerium für Wirtschaft herausgegeben wurde und die älteste deutsche juristische Zeitschrift ist!

Nach dem 2. Juristischen Staatsexamen im Jahre 1966 war *Gunther Kühne* von 1967 bis 1970 Wissenschaftlicher Assistent in Bochum bei Professor *Otto Sandrock*. Bei ihm promoviertest Du summa cum laude mit einer vielbeachteten international-privatrechtlichen Arbeit, in der Du Dich mit der Freiheit der Rechtswahl in der Person des Erblassers auseinandergesetzt hast, einem Kernproblem der Parteiautonomie im internationalen Erbrecht. Das Rigorosum fand am 26.6.1970 statt. Zwei Tage später saß *Gunther Kühne* im Flugzeug nach New York, wo er in einem Studienjahr an der renommierten Columbia University den Master of Laws erwarb.

Schlag auf Schlag ging es weiter: Genau ein Jahr später – im Juni 1971 – trat er in das Bundesministerium für Wirtschaft (BMWi) in Bonn ein. Hier war er von 1971 bis Ende 1973 im Referat I C 3 tätig, das als Spiegelreferat zum Post- und Verkehrsministerium einen hohen Rang im Hause einnahm. Nach einer halbjährigen Stage bei der deutschen OECD-Vertretung in Paris – mit Sitzungen im (mir wohlbekannten) Château de la Muette – zog es *Gunther Kühne* zu Beginn des Jahres 1974 in das Bundesministerium der Justiz (BMJ) in Bonn – im Ministeriums-Jargon hieß das „Diplomaten-Klau", wenn „gute Leute" von einem anderen Ministerium „abgeworben" wurden.

Nach dem Eintritt in das Schuldrechtsreferat des BMJ 1974 wurde *Gunther Kühne* – ungewöhnlich früh – Persönlicher Referent des Parlamentarischen Staatssekretärs Dr. *Hans de With*. Diese spannende Tätigkeit versah er drei Jahre, in denen er auch die Bekanntschaft des damaligen Bundesministers der Justiz, Dr. *Hans-Jochen Vogel*, machte. Der Kontakt zu beiden riss nie ab.

1978 – nach insgesamt 8 Jahren in der Fachlinie und in der Leitung (auch hier eine Parallele) – zog es *Gunther Kühne* zu neuen Herausforderungen in der Welt der academia! Aber zunächst: Welch bravouröser Abschied! Das BMJ ließ *Gunther Kühne* nicht ziehen, ohne noch einmal von seiner Expertise zu profitieren. Die Spitze des Hauses bat ihn, einen Gesetzentwurf für das neue – überfällige – IPR-Gesetz zu verfassen, und er nahm diese große Chance an! Das Ergebnis: der allseits sog. „*Kühne-Entwurf*"!

Daraus wurde – praktisch unverändert – der amtliche Gesetz-Entwurf, der nach den parlamentarischen Beratungen weitgehend telle quelle angenommen wurde. Und man kann schon sagen: Das IPR-Gesetz von 1986 trägt überdeutlich Deine Handschrift! Welch' ungewöhnliche Auszeichnung! Bis heute kenne ich keinen Oberregierungsrat, dem es vergönnt war, in dieser schöpferischen und weittragenden Weise prägend in die praktische Gesetzgebung hineinzuwirken, wie Du, lieber *Gunther*, es tun durftest und getan hast! Ein von der Parteiautonomie geprägtes, sachlich anknüpfendes modernes IPR zu schaffen, war Dir ein Herzensanliegen, und das konntest Du verwirklichen!

Aber Zeit, Deinen frischen Ruhm zu genießen, hast Du Dir nicht gegönnt. Vielmehr gingst Du zupackend daran, den „nächsten Schritt" in die Zukunft zu tun. Längst hattest Du ihn wohl bedacht und vorbereitet. Es zog Dich in die Wissenschaft, von der hektischen Welt des Politik-Managements hin zur Wahrheitssuche in Einsamkeit und Freiheit! So kam es, dass Du 1978 aus dem Stand Inhaber des Lehrstuhls für Berg- und Energierecht an der Technischen Universität Clausthal und Direktor des gleichnamigen Instituts wurdest. Hinzu kam die Honorarprofessur an der Universität Göttingen für Zivil-, Berg- und Energierecht. Beherzt und voller Tatkraft gelang es Dir, Clausthal-Zellerfeld zu einem wahren Knotenpunkt des Bergrechts auszubauen und des Energierechts aufzubauen. Die Entwicklung und – man muss es schon sagen – das Schicksal des Steinkohlenbergbaus und jetzt auch des Braunkohlenbergbaus hast Du über Jahrzehnte nachhaltig juristisch begleitet – in einer Fülle von Aufsätzen, Monographien und Expertisen, und auch als Autor im Boldt/Weller, dem langjährigen Großkommentar zum BBergG, der inzwischen auch Deinen Namen als Mitherausgeber trägt. *Gunther Kühne* verfügte – und verfügt – bei seinen Arbeiten stets über einen hohen Wirkungsgrad. Erinnert sei beispielhaft an seinen Aufsatz in BB 1987, 2032 ff., in dem er das damalige Verbot der Neueinführung von Konzessionsabgaben für verfassungswidrig erklärte – was bald darauf unter Zitation dieses Aufsatzes vom BVerwG voll bestätigt wurde und Eingang in die Konzessionsabgaben-Verordnung fand.

Legendär ist das Kölner Bergrechts-Seminar, das Du zusammen mit Professor *Jürgen F. Baur* – der sehr gern hier und heute unter uns gewesen wäre – regelmäßig am Rhein veranstaltet hast.

Dein Schrifttum weist Deine Schaffenskraft aus – und das Gespür für Wandlungsprozesse und Neues. Über das Berg- und Energiewirtschaftsrecht weit hinaus ziehst Du Deine Kreise. So hast Du Dich u.a. auch mit dem – früher im Fokus stehenden – Atomrecht beschäftigt und so ist es auch heute, nur wendet sich Dein Blick naturgemäß vor allem den Fragen der Entsorgung zu. Aufgeschlossen für das Neue hast Du Dich dem – immer stärker europäisch induzierten – wettbewerbsgeprägten Energierecht von der ersten Stunde an gewidmet. Deine präzisen Beiträge u.a. in der NVwZ sind hochgeschätzt. Hinzu kam das Energie-Kartellrecht, das Du bereichert hast, wie auch das Regulierungsrecht, dem Du Dich vielfältig und engagiert widmest. Du bist Mitglied der Wissenschaftlichen Vereinigung für das gesamte Regulierungsrecht.

Aber nicht nur im gesamten Energie- und Bergrecht hast Du prominent gewirkt und tust es weiterhin, nein: mit großem Radius hast Du stets das Handels- und Wirtschaftsrecht gepflegt – vom IPR habe ich schon gesprochen.

Deine Expertise war und ist gefragt – auch in internationalen Streitigkeiten! Wohl dem, der Dich als Schiedsrichter an seiner Seite weiß. Wem Du in Schiedsgerichtsverfahren beigestanden hast, zeigt ein Blick in das berühmte Verzeichnis der Deutschen Institution für Schiedsgerichtsbarkeit (DIS) in Bonn – da tauchst Du namhaft auf.

Die internationale Dimension wird reflektiert in Deiner wissenschaftlichen Präsenz rund um den Globus – ob dies nun Deine Auftritte in China (Nanjing), in Tel Aviv (wo Du Gastprofessuren innehattest) oder etwa in Moskau waren – Ihre Fotos von der Energierechts-Konferenz an der Lomonossow-Universität, liebe Frau *Schulz-Kühne*, sind unverändert eine wunderbare Erinnerung! Und genannt werden müssen natürlich Deine Vorträge, *Gunther*, im Rahmen der INLA-Weltkongresse in Buenos Aires (2014) und Neu-Delhi (2016).

Schließlich warst Du in Groningen bei den Energy Law-Tagungen von Frau Professorin *Martha Roggenkamp* immer wieder ein gefragter Redner!

Ein weiteres Sujet, das Dich stets umgetrieben hat und weiter im Zentrum Deines Denkens steht, ist das Eigentum! Wenn immer wir uns auf Tagungen trafen und Art. 14 GG genannt wurde, vergewisserten wir uns mit einem kaum wahrnehmbaren Kopfnicken seiner Bedeutung. Neben den vielen tiefgründigen Publikationen aus Deiner Feder nenne ich hier nur den ehrenvollen (zusammenfassenden) Abdruck Deiner Stellungnahme im grundlegenden Garzweiler-Urteil des BVerfG, amtliche Sammlung Band 134, Seite 242.

Gunther Kühne ist – mehr als ein hoch geschätzter und erfolgreicher Professor des Rechts! Was ihn in außerordentlich beeindruckender Weise auszeichnet, ist, dass er jenseits seiner ureigenen Profession der Jurisprudenz „über den Tellerrand" schaut und sich mit den Fragen der Zeit auseinandersetzt. Dein Schrifttum in den nichtjuristischen Bereichen zeigt dies eindrücklich auf. Das Interesse an der Welt treibt Dich um.

Dein Faible für das IPR – scheint mir – war und ist kein Zufall: Immer hattest du den – Aufschluss bietenden – Blick über den eigenen Bereich hinaus auf andere Länder, Sprachen und Kulturen als Bereicherung empfunden! Und als Quelle von Einsichten für Regeln, ohne die ein gedeihliches Zusammenleben nicht möglich ist. Das gilt für das Zusammenleben von Menschen im internationalen Kontext und es gilt für Wirtschaftssubjekte im weltweiten Warenverkehr. Internationales Privatrecht und internationales Handelsrecht (WTO/GATT) sind für *Gunther Kühne* Ausdruck einer Friedensordnung, die sicherstellt, dass

Menschen sich vertragen und zum eigenen Nutzen und damit auch zum Wohle aller interagieren können.

Neben all den herausragenden wissenschaftlichen Leistungen in der Jurisprudenz bist Du, lieber *Gunther*, damit in bewundernswerter Weise auch ein Weltbürger. Und das heißt: Du nimmst wahr, Du kommunizierst, Du setzt Dich auseinander – auch mit schwierigen Fragen, die Dir am Herzen liegen und z.B. Israel betreffen. Und Du nimmst Stellung – auch zu Themen, die über das eigene Land bzw. den juristischen Bereich hinausreichen. Das zeigen Deine vielfältigen Publikationen zum Schicksal jüdischer Juristen in der Zeit von 1933 bis 1945. Auch äußerst Du Dich zu aktuellen allgemeinen Fragen und bedienst Dich dabei u.a. durchaus auch der Literaturgattung des Leserbriefes. Dieses – nicht selbstverständliche – Engagement zeichnet Dich aus!

Aber das Schöne ist, dass der Weltbürger *Gunther Kühne* auch genießen kann, mit seiner Frau *Elvira* zu Hause z.B. bei einem ausgesuchten Tropfen Rotwein und kostbaren Delikatessen aus dem KaDeWe, per Bahn von ihm selbst nach Goslar transportiert.

Dass dies so bleiben möge, dass Du, lieber *Gunther*, auch künftig gesund und voller Schaffenskraft in der Wissenschaft und darüber hinaus wirken mögest, das ist mein Wunsch!

In diesem Sinne darf ich Sie bitten, meine Damen und Herren, mit mir das Glas zu erheben und auf das Wohl von *Gunther Kühne* anzustoßen!

Verzeichnis der Schriften

von Professor Dr. Gunther Kühne

A. Selbständige Veröffentlichungen, Handbücher (Beiträge), Kommentare

I. Berg- und Energierecht

1. Möglichkeiten einer gebündelten Gewinnung übereinanderliegender Bodenschätze (Juristisches Gutachten), veröffentlicht durch den Regierungspräsidenten Köln, Köln 1984, maschinenschriftlich, 205 S.
2. Das Verhältnis von Kreis- und Gemeindekonzessionsverträgen – Abschlußkompetenz und Fragen der Netzübernahme (Band 78 der Schriftenreihe „Heidelberger Forum", Verlag Decker & Müller), Heidelberg 1991, 60 S.
3. Wandel und Beharren im Bergrecht – Perspektiven der Bergrechtsentwicklung in Deutschland (zus. m. G. Gaentzsch) (Bd. 68 der Veröffentlichungen des Instituts für Energierecht an der Universität zu Köln, Nomos Verlagsgesellschaft), Baden-Baden 1992, 87 S.
4. Bergrechtlicher Rahmenbetriebsplan, Anlagengenehmigungsrecht und Umweltverträglichkeitsprüfung – Fragen der Bindungswirkung und Planfeststellungspflichtigkeit von Rahmenbetriebsplanzulassungen am Beispiel des Erkundungsbergwerks Gorleben (Bd. 68 der Schriftenreihe „Recht – Technik – Wirtschaft", Heymanns Verlag), Köln u.a. 1993, 100 S.
5. Rechtsfragen der Aufsuchung und Gewinnung von in Steinkohleflözen beisitzendem Methangas (Bd. 73 der Veröffentlichungen des Instituts für Energierecht an der Universität zu Köln, Nomos Verlagsgesellschaft), Baden-Baden 1994, 115 S.
6. Wettbewerb – Bestandsschutz – Umweltschutz – Aktuelle Tendenzen des Berg- und Energierechts – (mit W. Straßburg, H.P. Hermann, J.-J. Rupp) (Bd. 83 der Veröffentlichungen des Instituts für Energierecht an der Universität zu Köln, Nomos Verlagsgesellschaft), Baden-Baden 1997, 88 S.
7. Bestandsschutz alten Bergwerkseigentums unter besonderer Berücksichtigung des Art. 14 GG (Bd. 89 der Veröffentlichungen des Instituts für Energierecht an der Universität zu Köln, Nomos Verlagsgesellschaft), Baden-Baden 1998, 100 S.
8. Braunkohlenplanung und bergrechtliche Zulassungsverfahren – Rechtliche Bindungswirkungen des Braunkohlenplans Garzweiler II und eventueller Änderungen für das Betriebsplanverfahren – (Bd. 81 der Schriftenreihe „Recht – Technik – Wirtschaft"; Heymanns Verlag), Köln u.a. 1999, 86 S.

9. Das deutsche Berg- und Energierecht auf dem Wege nach Europa (mit J. F. Baur, M. Baron, U. Büdenbender) (Bd. 101 der Veröffentlichungen des Instituts für Energierecht an der Universität zu Köln, Nomos Verlagsgesellschaft), Baden-Baden 2002, 100 S.
10. Abschnitt „Aufsichtsrecht", in: M. Bartsch/A. Röhling/P. Salje/U. Scholz [Hrsg.], Stromwirtschaft – Ein Praxishandbuch, Teil „Organisation der Elektrizitätsversorgung", 3. Abschn., Kap. 15–18, S. 127–155, Carl Heymanns Verlag, Köln u.a. 2002.
11. Berg- und Energierecht im Zugriff europäischer Regulierungstendenzen (mit K. P. Schultz, U. Büdenbender, W. Frenz) (Bd. 112 der Veröffentlichungen des Instituts für Energierecht an der Universität zu Köln, Nomos Verlagsgesellschaft), Baden-Baden 2004, 135 S.
12. Öffentlichkeitsbeteiligung und Eigentumsschutz im Bergrecht (mit U. Ehricke) (Bd. 118 der Veröffentlichungen des Instituts für Energierecht an der Universität zu Köln, Nomos Verlagsgesellschaft), Baden-Baden 2005, 72 S.
13. Abschnitt „Aufsichtsrecht", in: M. Bartsch/A. Röhling/P. Salje/U. Scholz [Hrsg.], Stromwirtschaft – Ein Praxishandbuch, 2. Aufl., 2. Teil (Organisation der Elektrizitätsversorgung), 3. Abschn., Kap. 15–22, S. 248–282, Carl Heymanns Verlag, Köln u.a. 2008.
14. Abschnitt „Verfahren der Regulierung des Netzbetriebes und Regulierungsbehörde einschließlich Rechtsweg" (mit Julia Brand-Türkoglu und Erik Homann), in: M. Bartsch/A. Röhling/P. Salje/U. Scholz [Hrsg.], Stromwirtschaft – Ein Praxishandbuch, 2. Aufl., 4. Teil (Netzbetrieb), 2. Abschn., Kap. 55, S. 765–817, Carl Heymanns Verlag, Köln u.a. 2008.
15. Entwicklungslinien des Bergrechts – Genehmigungsrechtliche Fragen bei Großvorhaben des Kohlenabbaus (mit U. Ehricke) (Bd. 135 der Veröffentlichungen des Instituts für Energierecht an der Universität zu Köln, Nomos Verlagsgesellschaft), Baden-Baden 2008, 76 S.
16. Die rechtliche Regelung der Erdkörpernutzung (Bergrecht), Teil 1. Deutsches Bergrecht, in: F.J. Säcker [Hrsg.], Handbuch zum deutsch-russischen Energierecht, Verlag C.H, Beck, München 2010, S. 263–301
17. Nr. 16 auch russisch:

Pravovoe regulirovanie v sfere nedropolso–vanija. Gornoe parvo Germanii (Rechtliche Regulierung im Bereich der Erdkörpernutzung, Deutsches Bergrecht), in: P.G. Lachno/ F. J. Säcker [Hrsg.], Russisches und deutsches Energierecht, Moskau 2011, S. 172–212
18. Bundesberggesetz (Kommentar) m. H.-U. von Mäßenhausen, 1. Aufl. als Boldt/Weller, 2. Aufl., de Gruyter, Berlin 2016, 1446 S. (Mitherausgeber und Mitautor: Einleitung, §§ 16–29, § 48).

19. Das deutsche Bergrecht von 1865 bis zur Gegenwart, in: K. Tenfelde/T. Pierenkemper [Hrsg.], Geschichte des deutschen Bergbaus, Band 3: Motor der Industrialisierung, Aschendorff Verlag, Münster 2016, S. 495–531

II. Internationales Privatrecht

1. Die Parteiautonomie im internationalen Erbrecht, Diss. Bochum 1970; Band 75 der „Schriften zum Deutschen und Europäischen Zivil-, Handels- und Prozeßrecht", Verlag Gieseking, Bielefeld 1973, 162 S.
2. IPR-Gesetz-Entwurf (sog. Kühne-Entwurf) (Entwurf eines Gesetzes zur Reform des internationalen Privat- und Verfahrensrechts; Gesetzestext und Begründung), C.F. Müller-Verlag, Heidelberg 1980, 231 S.
3. Gutachten zu Stand und Reform des deutschen internationalen Ehe- und Kindschaftsrechts, erstattet für den 53. Deutschen Juristentag 1980 (Abteilung Ausländerrecht), C.H. Beck-Verlag, München 1980, 94 S.

B. Abhandlungen in Fachzeitschriften, Festschriften, Sammelwerken

I. Berg- und Energierecht, Handels- und Wirtschaftsrecht

1. Der Umfang des Ersatzanspruchs des Bergbautreibenden gegen die Öffentliche Verkehrsanstalt nach § 154 ABG, ZfB 107 (1966), S. 276–299
2. Le conflit d'intérêts entre la mine et la propriété de surface, en particulier les entreprises de transports publics, en droit minier allemand (Der Interessenkonflikt zwischen dem Bergbau und dem Grundeigentum, insbesondere den Öffentlichen Verkehrsanstalten, im deutschen Bergrecht), Rivista di diritto minerario 1968, S. 1–33
3. Die Interessenkollision zwischen dem Bergbau und den Öffentlichen Verkehrsanstalten – Das Ineinandergreifen von öffentlicher und privater Aufopferung im Rahmen der §§ 153, 154 des preußischen Allgemeinen Berggesetzes, BB 1968, S. 1359–1363
4. Gläubigersicherung und Gesellschafterschutz im Rahmen der §§ 128, 129 HGB, ZHR 133 (1969), S. 149–194
5. Wechselbeziehungen zwischen Bergschadensrecht und allgemeinem Zivilrecht, Mitteilungsblatt der Technischen Universität Clausthal, Heft 46 (1979), S. 21–24
6. Zulassung und Ausübung des Bergbaus bei Kollisionen mit anderen öffentlichen Interessen – zugleich ein Beitrag zu § 47 RegE BBergG –, ZfB 121 (1980), S. 58–72

7. Das Ende der bergrechtlichen Gewerkschaft, Zeitschrift für das gesamte Genossenschaftswesen 32 (1982), S. 183–188
8. Die Förderabgabe im Schnittpunkt von Bergrecht und Finanzverfassungsrecht, DB 1982, S. 1693–1697
9. The New West German Mining Law (Das neue Bergrecht der Bundesrepublik Deutschland) (mit Frank J. Trelease), Land and Water Law Review 19 (1984), S. 371–394
10. Die Bedeutung der Erfordernisse der Raumordnung und Landesplanung bei bergbaulichen Vorhaben, DVBl. 1984, S. 709–716
11. Bergrechtliche Aspekte der Endlagerung radioaktiver Stoffe, DVBl. 1985, S. 207–211
12. Probleme der Mitgewinnung, insbesondere der Eigenverwendung mitgewonnener Bodenschätze durch den Bergbautreibenden, ZfB 126 (1985), S. 178–188
13. Verfahrensstufung im bergrechtlichen Betriebsplanverfahren – Zur Funktion und Bedeutung des Rahmenbetriebsplanverfahrens, UPR 1986, S. 81–88
14. Oil and Gas Licensing: Some Comparative United Kingdom – German Aspects (Konzessionierung im Erdöl- und Erdgas-Bergbau: Einige rechtsvergleichende Aspekte zum englischen und deutschen Recht), Journal of Energy and Natural Resources Law (J.E.R.L.) 4 (1986), S. 150–165
15. Bauplanungsrecht, Bauordnungsrecht und Anlagengenehmigungsverfahren – Zu den bauplanungsrechtlichen Ausführungen des Urteils des BVerwG vom 19.12.1985 – 7 C 65/82 – (Wyhl-Urteil), NVwZ 1986, S. 620–622
16. Haftung bei grenzüberschreitenden Schäden aus Kernreaktorunfällen, NJW 1986, S. 2139–2146
17. Die Bergverwaltung von 1918–1982, in: Band V der „Deutschen Verwaltungsgeschichte", Deutsche Verlags-Anstalt, München 1987, S. 806–815
18. Die Verfassungswidrigkeit des Verbots der Neueinführung von Konzessionsabgaben, BB 1987, S. 2032–2039; auch in: Versorgungswirtschaft 40 (1988), S. 69–84
19. Nochmals: Bergbauliche Berechtigungen und Nationalparkverordnung Niedersächsisches Wattenmeer, DVBl. 1987, S. 1259–1263
20. Ungleichbehandlung bei Konzessionsabgaben, in: Bd. 2 der „Berliner Beiträge zum Wirtschaftsrecht" 1988, S. 133–148
21. Bergbau und Staatseinfluß in der neueren Berggesetzgebung (Antrittsvorlesung Göttingen), JuS 1988, S. 433–439

22. Responsiveness and Security within Resource Regimes (Anpassungsoffenheit und (Investitions-)Sicherheit innerhalb von Bergrechtssystemen), in: Energy Law '88 (Tagungsband des 8. Energierechts-Seminars 1988 der International Bar Association in Sydney), S. 319-345
23. Die Entwicklung des Umweltschutzgedankens im Bergrecht, in: Jahrbuch des Umwelt-und Technikrechts 1989 (Schriftenreihe der Forschungsstelle für Umwelt- und Technikrecht an der Universität Trier), S. 165-188
24. Die Einführung der Umweltverträglichkeitsprüfung im Bergrecht, UPR 1989, S. 326-329
25. Monopoly and Competition in Energy Supply: Federal Republic of Germany, J.E.R.L. 7 (1989), Supplement, S. 31-46
26. Competition in Network-bound Energy Systems (mit W. Fox, Jr.), in: Energy Law '90, S. 223-255
27. Rechtsfragen der Endlagerung radioaktiver Abfälle aus der Sicht des Bergrechts, ZfB 132 (1991), S. 283-292
28. Rechtsfragen der Endlagerung radioaktiver Abfälle aus der Sicht des Bergrechts, in: Technische und rechtliche Fragen zur Endlagerung radioaktiver Abfälle, (Bd. 2 der Schriftenreihe Fortbildungszentrum für Technik und Umwelt (FTU), Kernforschungszentrum Karlsruhe), Karlsruhe 1991, S. 136-150
29. Abandonment and Reclamation of Energy Sites and Facilities: Germany, J.E.R.L. 10 (1992), S. 4-20
30. Rechtsfragen des Endlagers Morsleben (ERAM), in: Tagungsband der Tagung der Deutschen Landesgruppe der International Nuclear Law Association (INLA), Erfurt 6./7.6.1991, 1992, S. 185-200
31. Bergbauberechtigungen und Bestandsschutz – Eine rechtsvergleichende Analyse unter besonderer Berücksichtigung des anglo-amerikanischen Rechts–, in: Europarecht – Energierecht – Wirtschaftsrecht, Festschrift für Bodo Börner zum 70. Geburtstag, Carl-Heymanns Verlag, Köln 1992, S. 565-581
32. Rechtsgutachten (legal opinion) über deutsches koloniales Bergrecht bzgl. der Pazifikinsel Nauru, erstattet der Republik Nauru, vom 2.6.1988, 29 S., ausgewertet in Ch. Weeramantry, Nauru – environmental damage under international trusteeship, Oxford University Press, 1992, S. 180-200
33. Bestandsschutz und Verfahrensstufung im Betriebsplanverfahren – Bemerkungen zum Urteil des BVerwG v. 13.12.1991 – 7 C 25.90 –, UPR 1992, S. 218-221
34. Die Neuordnung des Konzessionsabgabenrechts (mit Dirk Beddies), RdE 1992, S. 132-139

35. Abandonment and Reclamation of Energy and Resource Sites and Facilities – What Happens when the Operator Fails to Meet its Obligations? Energy and Resources Law '92, Graham & Trotman, 1993, S. 308–324
36. Regulierung, Kartellaufsicht, Subsidiaritätsprinzip, in: J. F. Baur [Hrsg.], Die Europäische Gemeinschaft und das Recht der leitungsgebundenen Energie (Bd. 69 der Veröffentlichungen des Instituts für Energierecht an der Universität zu Köln) 1993, S. 105–123
37. Anschlußkonzessionsverträge und Kartellrecht, RdE 1993, S. 129–134
38. GATT and EC Subsidies and State Aids: The Coal Sector, J.E.R.L. 12 (1994), S. 83–94
39. Aktuelle Problemschwerpunkte des Bergrechts (Einleitung), in: G. Kühne/ F. Schoch/ M. Beckmann, Gegenwartsprobleme des Bergrechts (Bd. 74 der Veröffentlichungen des Instituts für Energierecht an der Universität zu Köln, hrsg. v. J.F. Baur) 1994, S. 9–24
40. Incremental Regulatory Reform and Antitrust Law in the Energy Sector: the German „Middle of the Road" Approach, J.E.R.L. 14 (1996), S. 76–87
41. Der Grundsatz der Preisgleichheit im Strompreisrecht – Räumliche Differenzierung der Stromtarife im Versorgungsgebiet? – Beilage 14 zu Heft 36/1996 des BB vom 5.9.1996, Seiten 1–11
42. Entwicklungslinien des Umweltrechts, in: Braunschweigische Wissenschaftliche Gesellschaft [Hrsg.], Abhandlungen der Braunschweigischen Wissenschaftlichen Gesellschaft (BWG), Band XLVII, Braunschweig 1996, S. 257–269
43. Regulierung der Rohstoffgewinnungstätigkeit im Seegebiet, in: H.-J. Koch/R. Lagoni [Hrsg.], Meeresumweltschutz für Nord- und Ostsee – Zum Zusammenspiel von Völkerrecht und nationalem Umweltrecht, Nomos-Verlagsgesellschaft, Baden-Baden 1996, S. 309–328
44. Schicksal langfristiger Lieferverträge zwischen Energieversorgungsunternehmen (EVU) bei Aufhebung der §§ 103, 103a GWB, Beilage 19 zu Heft 50/1997 des BB vom 11.12.1997, Seiten 1–16
45. Jurisdiction to Enforce Competition Law in Europe: An Analysis of the European and German Legal Regimes, J.E.R.L 16 (1998), S. 68–83
46. Rechtsfragen der Kooperation in der Energiewirtschaft, RdE 1998, S. 41–48; auch in: J. F. Baur [Hrsg.], Die Energiewirtschaft im Gemeinsamen Markt – Rechtliche Probleme, Handlungsmöglichkeiten (Bd. 85 der Veröffentlichungen des Instituts für Energierecht an der Universität zu Köln) 1998, S. 79–95
47. Das neue Energiewirtschaftsrecht (mit Boris Scholtka), NJW 1998, S. 1902–1909

48. Das Bergschadensrecht im System der außervertraglichen Schadenshaftung, in: H.-J. Ahrens [Hrsg.], Festschrift für Erwin Deutsch zum 70. Geburtstag, Carl Heymanns Verlag, Köln 1999, S. 203-216
49. Grundrechtsunfähigkeit und Ausstrahlungswirkung der Grundrechte auf das einfache Recht, in: U. Diederichsen [Hrsg.], Festschrift für Walter Rolland zum 70. Geburtstag, Bundesanzeiger Verl.-Ges, Köln 1999, S. 211-224
50. Der Netzzugang und seine Verweigerung im Spannungsfeld zwischen Zivilrecht, Energierecht und Kartellrecht, RdE 2000, S. 1-7; auch in: J. F. Baur [Hrsg.], Die Energiewirtschaft im Umbruch – Rechtliche und politische Probleme im neuen Wettbewerbsmarkt (Bd. 96 der Veröffentlichungen des Instituts für Energierecht an der Universität zu Köln) Nomos-Verlagsgesellschaft, Baden-Baden 2000, S. 45-57
51. Absatzsicherungsinteresse, Leistungsaustausch und Wettbewerb bei langfristigen (Energie-)Lieferverträgen mit wettbewerbsbeschränkenden Nebenabreden, in: K. P. Berger/W. F. Ebke/S. Elsing u.a. [Hrsg.], Festschrift für Otto Sandrock zum 70. Geburtstag, Verlag für Recht und Wirtschaft, Heidelberg 2000, S. 535-557
52. Die Rolle des Staates im neuen Energiewirtschaftsrecht, Beilage 6 zu Heft 20/2000 des BB vom 18.5.2000, Seiten 4-9
53. Rechtsfragen der Mehrvergütung im Erneuerbare-Energien-Gesetz (Rechtsgutachten) Solarbrief 4/00, S. 4-13, auch in: http:/www.sfv.de/lokal/mails/rundmail/p0008021.htm
54. The Implementation of the Gas Directive in Germany, in: International Energy Law and Taxation Review, Sweet & Maxwell, London 2000, S. 241-244
55. Abbruchverpflichtungen nach dem Bundesberggesetz unter Berücksichtigung steuerlicher Rückstellungskriterien, ZfB 142 (2001), S. 23-39
56. Die rechtsvergleichende und internationalrechtliche Dimension des Bergrechts, in: J. Basedow [Hrsg.], Aufbruch nach Europa: Festschrift zum 75-jährigen Bestehen des Max-Planck-Instituts für ausländisches und internationales Privatrecht, Mohr Siebeck, Tübingen 2001, S. 363-377
57. Legal Incentives to Alternative Energies in German Energy Law, in: P. D. Cameron/D. Zillman [Hrsg.], Kyoto: From Principles to Practice, Wolters Kluwer, London 2001, S. 61-72
58. Energy Supply Contracts and European Antitrust Law, International Energy Law and Taxation Review 2002, S. 11-14
59. Bergbau und Naturschutz – ein rechtliches Spannungsverhältnis, in: Wirtschaftsministerium Mecklenburg-Vorpommern [Hrsg.], 1. Steine- und Erdentag des Landes Mecklenburg-Vorpommern (26.09.2001), Tagungsband, 2002, S. 17-22

60. Das neue Atomrecht (mit Christian Brodowski), NJW 2002, S. 1458–1463
61. Die grundsätzliche rechtliche Bedeutung von Bergschäden für das Betriebsplanverfahren, Genehmigungsverfahren in der bergbaulichen Praxis – Aktuelle Brennpunkte, in: Heft 94 der Schriftenreihe der GDMB Gesellschaft für Bergbau, Metallurgie, Rohstoff- und Umwelttechnik, 2002, S. 65–72
62. Gemeinschaftsrechtlicher Ordnungsrahmen der Energiewirtschaft zwischen Wettbewerb und Gemeinwohl, in: J. F. Baur [Hrsg.], Regulierter Wettbewerb in der Energiewirtschaft (Bd. 100 der Veröffentlichungen des Instituts für Energierecht an der Universität zu Köln) Carl Heymanns Verlag, Köln 2002, S. 65–78
63. Gemeinschaftsrechtlicher Ordnungsrahmen der Energiewirtschaft zwischen Wettbewerb und Gemeinwohl, RdE 2002, S. 257–264
64. Netzüberlassung bei Auslaufen insbesondere alter Konzessionsverträge – Ein Beitrag zum intertemporalen Energiekonzessionsvertragsrecht, in: U. Büdenbender/G. Kühne [Hrsg.], Das neue Energierecht in der Bewährung – Bestandsaufnahme und Perspektiven –, Festschrift zum 65. Geburtstag von Professor Dr. Jürgen F. Baur, Nomos, Baden-Baden 2002, S. 187–198
65. Rechtsgrundlagen der Förderung der Kraft-Wärme-Kopplung in Deutschland, Kraft-Wärme-Kopplung als Beitrag zu Klimaschutz und Energieeinsparung (Tagungsband der Braunschweigischen Wissenschaftlichen Gesellschaft (BWG) über das 4. Colloquium der Kommission „Recht und Technik" der BWG am 20.09.2001 in Hannover), Braunschweig 2002, S. 22–33
66. Reichweite und Dogmatik des § 130 Abs. 3 GWB, in: F. J. Säcker [Hrsg.], Reform des Energierechts, 2003, S. 81–90
67. Die sog. Verrechtlichung der Verbändevereinbarungen und ihre Bedeutung für das Verhältnis zwischen Energie- und Kartellrecht, BB 2003, S. 383–386
68. Die Reform des Energiewirtschaftsrechts nach der Novelle 2003 (mit Christian Brodowski), NVwZ 2003, S. 769–775
69. Versagungsermessen und Atomausstieg – Zur Genehmigungsfähigkeit einer Urananreicherungsanlage im Lichte von § 1 Nr. 1 AtG –, DVBl. 2003, S. 1361–1365
70. Reichweite und Dogmatik des § 130 Abs. 3 GWB, in: F. J. Säcker [Hrsg.], Neues Energierecht, 2. Aufl., C. F. Müller, Heidelberg 2003, S. 215–224
71. Energy Security and Conflict with Other Values: The Case of Germany, in: B. Barton/C. Redgwell/A. RØnne/D. Zillman [Hrsg.], Energy Security – Managing Risk in a Dynamic Legal and Regulatory Environment, Oxford University Press, Oxford 2004, S. 337–354
72. Das Verhältnis zwischen allgemeinem und sektorspezifischem (Sonder-) Kartellrecht beim Zugang zu wesentlichen Einrichtungen, in: A. Fuchs/H.-P.

Schwintowski/D. Zimmer [Hrsg.], Wirtschafts- und Privatrecht im Spannungsfeld von Privatautonomie, Wettbewerb und Regulierung: Festschrift für Ulrich Immenga zum 70. Geburtstag, Verlag C.H. Beck, München 2004, S. 243-259

73. Das Verhältnis von Bergrecht und naturschutzrechtlicher Eingriffsregelung, in: R. Hendler/P. Marburger [Hrsg.], Jahrbuch des Umwelt- und Technikrechts 2004, Erich Schmidt Verlag, Berlin 2004, S. 251-295

74. Regulating Offshore Wind Farms in Germany, in: M. Roggenkamp/U. Hammer [Hrsg.], European Energy Law Report I, intersentia, Antwerpen/Oxford 2004, S. 147-159

75. Der Schutz kommunalen Oberflächeneigentums im bergrechtlichen Betriebsplanverfahren, NVwZ 2005, S. 59-61

76. Das neue Energiewirtschaftsrecht nach der Reform 2005 (mit Christian Brodowski), NVwZ 2005, S. 849-858

77. Vom Privatrecht zum Wirtschaftsrecht – Die Verdrängung der Monopolpreisrechtsprechung zu § 315 BGB durch Kartellrecht, RdE 2005, S. 241-250

78. Ouzhou dianli yu tianranqi gongying ziyouhua de falü wenti (Die Liberalisierung der europäischen Strom- und Gasversorgung als Rechtsproblem), in: Zhong – De faxue luntan (Jahrbuch des Deutsch-Chinesischen Instituts für Rechtswissenschaft der Universitäten Göttingen und Nanjing), Bd. 3, 2005, S. 154-166

79. Gerichtliche Entgeltkontrolle im Energierecht, NJW 2006, S. 654-657

80. Conventional Regulation Renascent but Changing – Alternatives to Regulation: The German Experience, in: B. Barton/L.K. Barrera-Hernández/A. Lucas/A. Rønne [Hrsg.], Regulating Energy and Natural Resources, Oxford University Press, Oxford 2006, S. 203-221

81. Long-Term Gas Contracts in Germany: An Assessment of the German Competition Authority, in: U. Hammer/M. Roggenkamp [Hrsg.], European Energy Law Report III, intersentia, Antwerpen/Oxford 2006, S. 55-69

82. Obligatorische Rahmenbetriebsplanzulassung im Bergrecht und ihre Wirkungen, DVBl. 2006, S. 662-672

83. Billigkeitskontrolle und Verbotsgesetze, NJW 2006, S. 2520-2522

84. Bergrechtliche Aspekte des Wasseranstiegs im Bergbau, DVBl. 2006, S. 1219-1224

85. Soll das Recht der Regulierungsverwaltung übergreifend geregelt werden?, in: Verhandlungen des 66. Deutschen Juristentags Stuttgart 2006, Bd. II/2, Verlag C.H. Beck, München 2007, S. 249-251, 267

86. Gasförderrechte, Förderabgaben und Bergrecht in Deutschland, in: F. J. Säcker [Hrsg.], Deutsch-russisches Energie- und Bergrecht im Vergleich, Bd. 1 der Veröffentlichungen des Instituts für deutsches und europäisches Wirtschafts-, Wettbewerbs- und Regulierungsrecht der FU Berlin, Peter Lang Verlag, Frankfurt am Main 2007, S. 113–124

87. The Implementation of the 2003 Electricity and Gas Directives and some of its Ramifications in German Energy Law (mit Julia Brand-Türkoglu), in: U. Hammer/M. Roggenkamp [Hrsg.], European Energy Law Report IV, intersentia, Antwerpen/Oxford 2007, S. 21–40

88. Genehmigung von Endlagern für radioaktive Abfälle: Planerische Gestaltungsfreiheit oder Gesetzesvollzug?, in: N. Pelzer [Hrsg.], Bausteine eines globalen Atomrechtsregimes, Tagungsband der AIDN/INLA-Regionaltagung in Goslar 2006, Nomos, Baden-Baden 2007, S. 75–88 und Schlußwort, S. 311

89. Versorgungssicherheit – Erscheinungsformen und Abwägungskonstellationen, in: J.-Chr. Pielow [Hrsg.], Sicherheit in der Energiewirtschaft – in memoriam P.J. Tettinger, Richard Boorberg Verlag, 2007, S. 129–149

90. Judicial Progress in Germany's Nuclear Waste Disposal Policy – The Konrad Repository Decisions of 26 March 2007, Nuclear Law Bulletin (NLB), Heft No. 80 (Dezember 2007), S. 9–19

91. Deguo nengyuan guanzhi de xianzhuang he quianjing (Stand und Perspektiven der Energieregulierung in Deutschland), in: Zhong – De faxue luntan (Jahrbuch des Deutsch-Chinesischen Instituts für Rechtswissenschaft der Universitäten Göttingen und Nanjing), Bd. 5, 2007, S. 99–106

92. Die Teilung von Bergwerkseigentum nach Bodenschätzen, ZfB 149 (2008), S. 49–56

93. Aktuelle Rechtsfragen der Endlagerung, in: Bd. 14 Forum Energierecht (Tagungsband des 13. Deutschen Atomrechtssymposiums 2007), Nomos-Verlagsgesellschaft, Baden-Baden 2008, S. 361–376

94. Aktuelle Rechtsfragen zur Entgeltkontrolle, in: U. Ehricke [Hrsg.], Aktuelle Herausforderungen des Energierechts aus deutscher und internationaler Sicht (Bd. 139 der Veröffentlichungen des Instituts für Energierecht an der Universität zu Köln), Nomos, Baden-Baden 2008, S. 27–44

95. Unterirdische Grundstücksnutzungen als Gegenstand des Zivil-, Berg-, Energie- und Umweltrechts – Zugleich zur rechtssystematischen Einbindung der CO_2-Speicherung, RdE 2009, S. 14–20

96. Osnovy germanskogo gornogo prava (gaz, neft', ugol') (Grundlagen des deutschen Bergrechts) (Gas, Öl, Kohle), in: P.G. Lachno [Hrsg.], Energetika i pravo (Energie und Recht), Bd. 2, Novaja pravovaja kul'tura, Moskau 2009, S. 116–128

97. Die Liberalisierung und Deregulierung der Strom- und Gasversorgung: Eine Reform vor der Entgleisung?, in: Braunschweigische Wissenschaftliche Gesellschaft [Hrsg.], Jahrbuch 2008 der Braunschweigischen Wissenschaftlichen Gesellschaft (BWG), Braunschweig 2009, S. 43–60

98. Umweltverträglichkeitsprüfung und Strategische Umweltprüfung: Auswirkungen auf bergrechtliche Zulassungsentscheidungen, in: B. Heggemann [Hrsg.], Leipziger Schriften zum Umwelt- und Planungsrecht, Bd. 15, Nomos-Verlagsgesellschaft, Baden-Baden 2009, S. 11–26

99. Entwicklungslinien des Atomrechts – Fünfzig Jahre deutsches Atomgesetz, in: N. Pelzer, [Hrsg.], Tagungsband der AIDN/INLA-Regionaltagung in Berlin, 2010, S. 31–39

100. Ownership Unbundling and Property Rights in the EU Energy Sector (mit I. del Guayo, M. Roggenkamp), in: A. McHarg/B. Barton/A. Bradbrook/L. Godden [Hrsg.], Property and the Law in Energy and Natural Resources, Oxford University Press, Oxford 2010, S. 326–359

101. Einführung in die Beiträge und Themen in: G. Kühne/U. Ehricke [Hrsg.], Bergrecht zwischen Tradition und Moderne, Nomos-Verlagsgesellschaft, Baden-Baden 2010, S. 13–17

102. Mengengrenzvereinbarungen in Gaskonzessionsverträgen – Bestand und Zulässigkeit –, RdE 2010, S. 6–12

103. Die betriebsplanrechtliche Relevanz bergbauinduzierter Erderschütterungen, DVBl. 2010, S. 874–885

104. Kommunale Gewährleistungsverantwortung bei fehlendem energiekonzessionsvertraglichem Nachfolgeinteresse, Beilage 3 zu Heft 3/2010 von N&R (August 2010), S. 6–11

105. Konzessionsabgabenpflichtigkeit der Abgabe von Erdgas aus Erdgastankstellen?, RdE 2010, S. 273–279

106. Die Rezeption des US-amerikanischen Kartellrechts im deutschen und europäischen Kartellrecht, in: W. Ebke/S. Elsing/B. Großfeld/G. Kühne [Hrsg.], Das deutsche Wirtschaftsrecht unter dem Einfluss des US-amerikanischen Rechts, Verlag Recht und Wirtschaft GmbH, Frankfurt am Main 2011, S. 49–67

107. Das deutsche Wirtschaftsrecht unter dem Einfluss des US-amerikanischen Rechts – Zusammenschau eines vielschichtigen Phänomens –, in: W. Ebke/S. Elsing/B. Großfeld/G. Kühne [Hrsg.], Das deutsche Wirtschaftsrecht unter dem Einfluss des US-amerikanischen Rechts, Verlag Recht und Wirtschaft GmbH, Frankfurt am Main 2011, S. 253–266

108. Leitplanken und Entwicklungsstränge des Energierechts, KSzW (Kölner Schriften zum Wirtschaftsrecht) 2011, S. 219–229

109. Das Konzept der Anreizregulierung und das Ziel einer sicheren Energieversorgung, in: W. Bayer [Hrsg.], Anreizregulierung in der Bewährung: Notwendige Investition in die Netzinfrastruktur?, Schriften des Instituts für Energiewirtschaftsrecht an der Universität Jena, Tagungsband der Dornburger Energiegespräche 2009, Sipplingen 2011, S. 11– 27

110. Bergrecht und Nachbarrecht – Rechtsfortbildung im Spannungsfeld von Rechtsgeschichte und Gegenwart, in: D. Joost/H. Oetker/M. Paschke [Hrsg.], Festschrift für Franz Jürgen Säcker zum 70. Geburtstag, Verlag C.H. Beck, München 2011, S. 105–123

111. Regulating the Extension of Electricity Networks: A German Perspective, in: M. Roggenkamp/L. Barrera-Hernández/D. Zillman/I. del Guayo [Hrsg.], Energy Networks and the Law – Innovative Solutions in Changing Markets, 2012, S. 371–393

112. Enteignungsentschädigung bei hoheitlichem Entzug von Bodenschätzen zugunsten öffentlicher Verkehrsanlagen – Zur Eigentumsdogmatik des BGH –, DVBl. 2012, S. 661–666

113. Stellungnahme vom 21.3.2012 zu den Verfassungsbeschwerdeverfahren 1 BvR 3139/08 und 1 BvR 3386/08 betr. Braunkohlentagebau Garzweiler, Zusfg. in: BVerfGE 134, 242, Rn. 142 f.

114. Das Verhältnis zwischen Energiewirtschaftsrecht und Kartellrecht im Wandel der Ordnungsrahmen, in: A. Klees/K. Gent [Hrsg.] Energie – Wirtschaft – Recht: Festschrift für Peter Salje zum 65. Geburtstag, Carl Heymanns Verlag, Köln u.a. 2013, S. 295–316

115. Drei Jahrzehnte Bundesberggesetz – Entwicklungslinien und Ausblick –, ZfB 154 (2013), S. 113–125

116. Funktionen der richterlichen Preis- und Preisanpassungskontrolle im Energiebereich, in: J. Gundel/K. W. Lange [Hrsg.], Die Energiewirtschaft im Instrumentenmix, Mohr Siebeck, Tübingen 2013, S. 57–82

117. Verfassungsrechtliche Fragen der bergrechtlichen Enteignung – Zum Garzweiler-Urteil des BVerfG vom 17.12.2013, NVwZ 2014, S. 321–326

118. (Energie-)regulatorische Entgeltgenehmigung und ex-post-Billigkeitskontrolle, in: W. Büscher/W. Erdmann/M. Haedicke/H. Köhler/M. Loschelder [Hrsg.] u.a., Festschrift für Joachim Bornkamm zum 65. Geburtstag, Verlag C.H. Beck, München 2014, S. 211–221

119. German Legal Responses to New Subsurface Technologies, in: D. Zillman/A. McHarg/L. Barrera-Hernández/A. Bradbrook [Hrsg.], The Law of Energy Underground – Understanding New Developments in Subsurface Production, Transmission and Storage, Oxford University Press, Oxford 2014, S. 399–417

120. The German Path Towards a Final Nuclear Waste Repository, in: R. M. Manóvil [Hrsg.], Nuclear Law in Progress, XXI. INLA Congress – Buenos Aires, Buenos Aires, 2014, S. 373–392
121. Handlungsoptionen zur Sicherung potentieller Endlagerstandorte – Stellungnahme für die Kommission „Lagerung hochradioaktiver Abfallstoffe" (Arbeitsgruppe 2) vom 09.04.2015 (K-Drs./AG2-12) in: www. bundestag. de/endlagerkommission
122. Wegmarken der Rechtsprechung des Bundesgerichtshofes zum Bergrecht, in: W. Hadding/U. Herrmann/A. Krämer [Hrsg.], Festschrift für Wolfgang Schlick zum 65. Geburtstag, Carl Heymanns Verlag, Köln u.a. 2015, S. 263–274
123. Rechtsfolgen unwirksamer Preisanpassungsklauseln in Energielieferungsverträgen, NJW 2015, S. 2546–2548
124. Energie(regulierungs)recht und Internationales Privatrecht, in: W. Büscher u.a. [Hrsg.], Rechtsdurchsetzung – Rechtsverwirklichung durch materielles Recht und Verfahrensrecht, in: Festschrift für Hans-Jürgen Ahrens zum 70. Geburtstag, Carl Heymanns Verlag, Köln 2016, S. 623–636
125. Die Stellung des Bergwerkseigentums in der straßenrechtlichen Planfeststellung, NVwZ 2016, S. 1221–1224
126. Nuclear Phase-Out Legislation and Nuclear Waste Management in Germany, in: R. Rajesh Babu/ M.P. Ram Mohan/ Els Reynaers Kini [Hrsg.], The Future of Nuclear Law: Addressing Societal, Environmental and Business Expectations, XXII. INLA Congress – New Delhi, 2016, Paper 25, S. 1–19
127. Die Bewältigung des Atomausstiegs – Rechtliches und Politisches –, in: Braunschweigische Wissenschaftliche Gesellschaft [Hrsg.], Jahrbuch 2016 der Braunschweigischen Wissenschaftlichen Gesellschaft (BWG), J. Cramer Verlag, Braunschweig 2017, S. 86–99
128. Bergbau(berechtigungen) und Eigentumsgarantie – Gewichtsverlagerungen in der höchstrichterlichen Rechtsprechung, ZfB 158 (2017), S. 71–84
129. Bergrecht im Wandel der Wirtschaftsordnungen, in: RdE Sonderheft Oktober 2017 zu Ehren von Prof. Dr. J.F. Baur, S. 38–42
130. Bergrechtliche Bewilligung und Fernstraßenbau – Eine überfällige Wende durch den EGMR, NVwZ 2018, S. 214–217
131. Fragen des Berechtsamswesens im Bergrecht, ZfB 159 (2018), S. 92–101
132. Europäisches Regulierungsrecht und mitgliedstaatliches Zivilrecht – Ein Spannungsfeld, in: P. Rosin/A. Uhle [Hrsg.] Recht und Energie – Liber amicorum für Ulrich Büdenbender zum 70. Geburtstag, De Gruyter, Berlin 2018, S. 795–809

133. Die Abänderbarkeit (energie-)regulierungsrechtlicher Behördenentscheidungen, in: M. Ludwigs [Hrsg.], Regulierender Staat und konfliktschlichtendes Recht, Festschrift für Matthias Schmidt-Preuß zum 70. Geburtstag, Duncker & Humblot, Berlin 2018, S. 879–890

134. Die zivilrechtliche Billigkeitskontrolle energiewirtschaftlicher Netzentgelte, in: J. Gundel/K. W. Lange[Hrsg.], 10 Jahre Energierecht im Wandel (Tagungsband der 10. Bayreuther Energierechtstage 2019), Mohr Siebeck, Tübingen 2020, S. 117–127

135. Bergrecht und verfassungsrechtliche Eigentumsdogmatik, in: Pielow (Hrsg.), Festgabe zum 200-jährigen Bestehen des OLG Hamm, 2020, S. 264–276

II. Internationales Privatrecht

1. Choice of Law in: Products Liability (Die Produkthaftung im Kollisionsrecht), California Law Review 60 (1972), S. 1–38

2. Testierfreiheit und Rechtswahl im internationalen Erbrecht – Die Parteiautonomie: eine „basic rule" des Kollisionsrechts?, JZ 1973, S. 403–407

3. Choice of Law and the Effects of Silence (Die Behandlung des Schweigens im Kollisionsrecht), in: European Private International Law of Obligations (Materialien zum ausländischen und internationalen Privatrecht, Band 23), Mohr Siebeck, Tübingen 1975, S. 121–124

4. Internationales Privatrecht im Ausgang des 20. Jahrhunderts, RabelsZ 43 (1979), S. 290–314

5. La codification du droit international privé en République fédérale d'Allemagne (Die Kodifikation des Internationalen Privatrechts in der Bundesrepublik Deutschland), ZSR N.F. Bd. 99 (1980), S. 283–299

6. Das internationale Personen- und Eherecht im RegE des Gesetzes zur Neuregelung des IPR – unter Berücksichtigung des schweizerischen Reformentwurfs, in: Lausanner Kolloquium über den deutschen und schweizerischen Gesetzentwurf zur Neuregelung des Internationalen Privatrechts (Band I der Veröffentlichungen des Schweizerischen Instituts für Rechtsvergleichung), Zürich 1984, S. 61–81, und Das Standesamt (StAZ) 1984, S. 3–11

7. Die außerschuldvertragliche Parteiautonomie im neuen Internationalen Privatrecht, IPRax 1987, S. 69–74

8. Der Anwendungsbereich des Renvoi im Lichte der Entwicklung des IPR, in: A. Heldrich [Hrsg.], Festschrift für Murad Ferid zum 80. Geburtstag am 11. April 1988, Verlag für Standesamtswesen, Frankfurt am Main 1988, S. 251–267

9. New Private International Law in the Federal Republic of Germany – Concepts and Structures, Tel Aviv University Studies in Law, Bd. 8 (1988), S. 219–239
10. Die Parteiautonomie zwischen kollisionsrechtlicher und materiellrechtlicher Gerechtigkeit, in: Liber Amicorum Gerhard Kegel zum 90. Geburtstag, Verlag C.H. Beck, München 2002, S. 65–82
11. Die Entsavignysierung des Internationalen Privatrechts insbesondere durch sog. Eingriffsnormen, in: Festschrift für Andreas Heldrich zum 70. Geburtstag, Verlag C.H: Beck, München 2005, S. 815–830
12. Das Anknüpfungssystem des neuen europäischen internationalen Deliktsrechts, in: H.-J. Ahrens/C. v. Bar/G. Fischer/A. Spickhoff/J. Taupitz [Hrsg.], Medizin und Haftung, Festschrift für Erwin Deutsch zum 80. Geburtstag, Springer Verlag, Berlin 2009, S. 817–833
13. Methodeneinheit und Methodenvielfalt im Internationalen Privatrecht – Eine Generation nach „Kollisionsnorm und Sachrecht", in: R. Michael/D. Solomon [Hrsg.], Liber Amicorum Klaus Schurig zum 70. Geburtstag, Otto Schmidt Verlagskontor, München 2012, S. 129–146
14. Rechtswahl und Eingriffsnormen in der Rechtsprechung des EuGH, in: J. C. Cascante/A. Spahlinger/S. Wilske [Hrsg.], Global Wisdom on Business Transactions, International Law and Dispute Resolution, Festschrift zum 65. Geburtstag für Gerhard Wegen, Verlag C.H. Beck, München 2015, S. 451–462
15. Internationales Privatrecht im 20. Jahrhundert – Der Einfluss von Gerhard Kegel und Alexander Lüderitz auf das Kollisionsrecht, ZVglRWiss 114 (2015), S. 355–366
16. Einige Bemerkungen zur IPR-Reform von 1986, in: IPRax 2017, S. 243–245

III. Bürgerliches Recht

1. Die Rückforderung von Vermögenszuwendungen zwischen Ehegatten bei Scheidung der Ehe unter besonderer Berücksichtigung des Bereicherungsrechts, FamRZ 1968, S. 356–363
2. Schenkungen unter Ehegatten, insbesondere ihre Rückabwicklung nach der Scheidung, im deutschen materiellen und internationalen Privatrecht, FamRZ 1969, S. 371–380
3. Der Vertrauensgedanke im Schuldvertragsrecht – Vergleichende Betrachtungen zum deutschen und anglo-amerikanischen Recht, RabelsZ 36 (1972), S. 261–284
4. Zur Reform des gesetzlichen Erb- und Pflichtteilsrechts, JR 1972, S. 221–226

5. Allgemeine Geschäftsbedingungen und Verbraucherschutz, JR 1974, S. 309–316
6. Das Gesetz zur Regelung des Rechts der Allgemeinen Geschäftsbedingungen, JR 1977, S. 133–137
7. Zuwendungen unter Ehegatten und Zugewinnausgleich, FamRZ 1978, S. 221–224
8. Wechselbeziehungen zwischen ehelichem Güterrecht und Zuwendungsgeschäften unter Ehegatten – Eine rechtsvergleichende Skizze, in: O. Sandrock [Hrsg.], Festschrift für Günther Beitzke zum 70. Geburtstag, de Gruyter, Berlin 1979, S. 249–267
9. Reliance, Promissory Estoppel and Culpa in Contrahendo: A Comparative Analysis, Tel Aviv University Studies in Law, Bd. 10 (1990), S. 279–296

IV. Sonstige Rechtsgebiete

1. Materiellrechtliche Einwendungen gegen Prozeßvergleiche und Vollstreckungsgegenklage, NJW 1967, S. 1115–1117

C. Anmerkungen zu Gerichtsentscheidungen

I. Berg- und Energierecht

1. Zu der Entscheidung des BGH vom 20.12.1971 – III ZR 113/69, BGHZ 57, 375 ff. – betr. das Verhältnis des Bergbaus zu den öffentlichen Verkehrsanstalten, NJW 1972, S. 826–827
2. Zu der Entscheidung des Hessischen VGH vom 7.11.1988 – 8 OE 122/83, RdE 1989, 103 ff. – betr. Verfassungswidrigkeit des Verbots der Neueinführung von Konzessionsabgaben, Der Städtetag 1989, S. 549–550
3. Zu der Entscheidung des BGH vom 16.3.1989 – 4 C 36.85, BVerwGE 81, 329 ff., – betr. die Kollision zwischen Bergbau und Grundeigentum, JZ 1990, S. 138–139
4. Zu der Entscheidung des BVerfG vom 16.5.1989 – 1 BvR 705/88, JZ 1990, S. 335–betr. Grundrechtsfähigkeit von Energieversorgungsunternehmen, JZ 1990, S. 335–336
5. Zu den Entscheidungen des BVerwG vom 24.6.1993 – BVerwG 7 C 36 und 37.92, BVerwGE 94, 23 ff. – betr. Gewinnungsrechte an Kies und Sand in der früheren DDR und ihre Überleitung nach Inkrafttreten des BBergG in den neuen Bundesländern (mit Dirk Beddies), JZ 1994, S. 201–203

6. Zu der Entscheidung des BGH vom 15.11.1994 – KVR 29/93, BGHZ 128, 17 ff. – betr. kartellrechtliche Erzwingung der Durchleitung von Gas zugunsten dritter Nichtleitungsinhaber (mit Mario Pohlmann), JZ 1995, S. 725–727

7. Zu der Entscheidung des BGH vom 21.3.1996 – III ZR 245/94, NJW 1996, 3409 ff. – betr. Bereicherungshaftung eines Energieversorgungsunternehmens bei Wegenutzung im vertragslosen Zustand (mit Boris Scholtka), JZ 1996, S. 1131–1133

8. Zu der Entscheidung des OLG Hamm vom 25.6.1996 – 19 K 15/96; rkr., DB 1996, 2608 – betr. Laufzeit von Fernwärmeversorgungsverträgen, DB 1996, S. 2610

9. Zu der Entscheidung des BGH vom 12.10.2000 – III ZR 242/98, BGHZ 145, 316 ff. – betr. Mitgewinnungsrechte an Grundeigentümerbodenschätzen, ZfB 142 (2001), S. 89–93

10. Zu der Entscheidung des EuGH vom 13.3.2001 – C-379/98, EuZW 2001, 242 ff. – betr. Europarechtskonformität des deutschen Stromeinspeisungsgesetzes, JZ 2001, S. 759–761

11. Zu der Entscheidung des OLG Düsseldorf vom 07.11.2001 – U (Kart) 31/00, RdE 2002, 44 ff. – betr. wettbewerbsbeschränkende Nebenabreden in Gaslieferverträgen, RdE 2002, S. 104–105

12. Zu der Entscheidung des BVerwG vom 04.12.2001 – BVerwG 4 C 2.00, BVerwGE 115, 274 ff. = DVBl. 2002, 624 ff. – betr. Rückzahlung von bergrechtlichen Förderabgaben, DVBl. 2002, S. 1116–1118

13. Zu der Entscheidung des BGH vom 09.12.2004 – III ZR 263/04, BGHZ 161, 305 ff. = DVBl. 2005, 373 – betr. Ersatzansprüche wegen Versagung einer bergrechtlichen Abbaubewilligung, DVBl. 2005, S. 978–980

14. Zu den Entscheidungen des BVerwG vom 15.12.2006 – 7 C. 1.06 und 7 C 6.06, BVerwGE 127, 259 ff. und 272 ff. – betr. Rechtsnatur und Wirkungen obligatorischer Rahmenbetriebsplanzulassungen im Bergrecht, DVBl. 2007, S. 832–834

15. Zu der Entscheidung des BVerfG vom 28.5.2009 – 1 BvR 1731/05, RdE 2009, S. 252 – betr. Grundrechtsfähigkeit von Energieversorgungsunternehmen, JZ 2009, S. 1071–1073

16. Zu der Entscheidung des BGH vom 14.05.2014 – VIII ZR 114/13, NJW 2014, 2708 ff. – betr. Preisanpassungsklausel im Gaslieferungsvertrag, NJW 2014, S. 2714–2715

17. Zu der Entscheidung des BVerwG vom 25.10.2018 – 4 C 9.17, BVerwGE 163, 294 – betr. Bergwerkseigentum und Naturschutz, ZfB 160 (2019), S. 198–202

II. Internationales Privatrecht

1. Zu der Entscheidung des Bundesgerichtshofes vom 19.9.1973 – VIII ZR 65/72, BGHZ 61, 221 ff. – betr. hypothetischen Parteiwillen im internationalen Schuldvertragsrecht, JR 1974, S. 241–242
2. Zu der Entscheidung des BGH vom 15.11.1976 – VIII ZR 76/75, NJW 1977, 1011 – betr. Interzessionsverbote im deutschen internationalen Bürgschaftsrecht, JZ 1977, S. 439–441
3. Zu der Entscheidung des BGH vom 7.12.1977 – IV ZB 30/77, NJW 1978, 1107 – betr. internationales Legitimationsrecht, JZ 1978, S. 478–480

III. Bürgerliches Recht

1. Zu der Entscheidung des BGH vom 27.3.1969 – VII ZR 165/66, BGHZ 52, 39 ff. – betr. Probleme der Gesamtschuld und des Regresses bei Schuldnermehrheit, JZ 1969, S. 565–567
2. Zu der Entscheidung des BGH vom 29.10.1969 – VIII ZR 202/67, BGHZ 53, 29 ff. – betr. Herausgabeanspruch des Eigentümers gegen den mittelbaren Besitzer nach § 985 BGB, JZ 1970, S. 189–191
3. Zu der Entscheidung des BGH vom 14.10.1971 – VII ZR 113/68, BGHZ 57, 137 ff. – betr. Rückabwicklung eines wegen arglistiger Täuschung angefochtenen Kaufvertrages (Saldotheorie), JR 1972, S. 112–113
4. Zu der Entscheidung des BGH vom 7.1.1972 – IV ZR 231/69, NJW 1972, 580 – betr. Rückabwicklung von Zuwendungen unter Ehegatten nach Scheidung der Ehe, JR 1972, S. 245–246
5. Zu der Entscheidung des BGH vom 21.6.1972 – IV ZR 69/71, BGHZ 59, 210 ff. – betr. Pflichtteilsergänzungsanspruch der Ehefrau wegen vorehelicher Schenkung, JR 1973, S. 289–290
6. Zu der Entscheidung des BGH vom 22.2.1973 – IV ZR 172/71, NJW 1973, 991 ff. – betr. Ausgleich für immaterielle Schäden bei Ehestörung, JR 1973, S. 374–375
7. Zu der Entscheidung des BGH vom 18.6.1973 – III ZR 207/71, BGHZ 61, 101 ff. – betr. Verhältnis von Amtshaftung und Deliktshaftung unter Familienangehörigen, JR 1974, S. 70–71
8. Zu der Entscheidung des BGH vom 29.5.1974 – IV ZR 210/72, NJW 1974, 1554 f. – und zu der Entscheidung des BGH vom 5.7.1974 – IV ZR 203/72, NJW 1974, 2045 – betr. Rückabwicklung von Zuwendungen unter Ehegatten nach Scheidung der Ehe, JR 1975, S. 156–157

9. Zu der Entscheidung des Bundesgerichtshofes vom 3.12.1975 – IV ZR 110/74, BGHZ 65, 320 ff. – betr. Zuwendungen unter Ehegatten im Rahmen der Zugewinngemeinschaft, JZ 1976, S. 487–489; dazu Erwiderung von Jaeger, JZ 1977, 138, und Schlußwort von Kühne, JZ 1977, S. 138–139;
10. Zu der Entscheidung des BGH vom 14.4.1976 – IV ZR 237/74, FamRZ 1976, 334 ff. – betr. Zuwendungen unter Ehegatten und ihre Rückabwicklung nach dem Tode eines Ehegatten, JR 1977, S. 23–24
11. Zu der Entscheidung des BGH vom 22.12.1976 – IV ZR 11/76, BGHZ 68, 43 ff. – betr. Auslegung des § 1374 Abs. 2 BGB, JR 1977, S. 509
12. Zu der Entscheidung des BGH vom 26.11.1981 – IX ZR 91/80, BGHZ 82, 227 ff. – betr. Zuwendungen unter Ehegatten und Zugewinnausgleich, JR 1982, S. 237–239

IV. Sonstiges

1. Zu der Entscheidung des BGH vom 16.12.1970 – VIII ZR 85/69, NJW 1971, 467 f. – betr. Zulässigkeit der Vollstreckungsgegenklage (§ 767 ZPO) gegen Prozeßvergleiche, ZZP Bd. 85 (1972), S. 98–102

D. Buchbesprechungen

I. Berg- und Energierecht

1. Berg- und Energierecht vor den Fragen der Gegenwart. Festschrift für Fritz Fabricius zum 70. Geburtstag, Stuttgart u.a.1989, NVwZ 1991, S. 254
2. Werner Hoppe: Das Spannungsverhältnis von Bergwerkseigentum und Oberflächeneigentum im Lichte des Verfassungsrechts, Heft 123 der Schriftenreihe der Juristischen Gesellschaft zu Berlin, Berlin u.a. 1991, Nordrhein-Westfälische Verwaltungsblätter 1992, S. 80
3. Uwe Hüffer/Knut Ipsen/Peter J. Tettinger: Die Transitrichtlinien für Gas und Elektrizität: Eine Studie zu den rechtlichen Schranken bei der Verwirklichung des Binnenmarktes für Energie, Stuttgart u.a. 1991, RdE 1992, S. 84
4. Jürgen F. Baur [Hrsg.]: Ablauf von Konzessionsverträgen – Versorgungssicherheit und Wettbewerb, Baden-Baden 1992, RdE 1993, S. 212
5. Bodo Börner/Achim-Rüdiger Börner: Die energierechtliche Genehmigung restituierter Stadtwerke, Köln 1991, RdE 1993, S. 250–251
6. M. Roggenkamp/A. Rønne/C. Redgwell/I. del Guayo [Hrsg.]: Energy Law in Europe, Oxford 2001, CMLR 39 (2002), S. 1209–1210
7. Ulrich Büdenbender/Peter Rosin, [Hrsg.]: KWK AusbauG, Kommentar zum Gesetz für die Erhaltung, die Modernisierung und den Ausbau der Kraft-Wärme-Kopplung, Köln 2003, ET 2003, S. 362

8. Ulrich Büdenbender: EnWG-Kommentar zum Energiewirtschaftsgesetz, Köln 2003, RdE 2003, S. 287–288
9. Gabriele Braband: Strompreise zwischen Privatautonomie und staatlicher Kontrolle, München 2003, NVwZ 2004, S. 591
10. Carlton Stoiber/Alec Baer/Norbert Pelzer/Wolfram Tonhauser: Handbook on Nuclear Law, Wien (IAEA) 2003, ZaöRV 64 (2004), S. 252 f.
11. Franz Jürgen Säcker [Hrsg.]: Berliner Kommentar zum Energierecht, München 2004, NVwZ 2005, S. 301–302
12. Ulrich Büdenbender/Peter Rosin: Energierechtsreform 2005: Einführung, Normtexte, Materialien Band 1; Essen 2005, ET 2006, S. 91
13. Elizabeth Bastida/Thomas Wälde/Janeth Warden-Fernández: International and Comparative Mineral Law and Policy-Trends and Prospects, Kluwer Law International, Den Haag 2005, RabelsZ 72 (2008), S. 209–218
14. Tobias Leidinger: Energieanlagenrecht, Stuttgart u.a. 2007, RdE 2008, S. 224
15. Cornelia Kermel/Guido Brucker/Toralf Baumann: Wegenutzungsverträge und Konzessionsabgaben in der Energieversorgung, Frankfurt a. M. 2008, RdE 2009, S. 160
16. Franz Jürgen Säcker [Hrsg.]: Berliner Kommentar zum Energierecht, 2. völlig neu bearbeitete und wesentl. erw. Auflage in 2 Bänden, Frankfurt/M. 2010, NVwZ 2011, S. 544
17. Laurenz Keller-Herder: Der Konzessionsvertrag unter dem neuen Energiewirtschaftsrecht, Baden-Baden 2009, RdE 2011, S. 199–200
18. Helmut Lecheler/Claas Friedrich Germelmann: Zugangsbeschränkungen für Investitionen aus Drittstaaten im deutschen und europäischen Energierecht, Tübingen 2010, RdE 2012, S. 123–124
19. Franz Jürgen Säcker [Hrsg.]: Berliner Kommentar zum Energierecht, Bd. 1 (Halbbände 1 und 2), 3. völlig neu bearbeitete und wesentl. erw. Auflage, Frankfurt a.M. 2014, NVwZ 2014, S. 1148
20. Franz Jürgen Säcker [Hrsg.]: Berliner Kommentar zum Energierecht, Bd. 2, 3. völlig neu bearbeitete und wesentl. erw. Auflage, Frankfurt a.M. 2014, NVwZ 2015, S. 568
21. Franz Jürgen Säcker [Hrsg.]: Berliner Kommentar zum Energierecht, Sonderband zu Bd. 2 (EEG 2014), 3. völlig neu bearbeitete und wesentl. erw. Auflage, Frankfurt a.M. 2015, NVwZ 2015, S. 1745
22. Rupprecht Podszun: Wirtschaftsordnung durch Zivilgerichte. Evolution und Legitimation der Rechtsprechung in deregulierten Bereichen, Tübingen 2014, AcP 216 (2016), S. 810–816
23. Fabian Karrenstein: Errichtung und Betrieb von Erdgasspeichern in unterirdischen Hohlraumstrukturen, Tübingen 2016, ZfB 157 (2016), S. 249–252

II. Internationales Privatrecht

1. Manfred Kallenborn: Die Prozeßkostenvorschußpflicht unter Ehegatten im internationalen und ausländischen Privatrecht, Köln u.a. 1968, FamRZ 1970, S. 261–262
2. Gutachten zum internationalen und ausländischen Privatrecht 1965/66 und 1967/68, herausgegeben von Ferid, Kegel und Zweigert, Bd. 11 und 13 der „Materialien zum ausländischen und internationalen Privatrecht", Tübingen 1968 und 1970, ZVglRWiss. 73 (1972), S. 100–103
3. Johannes Schulze: Das öffentliche Recht im internationalen Privatrecht, Frankfurt a. M. 1972, AöR 98 (1973), S. 300–301
4. Dierk Müller-Gindullis: Das Internationale Privatrecht in der Rechtsprechung des Bundesgerichtshofes, Tübingen 1971, ZVglRWiss, Bd. 74 (1973), Seite 227
5. Entwurf eines schweizerischen Bundesgesetzes über das internationale Privatrecht nebst Begleitbericht sowie Schlußbericht (Bd. 12, 13 der Schweizer Studien zum internationalen Recht), Zürich 1978 und 1979, ZRP 1979, S. 263
6. Régimes matrimoniaux, successions et libéralités – Droit international privé et Droit comparé, 2 Bände, Neuchâtel 1979, NJW 1980, S. 501–502
7. Klaus Schurig: Kollisionsnorm und Sachrecht – Zu Struktur, Standort und Methode des internationalen Privatrechts, Berlin 1981, NJW 1982, S. 1200–1201
8. Susanne Weber: Die Parteiautonomie außerhalb des internationalen Schuldvertragsrechts unter Berücksichtigung der Rechtslage in Österreich und der Schweiz, Hamburg 2012, RabelsZ 78 (2014), S. 863–872
9. Katrin Kroll-Ludwigs: Die Rolle der Parteiautonomie im europäischen Kollisionsrecht, Tübingen 2013, RabelsZ 78 (2014), S. 863–872
10. Andreas Roth [Hrsg.]: Die Wahl ausländischen Rechts im Familien- und Erbrecht, Baden-Baden 2013, RabelsZ 79 (2015), S. 660–663
11. Sandra Wandt: Rechtswahlregelungen im Europäischen Kollisionsrecht, Frankfurt a.M. 2014, RabelsZ 81 (2017), S. 446–448
12. Cordula Giesecke: Interessengerechte Rechtswahl im Kaufrecht, Frankfurt a.M. 2014, RabelsZ 81 (2017), S. 448–451
13. Maya Mandery: Party Autonomy in Contractual and Non-Contractual Obligations. A European and Anglo-Common Law perspective on the freedom of choice of law in the Rome I Regulation on the law applicable to contractual obligations and the Rome II Regulation on the law applicable to non-contractual obligations, Frankfurt a.M. 2014, RabelsZ 81 (2017), S. 692–693

14. Stefan Arnold [Hrsg.]: Grundfragen des Europäischen Kollisionsrechts, Tübingen 2016, RabelsZ 82 (2018), S. 465–470
15. Melanie Schmitz: Die Rechtswahlfreiheit im europäischen Kollisionsrecht, Berlin 2017, RabelsZ 82 (2018), S. 850–852
16. Peter Leibküchler: Die Parteiautonomie im chinesischen internationalen Privatrecht, Tübingen 2017, RabelsZ 83 (2019), S. 410–414
17. Anja Sophia Schwemmer: Anknüpfungsprinzipien im Europäischen Kollisionsrecht, Tübingen 2018, RabelsZ 83 (2019), S. 887–890

III. Bürgerliches Recht

1. Hermann-Adolf Kunisch: Die Voraussetzungen für Bereicherungsansprüche in Dreiecksverhältnissen – „Rückgriffskondiktion" und „Kondiktion gegen Drittempfänger", Berlin 1968, JZ 1969, S. 675–676
2. Wolfgang Fikentscher: Die Geschäftsgrundlage als Frage des Vertragsrisikos, München 1971, JR 1972, S. 531
3. Manfred Lieb: Die Ehegattenmitarbeit im Spannungsfeld zwischen Rechtsgeschäft, Bereicherungsausgleich und gesetzlichem Güterstand, Tübingen 1970, ZHR 137 (1973), S. 195–198
4. John Calamari/Joseph Perillo: The Law of Contracts, St. Paul/Minn. 1970, RabelsZ 37 (1973), S. 178–179
5. Peter Schlechtriem: Vertragsordnung und außervertragliche Haftung, Frankfurt a. M. 1972, AcP 173 (1973), S. 551–555
6. Axel Flessner: Wegfall der Bereicherung – Rechtsvergleichung und Kritik, Tübingen 1970, ZVglRWiss 74 (1973), S. 210–211
7. Münchener Kommentar zum BGB, Bd. 5: Familienrecht, Verlag C.H. Beck, München 1978, JR 1979, S. 176
8. Gesammelte Schriften von Max Rheinstein, Bd. 1 und 2, Tübingen 1979, NJW 1980, S. 112
9. Münchener Kommentar zum BGB, Band 1: Allgemeiner Teil, 1978, Band 2: Schuldrecht, Allgemeiner Teil, München 1979, JR 1980, S. 129
10. Alexander Hellgardt: Regulierung und Privatrecht – Staatliche Verhaltenssteuerung mittels Privatrecht und ihre Bedeutung für Rechtswissenschaft, Gesetzgebung und Rechtsanwendung –, Tübingen 2016, AcP 217 (2017), S. 687–695

IV. Sonstige Rechtsgebiete

1. Hans-Heinrich Jescheck: Bedingungen und Methoden des Rechtsunterrichts in den Vereinigten Staaten von Amerika, Karlsruhe 1970, RabelsZ 35 (1971), S. 769–771
2. Franz Jürgen Säcker: Zielkonflikte und Koordinationsprobleme im deutschen und europäischen Kartellrecht, Düsseldorf 1971, JR 1973, S. 87–88
3. Walter Frenz: Europäisches Kartellrecht, Handbuch Europarecht, Bd. 2, Berlin u.a. 2006, RdE 2007, S. 32
4. Münchener Kommentar zum Europäischen und Deutschen Wettbewerbsrecht, hrsg. von Franz Jürgen Säcker, Bd. 1–5, 2. Aufl. 2015 ff., WuW 2019, S. 627

E. Berichte

1. Internationales Privatrecht und Rechtsvergleichung in Bochum (in Gemeinschaft mit D. Giesen und O. Sandrock), JZ 1972, S. 312–313
2. 25 Jahre Institut für Berg- und Energierecht an der TU Clausthal, in: Band 5 der „Berliner Beiträge zum Wirtschaftsrecht", 1989, S. 203–207
3. Bedeutung des Umweltrechts, insbesondere für die Aus- und Weiterbildung an den Bergbauhochschulen (zusammen mit H. Klemme), in: Aus- und Weiterbildung im deutschen Bergbau am Beispiel des Umweltschutzes, Heft 60 der Schriftenreihe der GDMB-Gesellschaft Deutscher Metallhütten- und Bergleute, 1991, S. 81–93
4. Berg- und Energierecht an der Technischen Universität Clausthal – Entwicklungslinien im Spiegel eines Universitätsinstituts –, in: Freundesgabe für George Turner, Franz Spiegel Buch GmbH, Ulm 2000, S. 299–320
5. Das Projekt eines israelischen Zivilgesetzbuches (Tagungsbericht über eine deutsch-israelische Konferenz im Max-Planck-Institut in Hamburg am 22./23.1.2007), JZ 2007, S. 883–885
6. Zur Entwicklung des IBER, in: H. Weyer [Hrsg.], Energienetze, EEG und Energiewende – 50 Jahre Institut für deutsches und internationales Berg- und Energierecht der TU Clausthal, Bd. 178 der Veröffentlichungen des Instituts für Energierecht an der Universität zu Köln, Nomos-Verlagsgesellschaft, Baden-Baden 2014, S. 127–132

F. Kleinere Beiträge und Veröffentlichungen zu sonstigen Themen

1. Die Bosheit des Juden – psychologisch gesehen (Kritische Analyse der Aufführung des „Kaufmann von Venedig" von W. Shakespeare im 1. Programm des Deutschen Fernsehens am 2. März 1969), DIE ZEIT 1969, Nr. 14 vom 4. April 1969, S. 21
2. Von kommenden Dingen – Visionen eines verkannten Propheten – Zum 50. Todestag Walther Rathenaus, DIE ZEIT 1972, Nr. 25 vom 23. Juni 1972, S. 46 („Themen der Zeit")
3. Rezension zu: Thomas Ellwein, Das Regierungssystem der Bundesrepublik Deutschland, DIE ZEIT, Nr. 49 vom 30. November 1973, Literaturbeilage (LIT), S. 15
4. Die Erforschung der Juristen-Emigration 1933–1945 und der Beitrag der deutschen Emigranten zur Entwicklung des Rechtswesens in Israel, in: E. C. Stiefel [Hrsg.] Iusto Iure: Festgabe für Otto Sandrock zum 65. Geburtstag, Verlag Recht und Wirtschaft, Heidelberg 1995, S. 385–400
5. Juristenemigration 1933–1945 und der Beitrag deutscher Emigranten zum Rechtsleben in Israel, NJW 1996, S. 2966–2970
6. Der Einfluß deutschbürtiger Juristen auf das Recht Israels (Ergänzung zu dem gleichnamigen Aufsatz von Raake, ZRP 1997, 308), ZRP 1997, S. 504
7. Rezension zu: Walter Pauly [Hrsg.]: Hallesche Rechtsgelehrte jüdischer Herkunft, 1996, ZRP 1999, 262
8. Rezension zu: Max Hirschberg – Jude und Demokrat, bearbeitet von Reinhard Weber, 1998, ZRP 1999, 303
9. The Contribution of Jewish Lawyers in Germany to the Development of German Law, JUSTICE (Special Issue: Autumn 1999), hrsg. von der International Association of Jewish Lawyers and Jurists, S. 15–20
10. The Impact of German Jewish Jurists on German Law until 1933 and their Immigration thereafter to the U.S., Israel and Other Countries, Tel Aviv University Studies in Law, Bd. 15 (2000), S. 67–77
11. Von der Privatisierung des Gemeinwohls im Wirtschaftsrecht (Editorial), BB 2000, Heft 16, S. I („Die erste Seite")
12. Laudatio zur Verleihung der Carl-Friedrich-Gauß-Medaille der Braunschweigischen Wissenschaftlichen Gesellschaft (BWG) an Prof. Dr. jur. Dr. phil. Dres. h.c. Klaus J. Hopt, Hamburg, in: BWG [Hrsg.], Jahrbuch 2000 der Braunschweigischen Wissenschaftlichen Gesellschaft (BWG), 2001, S. 159–164

13. Laudatio auf Professor Dr. Jürgen F. Baur anläßlich der Überreichung der Festschrift „Das neue Energierecht in der Bewährung – Bestandsaufnahme und Perspektiven" zu seinem 65. Geburtstag am 06.12.2002, in: J. F. Baur [Hrsg.], Aktuelle Entwicklungen im deutschen und europäischen Energiewirtschaftsrecht (Bd. 108 der Veröffentlichungen des Instituts für Energierecht an der Universität zu Köln), Nomos Verlagsgesellschaft, Baden-Baden 2003, S. 187–193

14. Wandlungen jüdischer Identität im 20. Jahrhundert – Diaspora und Israel –, in: Eveline Goodman-Thau/Fania Oz-Salzberger [Hrsg.], Das jüdische Erbe Europas – Krise der Kultur im Spannungsfeld von Tradition, Geschichte und Identität, Philo-Verlag, Berlin u.a. 2005, S. 203–215

15. Entwurzelte Juristen – Entwicklung und Stand der Forschung zur Juristenemigration 1933–1945, JZ 2006, S. 233–241

16. Beweislastumkehr – Ein Instrument der political correctness? – NJW-Editorial, NJW 2007, Heft 38 Umschlagseite III

17. Professor Amos Shapira: On the Occasion of His 70th Birthday, in: K. Siehr/R. Zimmermann [Hrsg.], The Draft Civil Code for Israel in Comparative Perspective, Mohr Siebeck, Tübingen 2008, S. 245–247

18. Moses Mendelssohn, die Aufklärung und das moderne Judentum, in: Abhandlungen der Braunschweigischen Wissenschaftlichen Gesellschaft (BWG), Band LIX (2008), S. 231–253; Kurzfassung in: BWG [Hrsg.], Jahrbuch 2007 der Braunschweigischen Wissenschaftlichen Gesellschaft (BWG), 2008, S. 57

19. Rezension zu: Thomas Hansen: Martin Wolff (1872–1953), 2009, JZ 2009, S. 955

20. Der Zionismus – Entstehung, Grundgedanken, Gegenwartsbedeutung – Zum 150. Geburtstag von Theodor Herzl, in: BWG [Hrsg.], Jahrbuch 2010 der Braunschweigischen Wissenschaftlichen Gesellschaft (BWG), J. Cramer Verlag, Braunschweig 2011, S. 93–109

21. Israel Jacobson und das Reformjudentum, in: BWG [Hrsg.], Abhandlungen der Braunschweigischen Wissenschaftlichen Gesellschaft (BWG), Band LXIII, J.Cramer Verlag, Braunschweig 2011, S. 151–166

22. Auf dem Wege zu einem „konsensualen" Kartellrecht (Kommentar), WuW 2011, S. 577

23. Der gestörte Dreiklang: Israel – USA – Judentum, Tribüne, Jg. 51 (2012), Heft 204, S. 104–110

24. Laudatio auf Professor Dr. jur. Dr. rer. pol. Peter Salje anläßlich der Überreichung der Festschrift „Energie – Wirtschaft – Recht" zu seinem 65. Geburtstag am 15.02.2013, in: U. Ehricke [Hrsg.], Hürden und Grenzen

der Liberalisierung im Energiesektor (Bd. 175 der Veröffentlichungen des Instituts für Energierecht an der Universität zu Köln) Nomos-Verlagsgesellschaft, Baden-Baden 2013, S. 111–117

25. Israel und die (amerikanisch-)jüdische Diaspora – Einheit oder Entfremdung? –, in: BWG [Hrsg.], Jahrbuch 2013 der Braunschweigischen Wissenschaftlichen Gesellschaft (BWG), J. Cramer Verlag, Braunschweig 2014, S. 271–289
26. Otto Sandrock zum 85. Geburtstag, in: JZ 2015, S. 37
27. Helmut Lecheler – Leben und Wirken in europäischem Geiste, in: J. Gundel/C.F. Germelmann [Hrsg.], Die Europäisierung des Energierechts – 20 Jahre Energiebinnenmarkt / Symposium zu Ehren von Helmut Lecheler aus Anlaß seines 75. Geburtstages, Mohr Siebeck, Tübingen 2016, S. 165–172
28. Nachruf für Rechtsanwalt Hans-Ulrich von Mäßenhausen, in: ZfB 157 (2016), S. 253–254
29. Rezension zu: Klaus-Peter Schroeder: „Sie haben kaum Chancen auf einen Lehrstuhl berufen zu werden". Die Heidelberger Juristische Fakultät und ihre Mitglieder jüdischer Herkunft, 2017, JZ 2018, S. 296–297
30. Seesen und Halberstadt: Zwei Stätten jüdischen Aufbruchs im 19. Jahrhundert, in: BWG [Hrsg.], Jahrbuch 2017 der Braunschweigischen Wissenschaftlichen Gesellschaft (BWG), J. Cramer Verlag, Braunschweig 2018, S. 18–32
31. Israel Jacobson und die jüdische Reformbewegung in Deutschland, in: BWG [Hrsg.], Jahrbuch 2018 der Braunschweigischen Wissenschaftlichen Gesellschaft (BWG), J. Cramer Verlag, Braunschweig 2019, S. 270–280
32. Einführung zum Kolloquium „Gesetzmäßigkeiten der Natur und Quellen des positiven Rechts" der Braunschweigischen Wissenschaftlichen Gesellschaft (BWG) anläßlich der Verleihung der Gauß-Medaille an Prof. Dr. Dres. h.c. Paul Kirchhof am 15.6.2018, in: BWG [Hrsg.], Jahrbuch 2018 der BWG, J. Cramer Verlag, Braunschweig 2019, S. 149–153
33. Die Ausstrahlung der deutsch-jüdischen Reformbewegung des 19. Jahrhunderts auf das US-amerikanische Judentum, in: Tagungsband der Konferenz „Jews and Citizens – Juden und Bürger" v. 9. – 11.10.2018 in Braunschweig, 2020 (im Erscheinen)

G. (Mit-)Herausgabe von Festschriften und Einzelschriften

1. Festschrift für Otto Sandrock zum 70. Geburtstag am 05. Januar 2000, Heidelberg 2000, (zusammen mit Klaus Peter Berger, Werner F. Ebke, Siegfried Elsing, Bernhard Großfeld), 1092 S.

2. Das neue Energierecht in der Bewährung – Bestandsaufnahme und Perspektiven –, Festschrift für Jürgen F. Baur zum 65. Geburtstag am 12. September 2002, Nomos Verlagsgesellschaft Baden-Baden 2002 (zusammen mit Ulrich Büdenbender), 717 S.
3. Berg- und Energierecht im Zugriff europäischer Regulierungstendenzen, Veröffentlichungen des Instituts für Energierecht an der Universität zu Köln (VEnergR), Bd. 112, Nomos Verlagsgesellschaft, Baden-Baden 2004, 135 S.
4. Öffentlichkeitsbeteiligung und Eigentumsschutz im Bergrecht, Veröffentlichungen des Instituts für Energierecht an der Universität zu Köln (VEnergR), Bd. 118, Nomos Verlagsgesellschaft, Baden-Baden, 2005 (zusammen mit Ulrich Ehricke), 72 S.
5. Entwicklungslinien des Bergrechts – Genehmigungsrechtliche Fragen bei Großvorhaben des Kohlenabbaus (Veröffentlichungen des Instituts für Energierecht an der Universität zu Köln (VEnergR), Bd. 135, Nomos Verlagsgesellschaft, Baden-Baden 2008) (zusammen mit Ulrich Ehricke), 76 S.
6. Bergrecht zwischen Tradition und Moderne, Veröffentlichungen des Instituts für Energierecht an der Universität zu Köln (VEnergR), Bd. 154, Nomos Verlagsgesellschaft (zusammen mit Ulrich Ehricke), Baden-Baden 2010, 197 S.
7. Das deutsche Wirtschaftsrecht unter dem Einfluß des US-amerikanischen Rechts (zusammen mit Werner Ebke, Siegfried Elsing, Bernhard Großfeld), Verlag Recht und Wirtschaft, Frankfurt am Main 2011, 266 S.
8. Bundesberggesetz (Kommentar) m. H.U. von Mäßenhausen, 1. Aufl. 1984 als Boldt/Weller, 2. Aufl.: 1446 S., de Gruyter, Berlin 2016

Veröffentlichungen des Instituts für deutsches und europäisches
Wirtschafts-, Wettbewerbs- und Regulierungsrecht der Freien Universität Berlin, ab Band 48
fortgeführt vom Institut für Energie- und Regulierungsrecht Berlin

Herausgegeben von Franz Jürgen Säcker:

Band 1   Franz Jürgen Säcker (Hrsg.): Deutsch-russisches Energie- und Bergrecht im Vergleich. Ergebnisse einer Arbeitstagung vom 31. März / 1. April 2006. 2007.

Band 2   Franz Jürgen Säcker / Walther Busse von Colbe (Hrsg.): Wettbewerbsfördernde Anreizregulierung. Zum Anreizregulierungsbericht der Bundesnetzagentur vom 30. Juni 2006. 2007.

Band 3   Dirk Zschenderlein: Die Gleichbehandlung der Aktionäre bei der Auskunftserteilung in der Aktiengesellschaft. Zum Problem der Zulässigkeit der Weitergabe von Informationen an einzelne Aktionäre und Dritte. 2007.

Band 4   Simone Kirchhain: Die Anwendung der Vertikal-GVO auf innerstaatliche Wettbewerbsbeschränkungen nach der 7. GWB-Novelle. 2007.

Band 5   Franz Jürgen Säcker: Der Independent System Operator. Ein neues institutionelles Design für Netzbetreiber? 2007.

Band 6   Stefanie Otto: Allgemeininteressen im neuen UWG. § 1 S. 2 UWG und die wettbewerbsfunktionale Auslegung. 2007.

Band 7   Jochen Eichler: Vertragliche Dritthaftung. Eine Auseinandersetzung mit der Frage der Dritthaftung von sogenannten Experten und anderen Auskunftspersonen im Rahmen des § 311 Abs. 3 BGB. 2007.

Band 8   Markela Stamati: Die Anforderungen der operationellen Entflechtung nach den Beschleunigungsrichtlinien der Europäischen Kommission. Umsetzung in Deutschland und Griechenland. 2008.

Band 9   Franz Jürgen Säcker: The Concept of the Relevant Product Market. Between Demand-Side Substitutability and Supply-Side -Substitutability in Competition Law. 2008.

Band 10   Renate Rabensdorf: Die Durchgriffshaftung im deutschen und russischen Recht der Kapitalgesellschaften. Eine rechtsvergleichende Untersuchung. 2009.

Band 11   Franz Jürgen Säcker: Der beschleunigte Ausbau der Höchstspannungsnetze als Rechtsproblem. Erläutert am Beispiel der 380-kV-Höchstspannungsleitung Lauchstädt – Redwitz – Grafenrheinfeld mit Querung des Rennsteigs im Naturpark Thüringer Wald. 2009.

Band 12   Helen Mahne: Eigentum an Versorgungsleitungen. 2009.

Band 13   Franz Jürgen Säcker (Hrsg.): Russisches Energierecht - Gesetzessammlung. 2009.

Band 14   Franz Jürgen Säcker / Maik Wolf: Integrierte Energieversorgung in geschlossenen Verteilernetzen. Zum Gestaltungsspielraum des Gesetzgebers zur Neuregelung des § 110 EnWG im Lichte des Dritten EG-Energiepakets. 2009.

Band 15   Franz Jürgen Säcker (Hrsg.): Das Dritte Energiepaket für den Gasbereich. Deutsch-Englische Textausgabe mit einer Einführung. 2009.

Band 16   Franz Jürgen Säcker (Hrsg.): Das Dritte Energiepaket für den Elektrizitätsbereich. Deutsch-Englische Textausgabe mit einer Einführung. 2009.

Band 17 Thomas Dörmer: Die Unternehmenspacht. Rechtsstellung der Vertragsparteien unter besonderer Berücksichtigung der Pflicht des Unternehmenspächters zur ordnungsgemäßen Unternehmensführung sowie der Rechtslage bei Vertragsbeendigung. 2010.

Band 18 Klaas Bosch: Die Kontrolldichte der gerichtlichen Überprüfung von Marktregulierungsentscheidungen der Bundesnetzagentur nach dem Telekommunikationsgesetz. 2010.

Band 19 Geng-Sook Leem: Einheitliche Corporate Governance-Grundsätze für die Europäische Aktiengesellschaft (SE). Eine rechtsvergleichende Untersuchung anhand der Ausgestaltung der SE im deutschen und britischen Recht. 2010.

Band 20 Wiebke Gebhardt: Gentechnik und Koexistenz nach der Gesetzesnovelle von 2008: Zivilrechtliche Haftung im Vergleich Deutschland und USA. 2010.

Band 21 Cathrin Isenberg: Die Geruchsmarke als Gemeinschaftsmarke. Schutzfähigkeit und Einsatzmöglichkeiten. 2010.

Band 22 Franz Jürgen Säcker / Jochen Mohr / Maik Wolf: Konzessionsverträge im System des europäischen und deutschen Wettbewerbsrechts. 2011.

Band 23 Judith Antonia Loeck: Die unzumutbare Belästigung nach der UWG Novelle 2008 und dem Gesetz zur Bekämpfung unerlaubter Telefonwerbung und zur Verbesserung des Verbraucherschutzes bei besonderen Betriebsformen. 2011.

Band 24 Jörg Jaecks: Konzernverrechnungsklauseln und verwandte einseitige Verrechnungsbefugnisse im Mehrpersonenverhältnis. 2011.

Band 25 Franz Jürgen Säcker: Marktabgrenzung, Marktbeherrschung, Markttransparenz und Machtmissbrauch auf den Großhandelsmärkten für Elektrizität. 2011.

Band 26 Susanne Wende: Die einheitliche Auslegung von Beihilfen- und Vergaberecht als Teilgebiete des europäischen Wettbewerbsrechts. 2011.

Band 27 Leonie Kempel: Die Anwendung von Art. 102 AEUV auf geistiges Eigentum und Sacheigentum. Die Voraussetzungen des Kontrahierungszwangs nach Art. 102 AEUV und der Essential-Facility-Doktrin unter besonderer Berücksichtigung der Unterschiede zwischen geistigem Eigentum und Sacheigentum. 2011.

Band 28 Christoph Schuldt: Werbejingles – schützenswerte Kompositionen!? Die urheberrechtliche und markenrechtliche Schutzfähigkeit von Werbejingles vor unbefugter Nachahmung. 2012.

Band 29 Lydia Scholz: Die Rechtfertigung von diskriminierenden umweltpolitischen Steuerungsinstrumenten. Eine Untersuchung der Reichweite der Warenverkehrsfreiheit und ihrer Begrenzung durch den Umweltschutz als Vertragsziel am Beispiel der deutschen Energieförderungsgesetze EEG und KWKModG. 2012.

Band 30 Franz Jürgen Säcker: Investitionen in Kraftwerke zur Sicherung einer zuverlässigen Elektrizitätsversorgung nach der Energiewende. Rechtliche und ökonomische Rahmenbedingungen. 2012.

Band 31 Florian Leib: Kartellrechtliche Durchsetzungsstrategien in der Europäischen Union, den USA und Deutschland. Eine rechtsvergleichende Darstellung. 2012.

Band 32 Holger Hoch: Marktverschlusseffekte und Effizienzen vertikaler Zusammenschlüsse. Kartellrechtliche Beurteilung nach europäischem und deutschem Recht. 2012.

Band 33 Sebastian Kemper: Gasnetzzugang in Deutschland und in Spanien. 2012.

Band 34 Elena Timofeeva: Unbundling in der russischen Elektrizitätswirtschaft im Vergleich zum deutschen und europäischen Energierecht. 2012.

Band 35 Gisela Drozella / Harald Krebs: Marktbeherrschung im Bereich Stromerzeugung / Stromgroßhandel. Eine kritische Analyse der neueren Sicht des Bundeskartellamts. 2013.

Band 36 Christian Rehm: Die Einzel- und Gesamtverantwortung der Vorstandsmitglieder der Aktiengesellschaft. Die Verantwortung für die Leitung und Geschäftsführung im mehrköpfigen Vorstand in der unabhängigen und der herrschenden AG. 2013.

Band 37 Ann-Christin Richter: Mengen- und umsatzbezogene Rabatte marktbeherrschender Unternehmen in den Grenzen des Art. 102 AEUV. 2013.

Band 38 Nikolaos Pitsos: Die erhebliche Behinderung des wirksamen Wettbewerbs (SIEC-Test) im Fusionskontrollrecht. Zugleich ein Beitrag zur Problematik der oligopolistischen Marktbeherrschung unter Vergleich mit dem amerikanischen SLC-Test. 2013.

Band 39 Mirko Heinemann: Das Markenzeichen als Anknüpfungspunkt des Markenimages. 2013.

Band 40 Sylvia Lorenz: Der Immaterialgüterschutz virtueller Ladengeschäfte. Ein Vorschlag für die rechtliche Erfassung virtueller Güter. 2014.

Band 41 Anke Reimers: Wettbewerbsrechtliche und regulatorische Analyse der Kapazitätenvergabe an Grenzkuppelstellen im Elektrizitätsbinnenmarkt. 2014.

Band 42 Franz Jürgen Säcker / Carsten König / Lydia Scholz: Der regulierungsrechtliche Rahmen für ein Offshore-Stromnetz in der Nordsee. 2014.

Band 43 David Preisendanz: Der Humor in der vergleichenden Werbung. 2014.

Band 44 Martin Gerig: Vollendung des EU-Energiebinnenmarktes vs. nationale Marktabschottungen. Europarechtskonformität mitgliedstaatlicher Fördermaßnahmen und Kapazitätsmärkte am Beispiel Deutschlands. 2014.

Band 45 Jan Patrick Ehinger: Dritthaftung für Kunstexpertisen und Aufnahmebestätigungen in den Catalogue raisonné. Ein Beitrag zur Expertenhaftung. 2014.

Band 46 Julia Gerzen: Das Recht der Gesellschafter-Fremdkapitalfinanzierung. Rechtsvergleichende Analyse der Behandlung von Gesellschafterdarlehen vor und in der Insolvenz der GmbH nach deutschem und russischem Recht. 2014.

Band 47 Laura Börger: Die gerichtliche Kontrolldichte bei der Überprüfung von Entscheidungen der Europäischen Kommission auf dem Gebiet der Fusionskontrolle. 2014.

Veröffentlichungen des Instituts für Energie- und Regulierungsrecht Berlin

Band 48–65 herausgegeben von Franz Jürgen Säcker

ab Band 66 gemeinsam mit Jochen Mohr

Band 48 Daniel Simon Travers: Kopplungsangebote. Eine Studie zum Vertrags- und Lauterkeitsrecht. 2015.

Band 49 Anna Olbryś-Sobieszuk: EU-rechtliche Schranken der Glücksspielwerbung in Deutschland, Großbritannien und Polen. 2015.

Band 50 Franz Jürgen Säcker/Lydia Scholz/Thea Sveen: Renewable Energy Law in Europe. Challenges and Perspectives. 2015.

Band	51	Lina Berezgova: Festlegung von Stromnetzentgelten in Deutschland und Russland. Eine rechtsvergleichende Untersuchung der anreizbasierten Regulierungsvorgaben. 2015.
Band	52	Fengliang Jin: Aufgreifkriterien in der Fusionskontrolle. Eine rechtsvergleichende Untersuchung des europäischen (Art. 3 FKVO), deutschen (§ 37 GWB), taiwanesischen (§ 6 FHG) und festlandchinesischen (§ 20 AMG) Rechts. 2015.
Band	53	Vasileios Triantafyllidis: Die Einordnung der Passing-On-Defense in das allgemeine Schadensersatzrecht. Eine rechtsvergleichende, dogmatische Studie. 2015.
Band	54	Peipei Liu: Die Inhaltskontrolle von Allgemeinen Geschäftsbedingungen und formularmäßigen Vertragsklauseln im deutsch-chinesischen Vergleich. 2016.
Band	55	Evelyn Kozak: Zur Notwendigkeit eines arbeitsrechtlichen und haftungsrechtlichen Whistleblowerschutzes. 2016.
Band	56	Genevieve Baker: Der bereicherungsrechtliche Nutzungsanspruch. 2017.
Band	57	Maria Zaykova: Der rechtliche Rahmen für den bergbaulichen Zugang zu den Erdöl- und Erdgaslagerstätten in der Russischen Föderation im Vergleich zum deutschen Bergrecht. 2017.
Band	58	Qian Luan: Geldschöpfungsprozess und Geld als abstraktes Schuldversprechen. Die europäisch-verwaltungsrechtliche Betrachtung des Geldschöpfungsprozesses der EZB und die Rechtsnatur von Zentralbankgeld und Geschäftsbankengiralgeld. 2017.
Band	59	Sára Gabriella Hoffman: Regulation of Cloud Services under US and EU Antitrust, Competition and Privacy Laws. 2017.
Band	60	Matthias Schöpf: Das neue Planungsrecht der Übertragungsnetze: Vorgaben des deutschen und europäischen Rechts. 2017.
Band	61	İpek Çevik: Eine vergleichende Untersuchung der Joint Ventures – Gemeinschaftsunternehmen – nach europäischem, türkischem und deutschem Wettbewerbsrecht. Die Analyse von wettbewerbsrechtlichen Auswirkungen bei Gründung der konzentrativen und/oder kooperativen Gemeinschaftsunternehmen. 2017.
Band	62	Raffaele Mazza: Verbotsirrtum und Vertrauen auf Rechtsrat im europäischen Kartellrecht. Eine rechtsvergleichende Analyse des europäischen, des deutschen und des französischen Kartellrechts. 2017.
Band	63	Stavroula Antoniou: Die Kontrolle einseitiger Preisanpassungsrechte in Dauerschuldverhältnissen am Beispiel langfristige Energielieferverträge. Eine rechtsvergleichende Untersuchung nach deutschem und griechischem Recht. 2018.
Band	64	Lucas Noura de Moraes Rêgo Guimarães: Energieversorgungssicherheit im Europarecht mittels der Förderung erneuerbarer Energien und der Interkonnektion der Netze. 2018.
Band	65	Nino Kobadze: Regulation of Access to Gas Networks in Russia in Comparison with the Energy Law of Germany and the EU. 2018.
Band	66	Felix Krone: Das Recht der unkörperlichen Verwertung für das Internet als Teilhaberecht. Zugleich eine Grundsatzschrift für ein kommunikationsoffenes Urheberrecht 2018.
Band	67	Katja Stefanie Middelhoff: Das Spürbarkeitsmerkmal des UWG 2015. 2019.
Band	68	Tatjana Schleicher: Die Umsetzung des § 14a EnWG zwischen Markt und Regulierung im neuen Strommarktdesign. 2020.

Band	69	Eleni-Aristea Alevizou: Der Rechtsrahmen für die nachhaltige Entwicklung der Photovoltaikenergie in Deutschland und in Griechenland. 2020.
Band	70	Rui Long: Die Aufgreifkriterien der chinesischen Fusionskontrolle. Minderheitsbeteiligung, Gemeinschaftsunternehmen, konzerninterne Umstrukturierung und neue Fragen zum digitalen Markt aus rechtsvergleichender Sicht mit deutschem und europäischem Recht. 2020.
Band	71	Jochen Mohr / Hartmut Weyer (Hrsg.): Entwicklungen im Energieregulierungs- und Wirtschaftsrecht. Beiträge zum 80. Geburtstag von Prof. Dr. Gunther Kühne, LL.M. 2020.

www.peterlang.com

Elisabeth Schieferdecker

Das dreieinige Zepter von Arwarah

Fantastisches aus Thüringen

– Band 2 der Arwarah-Saga –

Biber & Butzemann

 Auf unserer Webseite www.biber-butzemann.de erfahrt ihr mehr über unvergessliche Familienferien, unseren Verlag und unsere Bücher. Abonniert gern unseren Newsletter über https://shop.biber-butzemann.de/newsletter.php und folgt uns auf www.facebook.com/biberundbutzemann, Instagram: biberundbutzemann oder www.pinterest.de/biberundbutzemann

© Kinderbuchverlag Biber & Butzemann
Geschwister-Scholl-Str. 7
15566 Schöneiche

1. Auflage, 2024

Alle Rechte vorbehalten. Die vollständige oder auszugsweise Speicherung, Vervielfältigung oder Übertragung dieses Werkes, ob elektronisch, mechanisch, durch Fotokopie oder Aufzeichnung, ist ohne vorherige Genehmigung des Verlags urheberrechtlich untersagt.

Bibliografische Information der Deutschen Bibliothek
Die Deutsche Bibliothek verzeichnet diese Publikation in der Deutschen Nationalbibliografie; detaillierte bibliografische Daten sind im Internet unter http://dnb.ddb.de abrufbar.

Text und Cover-Illustration: Elisabeth Schieferdecker
Illustrationen: Elisabeth Schieferdecker mit Ideogram
Covergestaltung, Layout/Satz: Mike Hopf
Lektorat und Korrektorat: Steffi Bieber-Geske
Lektorats- und Korrektoratsassistenz: Kati Bieber, Carolin Christern, Pauline Denker, Sarah Skoda, Natalie Zwätz
Druck- und Bindearbeiten: Scandinavien Print
ISBN: 978-3-95916-121-3